沿黄旅游区用地变化及可持续发展研究——以郑州段为例

王少华　著

科学出版社
北　京

内 容 简 介

沿黄旅游区作为生态涵养、文明传承和旅游开发的重要载体，面临着生态保护和旅游开发的矛盾，处理好沿黄旅游区土地利用与生态保护的关系是促进其可持续发展的关键。本书重点围绕沿黄旅游区用地变化及可持续发展问题，从沿黄旅游区土地利用理论、土地利用时空分异、土地利用格局演变、土地利用模拟预测、土地利用演变机理、土地利用生态环境评价、土地利用可持续发展等层面展开研究和探讨，旨在更好地指导沿黄旅游区土地科学利用和可持续发展。

本书具有较强的应用价值，可作为高等院校土地管理、旅游管理等相关专业学生的参考书，也可供各级政府、相关企业单位、科研院所等相关从业人员阅读。

图书在版编目（CIP）数据

沿黄旅游区用地变化及可持续发展研究：以郑州段为例/王少华著. —北京：科学出版社，2022.11

ISBN 978-7-03-073598-0

Ⅰ. ①沿…　Ⅱ. ①王…　Ⅲ. ①地方旅游业-旅游业发展-研究-郑州　Ⅳ. ①F592.761.1

中国版本图书馆 CIP 数据核字（2022）第 198901 号

责任编辑：纪晓芬　周春梅 / 责任校对：马英菊
责任印制：吕春珉 / 封面设计：东方人华平面设计部

科学出版社 出版
北京东黄城根北街 16 号
邮政编码：100717
http://www.sciencep.com

北京中科印刷有限公司 印刷
科学出版社发行　各地新华书店经销

*

2022 年 11 月第　一　版　开本：B5（720×1000）
2022 年 11 月第一次印刷　印张：11
字数：221 000

定价：110.00 元

（如有印装质量问题，我社负责调换〈中科〉）
销售部电话 010-62136230　编辑部电话 010-62135397-2021

序

中华人民共和国成立后，中国旅游业的发展大致可以分为以下 4 个阶段：一是起步阶段（1978～1988 年），实现了从“外事接待型”向经济创汇型转变；二是发展阶段（1989～1998 年），经历了从单一入境旅游、国内旅游两个市场到入境旅游、国内旅游、出境旅游三个市场的发展过程；三是稳定阶段（1998～2012 年），入境旅游逐渐成熟，进入平稳发展阶段，“假日制度”的推出使大众旅游风生水起，旅游市场繁荣兴旺；四是“全面融入国家战略”阶段（2008 年至今），旅游业全面融入国家战略体系，积极发展“旅游+”“+旅游”“全域旅游”。随着旅游业的快速发展，我国旅游区开发建设也呈现出较为明显的 3 个发展阶段：第一阶段是旅游区开发建设的孕育起步时期（1985～1995 年），第二阶段是旅游区开发建设发展整合时期（1996～2005 年），第三阶段是旅游区开发建设转型升级时期（2006 年至今）。旅游业的发展带动了旅游区的建设开发，促进了旅游经济的发展，同时，旅游区的开发给当地的土地利用带来了很多问题，如生态环境恶化、同质化旅游项目较多、用地浪费、打着旅游开发的旗号进行“圈地运动”等，这些问题不但影响了旅游用地功能的发挥，而且影响到区域土地利用的整体效益。因此，旅游区用地的研究对促进旅游区的发展具有重要的指导意义，可为旅游管理和国土资源等部门开展决策时提供依据，同时亦可丰富旅游区建设过程中土地利用的相关理论成果。

土地利用变化是近些年的研究热点命题，《沿黄旅游区用地变化及可持续发展研究——以郑州段为例》一书作者王少华博士从 2012 年开始在我的指导下攻读博士学位，几年来，他阅读了大量书籍，参与了多种学术活动，系统学习了地理学的相关理论。在学习过程中，他结合我的研究方向和自己的研究兴趣，经过反复斟酌，最终确定了“旅游区土地利用变化及其生态环境效应评价”的研究方向，并以沿黄旅游区的郑州段作为研究区域案例进行深入调查研究。为了获取相关数据，团队成员多次到研究区域开展调研活动，其间对旅游管理、土地管理的相关职能部门和沿黄旅游区的农户进行了深度访谈，数据获取周期时间较长，在此过程中获得了丰富的一手资料和数据，为该书的完成奠定了扎实的基础。

该书借助地理学、生态学、系统科学、社会学、管理学等有关学科理论，根据大量实地调研数据和相关职能部门提供的数据，对郑州段的沿黄旅游区近 15 年（2000～2014 年）土地利用变化及其生态环境效应开展研究，旨在厘清郑州沿黄旅游区发展与土地利用的互动关系，分析郑州沿黄旅游区土地利用变化的特征与机制，评价生态环境面临的风险，并探寻优化郑州沿黄旅游区用地系统的路径。该书有以下几个特点：①较早对沿黄旅游区土地利用变化及其生态环境效应进行系统研究，推动土地利用/覆被变化研究向更细致、更广泛的领域深入；②揭示了研究区土地利用过程中引发的生态环境问题，提出了生态导向型土地开发模式；③将研究聚焦在城市发展与旅游区发展互动上，揭示沿黄旅游区发展时空变化的动态性和复杂性。

该书资料翔实、内容丰富、观点鲜明、结构合理，具有一定的理论意义与实践指导价值。王少华博士作为一名在郑州生活多年的居民，对郑州有着深厚的感情和较为全面的了解，书中提出的一些观点与发展思路符合郑州的发展实际，对沿黄旅游区土地利用的相关研究的开展具有一定的指导作用，对地理学和土地生态学的学者、各高校的师生和政府管理人员等具有一定的参考价值。

该书总体上论证充分、观点明确，但有些问题仍有待深入论证与研究，值此，《沿黄旅游区用地变化及可持续发展研究——以郑州段为例》一书付梓，特为之序。作为我们师徒的共同愿望，诚挚地邀请相关研究人员对他的研究成果进行批评指正，谢谢大家！

2021 年 4 月于洛阳

前　言

经济新常态下，大众旅游时代已经来临，旅游用地作为旅游供给侧的基础平台，其改革和发展关乎我国未来旅游事业的成败，对其进行研究意义重大。沿黄旅游区作为生态涵养、传承文明和旅游开发的重要载体，当前面临着生态保护和旅游开发的矛盾，面临着旅游发展转型的困境，如何处理好沿黄旅游区土地利用与生态保护的关系，急需合理的空间表达和发展模式。2015 年，国土资源部（现为自然资源部）、住房和城乡建设部、国家旅游局（现为文化和旅游部）联合印发的《关于支持旅游业发展用地政策的意见》（国土资规〔2015〕10 号）中强调“按照资源和生态保护、文物安全、节约集约用地原则”安排旅游用地。在此背景下，从微观的“旅游区”角度探讨旅游用地问题具有重要的理论意义和现实意义。

旅游产业的跨越式发展使我们的母亲河“黄河”和“旅游”在黄河沿岸牵手，沿黄旅游区应运而生并快速发展，逐渐成为旅游学界备受关注的研究对象。基于上述研究背景，本书在文献综述、理论梳理和研究框架设计的基础上，依据国内外旅游、生态和土地利用相关理论，遵循“格局—过程—机理”的地理学经典研究范式，以郑州沿黄旅游区为典型案例区，依托遥感、地理信息系统等技术手段与分析方法，还原该区土地利用的动态演变轨迹，预测未来用地的时空变化，解析土地格局演变的内在机理，评价生态环境面临的风险，在此基础上，结合新型城镇化建设的宏观趋势和现实要求，探寻优化郑州沿黄旅游区用地系统的路径，形成适合沿黄旅游区发展的土地利用模式，推动旅游再造黄河之美，从而达到促进沿黄旅游区土地生态系统可持续发展的研究愿景。

本书研究内容主要分为两部分。第一部分是基础研究，主要包括第 1～3 章的内容，主要解决本书的基本立意及理论支撑等基础问题。第二部分是本书的核心，包括第 4～10 章的内容。第二部分既有理论研究，又有实证分析。其中，第 4 章主要涉及研究区域概况、数据的收集整理；第 5 章对研究案例区土地利用时空变化进行分析，主要是土地资源数量变化分析、土地利用程度变化分析、土地利用空间分异分析、土地利用功能变化分析及基于马尔可夫模型的土地利用变化预测等；第 6 章主要对研究区土地利用格局演变进行分析，运用 ERDAS、ArcGIS 10.1 软件，通过几何校正、波段组合、遥感解译及监督分类等步骤得到旅游区的土地利用类型图，并采用土地利用变化动态模型、建成区速度强度扩张指数模型、象限方位分析法及城市紧凑度等数学模型方法，从时间和空间两个维度分析研究区土地利用转变的位置、数量、速度、强度、类型等，厘清沿黄旅游区各地类的变化特征；第 7 章通过构建土地利用变化驱动力指标体系，运用回归分析模型，对研究区建设用地扩张的驱动力进行分析；第 8 章是研究区土地利用生态效应评价分析，运用土地利用变化综合评价原理与方法，通过构建指标体系，确定权重，对研究区土地利用生态效应进行分析评价，为郑州沿黄旅游区用地可持续发展提供决策依据；第 9 章针对案例区的研究结果，总结出沿黄旅游区土地利用中存在的问题；第 10 章在前期研究的基础上，提出沿黄旅游区土地利用可持续发展策略。

沿黄旅游区是一个复杂的开放系统，用地变化涉及多种影响因素，囿于数据获取难度大，作者在研究过程中，所选取的研究时段和主要指标数据等受到影响，主要参考我国第一次、第二次土地调查数据，2014 年则为郑州市国土资源局提供的脱密数据，也为当前郑州市相对较新的数据，第三次土地调查数据正在调研中，由于周期长，目前还没有最新数据。如果选取更长更新时间段的数据，就能更深度还原郑州沿黄旅游区土地利用格局的变化轨迹，建模预测结果会更精准，研究结论会更科学，这将在以后的研究中加以改进和完善。

本书受到河南省哲学社会科学规划项目“城市化背景下河南省传统村落转型发展研究”（项目编号：2017BSH011）、文化和旅游部文化艺术科学研究项目“黄河文化旅游带发展路径与机制研究”（项目编号：艺规结部字〔2021〕070）资助出版。在本书的撰写过程中，洛阳师范学院梁留科教授全程给予指导，中国科学院地理科学与资源研究所邓伟教授、李秀彬研究员等诸位专家对本书的框架和思路提出了有益的意见和建议，河南大学朱连奇教授、马建华教授、丁圣彦教授也对本书提出了宝贵意见，河南省文化和旅游厅宣传推广处、河南省文化和旅游厅信息中心、郑州市文化广电和旅游局、郑州市黄河文化公园、郑州市自然资源和规划局、郑州市国土测绘中心等单位工作人员为本书的数据收集和调研提供了大量帮助和大力支持，对此表示感谢。同时，作者引用了大量国内外学者的相关研究成果，在此表示深深谢意，对于遗漏标注者，表示深深歉意。

由于作者专业水平有限，加之时间仓促，书中难免存在不足，敬请广大读者批评指正。

目　　录

第1章　绪　　论

1.1　沿黄旅游区用地变化及可持续发展的研究背景与研究意义

1.1.1　沿黄旅游区用地变化及可持续发展的研究背景

1. 旅游业大发展带动旅游区大开发

从旅游业发展来看，国外现代旅游形成于19世纪中叶，到20世纪50年代以后进入快速发展时期（庞海峰和王欣，2002），在之后短短的六十几年里，旅游业已成为世界经济中发展势头最为强劲的产业之一，被称为“朝阳产业”（张英凤，2007）。我国自改革开放以来，特别是进入21世纪以后，旅游业面临难得的发展机遇，进入了“聚能裂变、快速发展”的黄金时期，在整个国民经济发展中的地位日趋重要，逐渐成为启动新一轮经济发展的重要引擎（徐慧等，2009）。当前，我国已实现了从短缺型旅游发展中国家向初步小康型旅游大国的历史性跨越，旅游活动已经从少数人的行为，发展成为大众化、经常性消费的生活方式。今天，随着现代服务业的转型升级，以及大众旅游时代的来临，在政治经济新常态下，旅游业更是稳增长、调结构、惠民生的重要抓手，在我国生态文明建设、华夏文明传承和对外交往中，越来越起到不可替代的重要作用。

旅游区是旅游资源相对集中，具有一定旅游经济结构和规模的地域综合体，处于产业链的中心环节。没有了供人们参观、游览的旅游区，旅游业也就不复存在。伴随着旅游产业大发展，我国诸多地区纷纷以开发旅游来带动社会经济发展（苏琨，2009），因而旅游区建设也迎来快速发展的春天。我国旅游区开发建设主要经历了3个时期：第一阶段（1985～1995年）是旅游区开发建设的孕育起步时期，旅游景区景点已开始进行专业的项目论证和规划，但多为单兵作战，资源整合不够，“散、弱、小”现象突出；第二阶段（1996～2005年）是旅游区开发建设发展整合时期，旅游景区景点数量急剧增加，配套设施基本完善，为增强旅游竞争力，旅游资源进入优化整合阶段，大旅游区初现端倪；第三阶段（2006年至今）是旅游区开发建设转型升级时期，呈现“大旅游、大产业、大市场”的格局，旅游区开发呈现产业集聚、城镇化、组团化的发展态势，旅游区功能由单一观光游览向观光、休闲、度假复合发展转型。随着旅游区的大开发，各种旅游资源和旅游服务设施得以开发，还带动了旅游地相关产业的开发，从而导致旅游区空间格局不断变化，土地利用模式、结构、功能、效益也相应发生变化，对区域土地利用、管理，以及城市规划和产业布局都产生了重大的影响（张英凤，2007；范力等，2013）。如今，党和国家正在大力实施生态文明建设，这既给旅游业发展指明了方向，同时也对旅游区建设提出了更高要求。因此，科学统筹旅游区土地利用，合理配置旅游区土地资源，提高旅游区的生态保护意识，促进人与自然和谐相处，成为新时期旅游区科学发展的重要战略选择。

2. 旅游区大开发引发旅游区土地利用新变化

人类的一切生产活动都离不开土地这一重要的物质载体，旅游业的发展也不例外（党维华等，2010）。离开了土地资源，旅游开发、旅游经营、旅游业都将无从发展。因此，旅游业与土地利用有着密切的联系（王少华和梁留科，2015）。近年来，旅游业快速发展导致旅游区土地功能转换活跃、空间景观格局变化显著，带来旅游区土地利用方式、强度和结构的变化并日益受到学界关注。

许多地区随着旅游业的大发展，旅游区用地反映出很多问题（徐慧等，2009）。其一，旅游资源的肆意开发、强度过大和结构不合理的土地利用导致旅游区生态环境恶化、碳排放增加、生物多样性减少、水土流失严重。其二，粗放式旅游经济增长模式造成旅游用地浪费突出。由于准入标准较低，缺乏投资强度、产出等硬性约束指标，诸多地区依然存在依靠低成本山水资源禀赋实现产业规模扩张的旅游发展模式，存在低水平同质化的开发方式和简单落后的经营管理方式，导致低水平重复建设、摊大饼扩张，造成用地浪费、土地资源的旅游价值未得到充分体现。其三，“高端”旅游项目占地过多。不少地区出于追求旅游效益的需要，盲目瞄准所谓的“高端”市场，建设了一批面向高端市场的高尔夫球场、滑雪场、主题乐园、温泉休闲度假村等旅游项目，这些旅游项目重复建设现象严重，占地规模过于庞大，影响了旅游用地效率（成英文和张辉，2013）。

旅游开发不考虑生态承载力，过度开发的行为引起了大量的土地资源浪费和优质耕地的损失等土地利用结构失调问题，以及生态退化、环境污染等土地利用与土地覆被的极大变化，甚至带来区域产业结构不合理等问题。这些问题不但影响旅游用地功能的发挥，而且影响区域土地利用的整体效益。因此，对旅游区用地的研究工作成为土地资源管理和旅游管理研究的新热点（徐慧等，2009）。

3. 黄河沿岸成为旅游区开发新热点，旅游区土地生态利用问题突出

黄河是我国的母亲河，是中华民族文化的发祥地。黄河沿岸风景秀美，古迹众多，旅游资源极为丰富。近些年，伴随着旅游大开发的进程，黄河沿岸已成为旅游开发的新亮点，沿黄地区涌现了一批富有特色的旅游区，如青海尖扎黄河风情旅游区、甘肃黄河三峡旅游区、山西黄河壶口瀑布旅游区、陕西黄河地质文化旅游区、河南黄河小浪底风景区、山东黄河入海口旅游区等。沿黄旅游区是指位于黄河沿岸，以黄河文化为载体，由若干有共性特征的旅游吸引物、交通网络及

旅游服务设施组成的，具有一定空间尺度和规模的旅游地域单元。一方面，沿黄旅游区以其地方特色、黄河气质和厚重文化而与众不同，吸引着众多国内外的游客；另一方面，伴随着文化旅游的兴起和休闲旅游的转向，黄河旅游已成为文化和旅游部主推的旅游线路之一。因此，沿黄旅游区拥有丰富的旅游资源和巨大的客源市场，逐渐成为旅游者度假休闲的重要目的地，沿黄旅游区的旅游开发也备受政府的青睐和学界的重视，成为旅游投资开发的热点地区。

沿黄旅游区位于黄河边缘，属于生态脆弱区。从土地利用和开发的现状来看，结果并不尽如人意。该区域水土流失严重、环境污染问题突出、生态环境与经济协调发展度较低，生态环境发展滞后于社会经济发展，严重威胁着当地生态安全和环境质量（董锁成等，2010）。土地是重要的资源，也是最大的约束，土地利用方式的选择与土地资源的高效利用，是协调资源保护和旅游发展，实现沿黄旅游区转型升级及可持续发展的关键点、着力点和突破口（王少华和梁留科，2015）。沿黄旅游区用地随着旅游开发不断扩张，结构功能不断变化，表现出开发的动态性、空间的扩张性及功能的过渡性，在土地利用方面存在诸多问题。从总体上看：重新增建设，轻存量盘活；重短期利益，轻生态效益；重结构变化，轻功能优化（成英文和张辉，2013）。具体来讲：①以一味侵占农林地和居民居住空间而换取旅游经济的发展，呈现以旅游用地递增、耕地面积缩减和宅基地流转为特征的土地非农化倾向；②“挂羊头卖狗肉”，用地中拿“旅游”当借口和护身符，实际在买地炒地，旅游地产开发过热，区域内“围而不建”“圈而不用”现象较多；③旅游区商业化、城镇化现象突出，影响到旅游区的土地生态安全；④旅游区土地利用方式多样化、开发主体多元化带来区域土地产权残缺，导致相关利益者发生矛盾和冲突。总之，沿黄旅游区土地快速、无序开发与利用给经济社会和生态环境带来的负面影响正逐渐被放大。

当前，我国面临土地资源约束趋紧、环境污染严重、生态系统退化的严峻形势。党的十八大报告明确提出优化国土空间开发格局，要按照人口资源环境相均衡、经济社会生态效益相统一的原则，控制开发强度，调整空间结构，促进生产空间集约高效、生活空间宜居适度、生态空间山清水秀（华宣蕾，2012）。党的十九大报告提出，要牢固树立社会主义生态文明观，建设美丽中国，推进绿色发展，实施国土空间开发保护战略，推动形成人与自然和谐发展现代化建设新格局。对于沿黄旅游区的发展来说，如何科学地利用国土空间，实现土地的生态利用和永续发展是我们必须认真面对和思考的问题。

4. 学界关注度亟待提高，相关研究不足

从现有研究来看，尽管有少数学者已经对沿黄旅游区土地利用进行了积极有益的探索，并取得了一些成果，但在许多方面还有待深入研究和探讨。一是从研究内容上来看，对沿黄旅游区土地利用的研究较少。黄河沿岸既是资源富集区，

又是开发热点区，更是生态脆弱区，旅游发展对当地土地利用变化及其生态环境变化有深刻影响，但长期受到学界的忽视，目前研究的热点仍停留在旅游区的开发、评价及区域合作上，对土地利用变化的机制、变化过程、模式及相互关系的动态模拟等方面的研究较缺乏，尤其缺乏如何基于生态、绿色、环保、低碳及可持续发展理念对沿黄旅游区的空间格局和土地利用进行优化的研究。二是从研究层次来看，我国现阶段对旅游区土地利用的研究，特别是对沿黄旅游区土地利用的研究还处于萌芽阶段，停留在一般性分析的层面。相关文献总量较少，且多为新闻报道，真正有价值的学术类文章不多。论文所载的期刊从整体上来说级别并不高，搜索到的 SCI、EI、CSSCI 来源期刊较少，这反映出目前对该区域该问题的研究缺少高质量高层次的论文，研究的深度还不够（唐月亮等，2021）。三是从研究方法上看，大多采用定性的分析方法和一些简单的定量方法，以大数据为基础，注重模型构造、指标建立、数理统计的定量分析研究方法应用不够，“3S”空间计量及动态模拟技术在研究中应用较少。

1.1.2 沿黄旅游区用地变化及可持续发展的研究意义

对沿黄旅游区土地利用变化及其生态效应（ecological effect）进行研究，无论是从理论创新，还是从实践创新的角度而言，都具有重要意义：一方面，有助于丰富和拓展旅游用地的研究内容及领域；另一方面，对促进我国旅游区用地生态化和科学化，实现沿黄旅游区土地可持续利用，助推黄河流域生态保护和高质量发展更具有现实意义。

1. 理论意义

（1）丰富旅游区用地理论体系

当前，随着旅游业不断发展，旅游研究也在不断深入。旅游用地作为旅游业发展的载体，已成为重要的研究对象。但问题是研究起步较晚，还没有形成系统，有影响的研究成果偏少，同质性强。尤其是对旅游区用地的研究，实证研究多于理论分析，绝大部分研究仍处于探索和描述性的解释阶段，概念界定、分类体系、核心理论、发展路径、内在机理等理论问题缺乏较为深入系统的研究，尚未被权威表达，形成共识。本书通过对旅游区用地的理论探索与实践分析，总结梳理旅游区用地格局变化、发展模式、驱动机制及其生态效应，有助于弥补现有旅游用地研究的不足，进一步丰富旅游用地理论体系。

（2）拓展旅游区用地研究视角

旅游区用地作为旅游用地的主要内容，已经引起了旅游学界的关注，但目前对沿黄旅游区用地的研究则不多见，对这一脆弱地带旅游区土地利用的影响研究未受到学者们的重视。沿黄旅游区因自身特殊的地理区位而具有较高的典型性和代表性，是我国旅游区中较为独特的一类。随着旅游业的发展和沿黄旅游带的快速推进，该区域用地变化剧烈、矛盾冲突尖锐、存在问题较多，对沿黄旅游区土地利用变化及其生态效应进行研究，切入点较新，拓展了旅游用地研究的视角。

（3）促进沿黄旅游区的可持续发展

沿黄旅游区既是生态脆弱区，也是城乡规划的薄弱地带。随着旅游开发进程的加快，沿黄旅游区与外围地带因长期历史演变形成的和谐稳定的人地关系发生紊乱，处理好旅游区发展与空间演进的关系，最大限度地保护黄河沿岸的生态环境，促进沿黄旅游区土地利用最优化，急需合理的空间表达和发展模式。通过对沿黄旅游区土地利用及生态效应的理论和实践研究，一方面可以为解决沿黄旅游区土地利用问题探索出一条路径；另一方面可以为沿黄旅游区生态环境保护提供参考，客观上促进沿黄旅游区的可持续协调发展。

2. 现实意义

（1）对沿黄旅游区土地利用及生态效应研究本身具有很强的现实意义

随着文化旅游、生态旅游的升温，以及休闲度假旅游时代的到来，大黄河旅游线已经成为我国精品旅游线路之一，沿黄旅游区作为旅游带上的重要节点，成为游客集聚的旅游目的地和度假地。旅游开发带来沿黄旅游区土地利用和空间格局的变化，同时也使当地的生态环境和土地覆被发生嬗变。黄河沿岸生态环境具有的“敏感性、脆弱性、易变性”特点，决定了其“大自然、小开发、低密度”的开发路径，但现实是在用地空间扩张中呈现所谓的“土地换发展”的迹象，带来了植被减少、水土流失等生态环境受损的问题，迫切需要在土地资源利用上寻求一种健康的发展机制与模式。因此，加强对沿黄旅游区土地利用及生态效应研究，正确处理旅游区土地利用与生态环境之间的关系，寻求一种生态约束下旅游区土地利用可持续发展模式，走绿色、生态、低碳的旅游土地利用之路，是破解上述问题的重要途径，具有较强的现实意义。

（2）对全国同类旅游区的土地利用问题有一定的参考价值

黄河源于青海省巴颜喀拉山北麓的约古宗列曲，横跨我国青藏高原、黄土高原、华北平原三大地形板块，经由青海、四川、甘肃、宁夏、内蒙古、陕西、山西、河南及山东 9 个省份入海，干流全长 5464km，流域面积达 79.5km^2。黄河是中华民族的母亲河，是华夏文明的发祥地。黄河沿岸自然与景观资源丰富多彩，历史与人文资源悠久厚重，是国家旅游业发展的代表性区域之一。近年来，大黄河之旅作为国家面向全世界重点培育和推广的精品旅游线路，正日益成为广大游客认识和了解中国的窗口，成为全国旅游的名片。黄河沿岸涌现了诸多富有地方特色的旅游区。以河南为例，黄河旅游带上的重要旅游区有三门峡市的豫晋陕黄河金三角文化旅游区、黄河小浪底风景区、郑州黄河滨河公园、开封市黄河（悬河）生态休闲旅游区等。本书以郑州沿黄旅游区（郑州黄河滨河公园）为例，对其土地利用变化和生态环境效应进行研究，会对其他沿黄旅游区的土地生态利用提供实证参考。

（3）探寻生态理念下沿黄旅游区土地利用优化的对策具有一定的普适性和实用性

黄河是中华民族的母亲河、中华文明的摇篮。如今，黄河流域的生态保护和高质量发展已上升为国家战略。同时，我国正在构建“五位一体社会”（经济建设、政治建设、文化建设、社会建设、生态建设）和打造“两型社会”（环境友好型、资源节约型），生态旅游、绿色旅游、低碳旅游是科学发展的必然要求，更是全民灵魂深处的呼唤。本书从个案分析入手，通过对沿黄旅游区土地利用时空变化的分析与模拟，预测未来旅游区土地格局的变化，在对生态效应综合分析评价的基础上，梳理出旅游区土地利用可持续发展的对策，这不仅对沿黄旅游区土地生态利用有借鉴意义，而且对其他旅游区的土地利用和可持续发展有帮助，具有一定的普适性和实用性。

总之，对沿黄旅游区土地利用及生态效应进行研究既是响应国家号召、促进生态文明建设的要求，又是促进旅游区转型升级、实现可持续发展的重要举措，还是顺应新型城镇化和旅游发展国际化潮流的必然选择，更是打造和谐社会、建设美丽中国的基本要求，具有重要的理论意义和现实意义。

1.2 本书的理论基础

选择正确的理论来进行相关研究，有利于增强研究的科学性、系统性和针对性，有利于促进旅游区土地高效、合理及可持续利用。因此，在进行旅游区土地利用优化研究之前有必要对系统科学理论、人地关系理论、可持续发展理论、土地生态利用理论、生态经济理论进行梳理，由此来奠定本书的理论基础。

1.2.1 系统科学理论

根据一般系统论创始人贝塔朗菲的定义，系统是“相互作用的诸要素的复合体”，或是“处于一定相互联系中、与环境发生关系的各个组成部分的整体”。我国科学家钱学森这样来定义系统：系统是由相互作用和相互依赖的若干组成部分合成的具有特定功能的有机整体，而且这个系统本身又是它所从属的一个更大系统的组成部分。

系统论、控制论和信息论是 20 世纪 40 年代先后创立并获得迅猛发展的三门系统理论的分支学科。虽然它们的提出仅过了半个世纪，但在系统科学领域中已是资深望重的元老，合称“老三论”。系统论是美籍奥地利人贝塔朗菲创立的，系统论是研究系统的一般模式、结构和规律的学问，它研究各种系统的共同特征，用数学方法定量地描述其功能，寻求并确立适用于一切系统的原理、原则和数学模型，是具有逻辑和数学性质的一门科学，是撇开具体的物质运动形态，研究系统的一般规律和性质的一门新兴交叉边缘性科学。控制论是诺伯特·维纳在1948年首次提出的，他把控制论看作一门研究机器、生命社会中控制和通信的一般规律的科学，是研究动态系统在变化的环境条件下如何保持平衡状态或稳定状态的科学。信息论是美国数学家克劳德·香农创立的，它是运用概率论与数理统计的方法研究信息、信息熵、通信系统、数据传输、密码学、数据压缩等问题的应用数学学科。信息系统就是广义的通信系统，泛指某种信息从一处传送到另一处所需的全部设备所构成的系统。

耗散结构论、协同论、突变论是20世纪70年代以来陆续创立并获得极快发展的三门系统理论的分支学科。它们虽然时间不长，却已是系统科学领域中年少有为的成员，故合称“新三论”。耗散结构论是比利时物理学家普利高津提出的，耗散结构论者认为：系统只有在远离平衡的条件下才有可能向着有秩序、有组织、多功能的方向进化。协同论是联邦德国科学家哈肯创立的，在系统从无序到有序的过程中，不管原先是平衡相变，还是非平衡相变，都遵守相同的基本规律，即协调规律。突变论是法国数学家托姆创立的，突变论通过对事物结构稳定性的研究来解释事物质变的规律。

系统论认为系统是开放的，由若干相互联系、相互作用的诸要素组成，诸要素又构成一个有机整体。系统论的根本理念就是把研究和处理的对象当作一个系统，以整体性原则作为其最基本的出发点，注重系统整体与部分之间的相互联系及相互作用，分析系统的要素、结构和功能，研究系统、要素、环境三者的相互关系及变动的规律。系统论的主要任务是不仅要认识系统的特点和规律，还要利用这些特点和规律去控制、管理、改造系统，使它的存在与发展能被人们利用，合乎人们的需求。换句话说，系统科学的研究目的主要是调整系统的结构，协调各要素之间的关系，从而达到优化系统的目标。系统论提出了许多经典思想，如整体性思维、层次性思维、关联性思维、动态性思维、目的性思维、结构性思维、开放性思维及反馈性思维等。这些科学的观念及其理论分析方法，一方面为本书打下了理论基础，另一方面在科学方法论上更具有指导意义（马少春，2013）。

沿黄旅游区土地利用系统是由自然、社会和经济等诸多因素组成的复合系统，具有系统科学的整体性、开放性、层次性及动态性的特点，沿黄旅游区土地利用系统与各子系统之间相互联系、相互影响、相互制约、相互作用，从而带来该区域整体景观格局的变化。本书以系统科学理论为理论依据，结合研究对象实际情况，从“老三论”和“新三论”中选用适当的研究方法，对沿黄旅游区土地利用变化及其生态环境效应进行研究，揭示土地利用变化及其生态环境效应之间相互作用的互动关系与驱动机理，研究对策并进行系统控制，逐步遏制其恶化趋势，从而使土地利用向生态及可持续方向发展。在旅游经济快速发展过程中，从系统科学的角度研究沿黄旅游区土地利用变化引发的复杂关系，对我们正确把握其演变规律，更好地开展区域土地规划、调控区域发展政策，以及促进区域土地可持续利用都具有重要意义（钟海燕，2011）。

1.2.2 人地关系理论

人地关系，是指人类活动与地理环境之间相互依赖、相互作用的关系（马少春，2013），主要具有动态性、地域性、复杂性及人的主观能动性等特点。在人类社会向前发展的过程中，人类为了生存的需要，不断地扩大、加深改造和利用地理环境，增强适应地理环境的能力，改变地理环境的面貌，同时地理环境影响人类活动，产生地域特征和地域差异（颜丙金，2012）。人地关系是诸多学科共同关注的基本命题之一，是地理学研究的中心课题，也是地理学研究的重要理论基础。

人地关系理论（theory of man-land relationship）的产生和发展经历了漫长的历史过程，总体上看，可划分为 4 个阶段：一是原始共生型人地关系阶段，人类开始对自然环境施加影响，但未超过自然环境本身的生态阈值，人与自然界保持着原始共生的关系；二是传统共生型人地关系阶段，随着生产力的提高，人类在创造社会财富的同时，对自然环境的开发力度加大，甚至有些地区超出了自然界本身的承受能力，受到了自然界的“惩罚”，但人类活动还没有从根本上破坏生态环境，人类对环境处于顺应阶段；三是近代征服型人地关系阶段，进入工业化时代后，大机器生产使人类改变自然环境的能力大大增强，人类开始对大自然实行无节制的“开发与掠夺”，“人定胜天”的思想使自然成为人类盘剥的对象，人与自然表现为一种征服与被征服的关系；四是当代和谐重构发展型人地关系阶段，随着人口、资源、环境与发展问题越来越突出，人地之间的矛盾越来越尖锐，人地关系和谐发展成为全人类的共识，开始注重天、地、人共同发展，走“创新、协调、绿色、开放、共享”的可持续发展道路，促使人类社会走上人地和谐发展的转型重构之路。

回顾人地关系的发展历程，在不同历史阶段形成了不同理论流派，主要有地理环境决定论、地理环境可能论、地理环境适应论、文化景观论（钟海燕，2011；马少春，2013）和人地协调论等。地理环境决定论认为人类的身心特征、民族特性、社会组织、文化发展等人文现象受自然环境，特别是气候条件的支配，其最大优势是为人们从自然环境角度理解地理环境对人类的极大制约影响提供了良好的思路。地理环境可能论是法国地理学家 P. 维达尔·白兰士提出的，他认为环境并不是肇始因素，而只是限制的或选择的因素，地理环境并没有造成人类的文化，而只是设定了某种文化现象能够发生的界限而已。地理环境适应论是英国人文地理学家 P.M. 罗克斯比提出的，他认为人文地理学包括两个方面：一是人群对其自然环境的适应；二是居住在一定区域内的人群及其和地理区域之间的关系。文化景观论认为应当从研究文化景观来分析人地关系，它是人地关系论的一种学说。文化景观论是由德国地理学家施吕特尔提出的，他在 1906 年提出文化景观与自然景观的区别，并要求把文化景观当作从自然景观演化来的现象进行研究。他把文化景观分为可动的和不可动的两种形态：前者指人及随人移动的货物等；后者通过文化作用于景观的全部效果来反映，如道路及其形式。人地协调论是由众多科学家的提倡而逐步深化和被公认的，它是指一定生产方式下从事各种生产活动和社会活动的人，有意识地同自然进行物质交换，与自然界诸要素有规律结合，从而达到人与自然和谐相处。

可以看出，人类对人地关系的认识是一个逐步深入的过程，人地关系理论各种学说的发展，就是这种认识过程的反映。作为一种哲学思维和基础理论，人地关系理论是引领人们认识自然、开发自然、利用自然及顺应自然的重要理论指导。人类的生存需求和永续发展是人地关系的核心问题。永续发展作为人类社会追求的理想和人地关系优化的目标，注重在人们自身管理下达到经济社会发展与人口、资源、环境的统一。当前，旅游业的快速发展改变着旅游区土地利用的格局，本书从人地关系入手，对沿黄旅游区土地利用变化过程及驱动力进行分析，模拟并预测其未来的动态变化和发展趋势，进行旅游区地理环境变化的人地响应研究，为构建适应沿黄旅游区用地发展的和谐新型人地关系探索对策和路径。

1.2.3 可持续发展理论

可持续发展（sustainable development）概念的明确提出（王启红，2004），最早可以追溯到国际自然和自然资源保护联合会受联合国环境规划署的委托起草，并经有关国际组织审定，于 1980 年 3 月 5 日公布的《世界自然资源保护大纲》。1987 年，世界环境与发展委员会（World Commission on Environment and Development，WCED）发表了报告《我们共同的未来》（张頔和张文国，2006；俞博文，2016）。这份报告正式使用了可持续发展概念，并对之做了比较系统的阐述，产生了广泛的影响（俞博文，2016）。1992 年，联合国环境与发展大会（United Nations Conference on Environment and Development，UNCED）通过了《21 世纪议程》，进一步阐述了可持续发展理念，并且世界各国政府达成了共识，将可持续发展理念作为共同发展战略（黎孔清，2013）。广大学者普遍接受的一种理解是世界环境与发展委员会提出的“既能满足当代人的需求，又不损害子孙后代满足其需求能力的发展”（赵士洞和王礼茂，1996）。该定义强调人类社会的经济建设和发展不能超越自然资源和周围环境的承受能力；维护代内和代与代之间的公平；世界各国必须共同遵从可持续发展思想并采取联合行动（黎孔清，2013；王晓宇，2014；吴琼，2013）。

可持续发展已经成为人类社会发展的一种理想模式，它强调了人口、资源、环境、社会与经济的协调共生发展（俞博文，2016）。可持续发展追求的是整体发展和协调发展，即共同发展（张頔和张文国，2006）。可持续发展理论的基本特征：一是鼓励经济增长，二是注重资源的永续利用和良好的生态环境，三是谋求社会的全面进步。可持续发展理论的主要内容：一是经济可持续发展，二是生态可持续发展，三是社会可持续发展。可持续发展的基本思想是以自然资源为基础，同环境承载能力相协调；并不否定经济增长；以提高生活质量为目标，同社会进步相适应（龙先琼，2007）。可持续发展的核心理论是资源永续利用理论和外部性理论。可持续发展不仅仅是区域发展的目标，更是区域发展的行动纲领。特别是对于本书的研究对象而言，实施可持续发展战略，谋求研究区经济、社会与生态共同发展，消除当前"杀鸡取卵式"的发展模式（诸大建，2000），缓解当前发展不可持续的危机，具有相当的重要性和紧迫性（马少春，2013）。可持续发展包括 3 个原则。一是公平性原则，本代人之间的公平、代际间的公平和资源分配与利用的公平。该原则认为人类各代都处在同一生存空间，他们对这一空间中的自然资源和社会财富拥有同等享用权，他们应该拥有同等的生存权。因此，可持续发展把消除贫困作为重要问题提了出来，要予以优先解决，要给各国、各地区的人、世世代代的人以平等的发展权。二是持续性原则，其核心是人类的经济和社会发展不能超越资源与环境的承载能力，从而真正将人类的当前利益与长远利益有机结合。三是共同性原则，各国可持续发展的模式虽然不同，但公平性和持续性原则是共同的。地球的整体性和相互依存性决定全球必须联合起来，认知我们的家园。只有全人类共同努力，才能实现可持续发展的总目标，从而将人类的局部利益与整体利益结合起来。

土地是国家发展之基，是人民安身立命之本（刘纪远等，2002；史培军等，2000；祝培甜等，2016），土地资源的可持续利用是实现人类社会经济可持续发展的重要基础（吕春艳等，2006；陈利顶等，1999）。土地资源与其他资源相比，是最能体现可持续发展理论的一种资源，纵观土地利用格局变化过程，一个良性的土地生态系统一定是可持续发展的系统。土地的自然-生态-经济属性决定了可持续利用的复杂性，在生态上表现为土地质量无退化；在经济上表现为合理配置和高效利用；在社会上表现为不仅满足当代人需求，而且要遵循代际平等。在社会新常态下，以生态、绿色、低碳的理念来指导土地利用是土地可持续发展的方向。研究沿黄旅游区土地利用的发展演变涉及区域土地利用各系统的可持续发展，实质上是该区土地资源进一步优化、良性、永续利用的过程，必须借鉴可持续发展理论，为研究区土地利用优化和永续发展提供科学指导。

1.2.4 土地生态利用理论

土地利用是指人类为获得所需的产品或服务而进行的土地资源利用的活动（李秀彬，1996），即人类在空间上和时间上，组织土地进行合理利用的过程，是人类通过一定的活动，利用土地的特性来满足自身需要的过程。土地利用包括土地的生产性利用和非生产性利用。土地的生产性利用是把土地作为主要的生产资料、劳动对象，以生产产品（生物与非生物产品）为目的的利用。土地的非生产性利用主要是指土地的空间和承载力功能，把土地作为各种建（构）筑物的基地、场所。土地利用系统是在给定的土地单元上所进行的土地利用实践（Rossiter，1996）。作为概念，这一系统包括自然与人为两大子系统。土地生态利用包括 4 个方面：一是根据土地生态平衡的原理，调整农、林、牧、副、渔业等各业的用地布局，以充分发挥土地的生产潜力；二是根据适时适地适种的原理，调整种植业内部结构，以因地制宜地发挥土地生产优势，并做到用地养地相结合；三是根据生产关系的变革或生产力发展的需要或土地治理工程的规划，对农地进行整理，使农用地的组织形式适应农业现代化的要求，以便于提高机械化效率和发挥现代化各项农业技术的作用；四是充分发挥土地的生态功效，为人类和生物创建良好的生存环境，为人类提供生态服务。土地生态利用具有明显的生态特性，并兼有社会特性，它是一种包括人类经济行为、社会活动的参与、影响、干预甚至干扰的作用在内的以综合的生态环境的交互影响和作用的统一体。这些特性的综合与交融，决定了土地生态利用是一项复杂的综合的系统工程。土地的生态功能一旦受损，其恢复过程是十分缓慢甚至是难以恢复的，因此，人们在进行土地利用时，要把保护土地的生态功能放在重要位置。土地生态利用具有以下特征。

1）综合性和非线性。土地生态利用属于自然生态范畴，同时也属于社会经济范畴。它既受气候、地形地貌、土壤、水文地质等自然生态因素的影响，又受社会制度、科学技术、交通条件、人口密度和素质等社会经济因素的影响和制约。这些因素之间呈现出复杂的非线性因果关系，由此决定了土地生态利用系统是一个复杂的非线性大系统。

2）整体性和多目标性。土地生态利用涉及的对象是由自然生态、经济、社会等子系统所构成的复杂巨系统。土地生态利用与人口、经济、环境与发展等形成一个整体，在土地生态利用中，要研究它们之间的相互作用机理，找出适宜的利用、保护和管理模式。在利用上要全面综合地解决土地的分配、开发、利用、整治和保护等方面的问题，不能顾此失彼。土地生态利用又是多目标的，要统筹兼顾各业用地，要做到社会、经济、生态三效益的最佳结合。对土地生态利用进行宏观调控，并在国民经济各部门中，科学配置土地资源，优化系统的生态结构，充分发挥其功能。

3）时空性和滞后性。土地生态利用具有很强的空间性和时序性，每一种土地利用方式都有特定的时间位和空间位，构成四维的广义空间结构的土地生态利用系统。若对同一空间的土地生态利用从时序结构上考察，则具有阶段动态性特点。在不同的利用阶段应有不同的管理措施和保护手段，不能超越阶段限制而采取不合理的利用管理模式。土地生态利用的结构和模式不是一成不变的，土地的用途，土地资源的分配，土地利用的生态效益、经济利益和社会效应，常因时空的变化，随自然条件、国民经济和社会发展及科学技术进步等因素的变化而变化。土地生态系统中的组成因素的量和相互关系也随着时间、空间的变化而变化，这样就决定了土地生态利用是个动态的连续变化过程。由于土地生态利用系统内部各因素之间的相互影响，其因果关系往往在时间上是分离的。开发利用的效果常具有明显的时效滞后性，特别是在土地生态功能受到破坏时，其时滞性表现得更加明显。因此，这就要求我们在进行土地生态利用时，更要注意长期性和战略性的选择。

4）地域差异性。我国地域辽阔，自然条件、社会条件和经济水平等差异很大，这就造成各地域间土地生态利用的模式和水平差别也很大。土壤物理化学性质的不同，肥力、地形地貌的差异，为土地生态利用的多样性和优势奠定了基础。例如，从类型上看，有农用地（耕地、园地、林地、牧草地）、建设用地（居民点及工矿用地、交通用地）、水域和未利用土地等多种；从具体的地域来看，南方与北方的土地覆被差别就很大。因此，要抓住地域特色和土壤特点，做到因地制宜、因土制宜，以充分发挥我国地域辽阔的优势。

1.2.5　生态经济理论

20 世纪 60 年代末，出现了人口、粮食、资源、能源和环境五大生态经济问题，经济与生态之间的矛盾不断尖锐，生态环境成为现代经济社会发展面临的具有全球普遍性的严峻问题。如何切实有效地解决这一问题，成为世界各国共同关心的重大课题。经济社会发展的需要决定了生态经济理论诞生的客观必然性，也即生态经济学的产生源于生态学向经济社会问题方面研究领域的拓展。20 世纪 60 年代，美国经济学家肯尼斯·鲍尔丁在他的重要论文《一门科学——生态经济学》中首先正式提出了“生态经济学”概念，并首先提出了“生态经济协调理论”，标志着这门新兴学科的诞生（黄理平，1990；吴琼，2013）。生态经济学在发展的过程中，大致出现了三派：悲观派、乐观派与现实派。进入 20 世纪 90 年代以后，人们开始将生态观点与经济理论、方法结合起来去进一步扩大生态经济学原有的研究领域。

生态经济是人类追求的一种理想化的经济模式、经济形态，目的是实现经济增长与生态保护的协调发展，变经济的粗放型增长为集约型增长，变生态的恶性循环为良性循环，建立一个高效率、多功能的生态经济系统，在保持生态平衡、资源充分利用的前提下，取得最佳经济效益。生态经济这一概念的产生及其逐步走向成熟是伴随着生态经济学的形成和发展而实现的。生态经济的本质就是把经济发展建立在生态环境可承受的基础上，实现经济发展和生态保护的双赢，建立经济、社会、自然良性循环的复合型生态系统（周兵，2014）。生态经济是指在生态系统承载能力范围内，运用生态经济学原理和系统工程方法改变生产和消费方式，挖掘一切可以利用的资源潜力，发展一些经济发达、生态高效的产业，建设体制合理、社会和谐的文化，以及生态健康、景观适宜的环境。生态经济是实现经济腾飞与环境保护、物质文明与精神文明、自然生态与人类生态的高度统一和可持续发展的经济。生态经济，即“社会-经济-自然”复合生态系统，既包括物质代谢关系、能量转换关系及信息反馈关系，又包括结构、功能和过程的关系，具有生产、生活、供给、接纳、控制和缓冲功能。生态经济基本理论包括社会经济发展同自然资源和生态环境的关系，人类的生存、发展条件与生态需求，生态价值理论，生态经济效益，生态经济协同发展等（戴锦，2004）。于本书而言，对沿黄旅游区土地利用变化的研究不仅要考虑土地的经济价值，还要研究人类、土地及生态环境的互动影响（李闻，2010）。通过对研究区土地利用变化及生态环境效应研究，为人类调控沿黄旅游区土地生态经济系统提供借鉴。

1.3 研究框架设计

根据研究思路与研究内容，本书的研究框架设计如下：在理论脉络方面，首先对沿黄旅游区土地生态利用，以及可持续发展的相关概念及基本理论进行解析；然后在相关土地分类标准、分类规范等基础之上建立旅游区土地利用分类体系，并对旅游区土地利用格局变化进行分析，探讨变化的机理与原因，进行生态环境效应评价；最后结合旅游区土地利用的相关理论与生态效应评价的结果提出促进沿黄旅游区土地利用可持续发展的策略。在实证研究方面，本书首先运用定性和定量的方法，对沿黄旅游区多年来各种土地利用数量变化、土地利用空间变化、土地利用程度变化、土地利用功能变化进行分析，并预测未来沿黄旅游区的土地利用变化；然后从时间和空间两个维度对研究区土地利用格局演变进行分析，从研究区土地利用转变的位置、数量、速度、强度、类型等方面，厘清沿黄旅游区各地类的变化特征；接着通过构建土地利用变化驱动力指标体系，运用回归分析模型，对研究区建设用地扩张的驱动力进行分析；最后从土地承载能力及土地生态环境等方面运用土地利用变化综合评价原理与方法，对研究区土地利用生态环境效应进行分析评价，为沿黄旅游区用地可持续发展提供决策依据。

当前生态文明建设成为关系中华民族永续发展的大计，绿色发展成为社会的共识，促进区域土地的生态利用是解决生态环境问题的关键所在。既往研究大多从沿黄旅游区土地利用变化或可持续发展等单一视角进行分析，而鲜见将二者结合起来全方位地开展研究，假设将二者结合起来建立研究理论框架和分析模型可能会对沿黄旅游区的研究带来创新性的成果。因此，本书基于“创新、协调、绿色、开放、共享”的五大理念，通过构建沿黄旅游区用地双维度理论模型，为土地利用的科学管理及其生态利用提供理论依据，最终为促进黄河旅游区的可持续发展奠定理论基础。双维度理论模型的两个维度分别是“土地利用变化”和“可持续发展”。在土地利用变化层面，本书重点剖析区域土地利用变化的时空分异、格局演化和驱动机制，在此基础上对未来 30 年该区域土地利用变化进行预测；在可持续发展层面，本书从土地利用带来的生态环境效应、区域土地的生态承载力及土地生态系统的良性循环进行研究。通过对土地利用变化和可持续发展的双维度耦合，提炼出沿黄旅游区的发展理念、模式及对策。

根据框架设计的阐述可知：土地生态利用及可持续发展理论是剖析机理、评价及提出发展策略的依据，剖析机理和评价状态又是提出发展策略的基础，而剖析机理、评价状态和发展策略的最终目的是实现沿黄旅游区的土地利用可持续发展。本书研究模型框架见图 1-1。

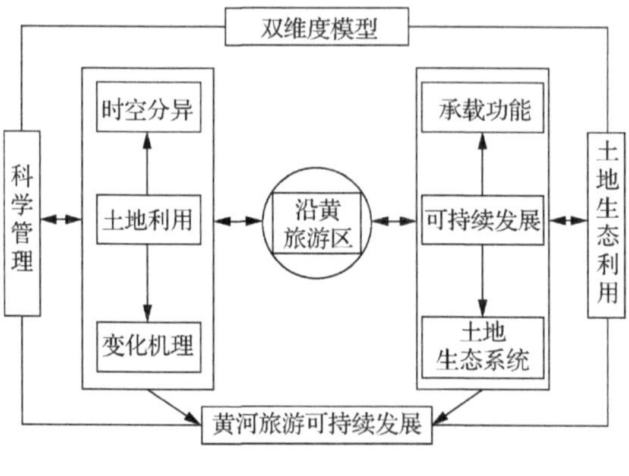

图 1-1　本书研究模型框架

1.4 沿黄旅游区土地利用相关概念辨析

1.4.1 旅游区相关概念辨析

1. 国外对旅游区概念的探讨

Gunn（1983）认为旅游区（点）可以是地球上任何一个独具特色的地方，这些地方的形成可能是自然力量使然，也可能是人类活动的结果。Sullivan 和 Stevens（1982）提出旅游区（点）应该是有特色活动的地点、场所或集中地。王协斌（2007）认为旅游区是一个长久性的游览目的地，其主要目的是让公众得到消遣的机会，做感兴趣的事情或受到教育，在其开放期间，公众可随时进入游览区域，不仅能吸引旅游者，而且对当地居民具有吸引力。Swarbrooke 和 Horner（1995）提出旅游区（点）应该是一个独立的单位，或是一个有明确界限的区域，交通便利，可以吸引大批游客来这里进行短时间访问，能够经营的旅游目的地。国外还有学者认为旅游区是一个为游客提供游览、消遣、娱乐和受教育的、有专门指定和专人经营的长久性地点（Middleton，1998；Teodoro et al.，2007）。综上所述，在国外，旅游区主要是指旅游目的地，其内涵很丰富。

2. 国内对旅游区概念的探讨

（1）国家有关政策和法规的定义

依据《旅游规划通则》（GB/T 18971—2003），旅游区（tourism area）是以旅游及其相关活动为主要功能或主要功能之一的空间或地域。国家质量技术监督局2003年公布的《旅游区（点）质量等级的划分与评定》（GB/T 17775—2003）将旅游区（点）定义为：具有参观游览、休闲度假、康乐健身等功能，具备相应旅游服务设施并提供相应服务的独立管理区。该管理区应有统一的经营管理机构和明确的地域范围。包括风景区、文博院馆、寺庙观堂、旅游度假区、自然保护区、主题公园、森林公园、地质公园、游乐园、动物园、植物园及工业、农业、经贸、科教、军事、体育、文化艺术等各类旅游区（点）。

（2）学术界学者们的定义

陈传康（1996）认为旅游区是表现社会经济、历史文化和自然环境统一的旅游地域单元，一般包含许多旅游点，由旅游线连接而成。王大悟（1999）认为旅游区可以是多种类型的综合体，也可以是某单一类型（即旅游点）。保继刚和苏晓波（2004）认为旅游区是一个地域综合体，含有若干共性特征的旅游景点与旅游接待设施，它不仅包括旅游资源，也含有为旅游者实现旅游目的而不可缺少的各种基础设施。

3. 旅游区内涵辨析

（1）旅游区的特征

旅游区应包括以下特征。一是旅游资源相对集中，是旅游活动开展的主要空间（Brilhantea et al.，2015）。二是具有一定的旅游经济结构和规模，在旅游区所在的地域空间中，旅游业是其主要产业。三是具有一定的空间尺度，旅游区的空间范围虽然比区域要小，但仍然比较广大（Turner et al.，2007）。一般旅游区在数平方千米以上，级别越高，面积越大。四是旅游区是一个复杂的多层次系统，最基本的单位是景点，以一个或几个紧紧相邻的主要景点为中心，通过交通线将若干个景点景区统一起来则形成旅游区。

（2）旅游区与景区、景点的区别

通过以上比较分析，一般来说，旅游景区、景点是独立的单位、专门的场所，是一个以特色为主、划分明确、面积不大的区域（Gavalasa et al.，2015）。旅游区面积较大，是一个为旅游者提供游览等各项设施和服务的综合体。旅游区风景资源的组合比景区、景点内的聚集程度低，特别是主体景观类型不如景点突出（Weinstoerffer and Girardin，2000）。旅游区与景区、景点关系见图 1-2。

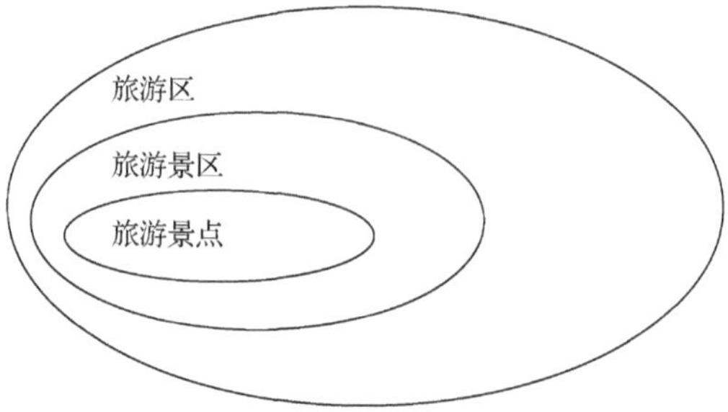

图 1-2　旅游区与景区、景点的关系

（3）旅游区的定义

通过以上对旅游区属性的解析可知，其概念含义较为广泛，是一个非常笼统的概念。从狭义上讲，旅游区一般指由若干地域相连的、具有若干共性特征的旅游吸引物、交通网络及旅游服务设施组成的地域单元（Gossling et al.，2012）。从广义上讲，任何一个可供旅游者或来访游客参观游览或开展其他休闲活动的场所都可以称为旅游区（Petersen et al.，2014）。它的空间跨度差别很大，大至一个国家、一个城市，小至一个乡村、一所博物馆、一处名人故居（Douglas，1998）。本书主要指其狭义的概念。

1.4.2 沿黄旅游区相关概念辨析

目前对沿黄旅游区的概念界定较为鲜见。石培基等（2008）定义了黄河风情旅游带，即从区域旅游研究的空间一致性、行政区域相对完整性出发，黄河旅游带研究区域的选定涉及黄河甘肃段部分支流流域，青海、宁夏、内蒙古等黄河旅游带范围参考各省份的旅游空间区划确定。作者认为从空间视角来看，沿黄旅游区是指发生在黄河沿岸地带所有与旅游、休闲及游憩相关活动的区域，该区域处于水陆两大生态系统类型的交界处，是黄河生态系统和陆地生态系统的接合部，是水陆过渡带和交错带，也是生态敏感脆弱区。从旅游视角看，沿黄旅游区是指位于黄河沿岸，以黄河文化为载体，由若干共性特征的旅游吸引物、交通网络及旅游服务设施组成的，具有一定空间尺度和规模的旅游地域单元，它属于我国旅游区体系中地理区位比较特殊的一类（Hautzinger，2002）。它具有以下5个特点：①地理区位的特殊性；②资源分布的富集性；③黄河文化的指向性；④区域开发的综合性；⑤地域分布的规律性和广泛性。沿黄旅游区以其地方特色、黄河气质和厚重文化而与众不同，吸引着众多国内外的游客，成为当今旅游投资开发的热点地区（Wang et al.，2007）。可以说沿黄旅游区作为一种典型代表在黄河沿线分布广泛，据不完全统计，目前黄河两岸直线 50km 范围内共有 4A 级旅游区超过200家。

1.4.3 土地利用及变化

张景华等（2011）认为土地利用是指土地上的人类活动及土地被利用的目的。国内学者从不同角度对土地利用的内涵进行了认识和阐述。一是以土地利用的经济属性为出发点。土地利用实质上是一个自然、经济、社会和生态等多种类型的子系统有机复合而成的生态经济的持续过程（刘彦随，1999）。土地利用是人们根据土地资源的特性、功能和一定的经济目的，对土地的使用、保护和改造（刘书楷，1999）。其他学者（陈百明，1996；周诚，1999；毕宝德，2000）从经济属性的角度对其下了定义。二是以土地功能为出发点。王万茂和但承龙（2003）认为土地利用就是指由土地质量特性和社会土地需求协调所决定的土地功能过程。三是以土地利用对人的需求为出发点。林英彦（1994）、吴次芳等（2009）认为土地利用是指人类对特定土地投入劳动力资本，以期从土地得到某种欲望的满足或利用土地特性来满足自身需要的过程。四是从系统论的观点出发，土地利用是土地自然生态子系统、土地社会经济子系统以人类系统为纽带和接口耦合而成的土地生态经济系统（图1-3）（李边疆，2007）。

本书将土地利用定义如下：土地利用是指人类通过特定行为，在特定的生产方式下，根据土地属性对其进行开发、利用、整治和保护的过程。土地利用变化则是指土地利用及覆被类型相互之间的变动和转化，如农业用地转变为建设用地。

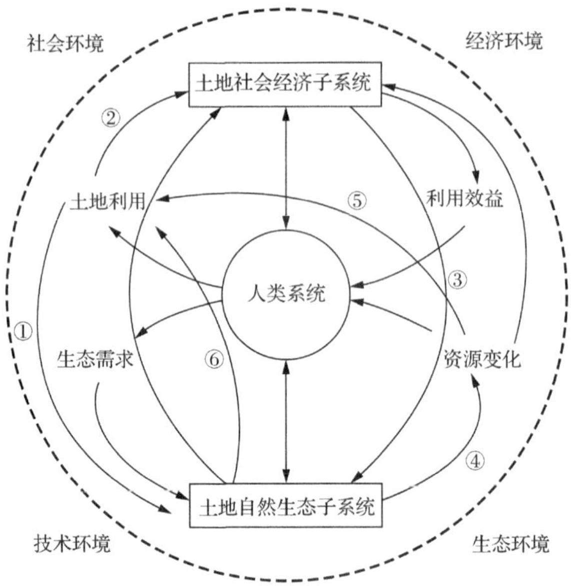

①土地利用对生态环境的直接影响；②→③土地利用对生态环境的间接影响；
④→⑤生态环境对土地利用的间接限制；⑥生态环境对土地利用的直接限制。

图 1-3　土地利用系统框架

1.4.4　旅游区土地利用概念与分类系统

1. 旅游用地

一般人们所提到的旅游用地是指县级以上人民政府批准公布确定的各级风景名胜区内的全部土地，供人们进行旅游活动，具有一定经济结构和形态的各种地域组合（欧名豪等，2002；朱德举和俞文华，1996）。这是一种狭义的理解。广义的理解认为旅游用地就是旅游业用地，即在旅游地内凡能为旅游者提供游览、观赏、知识、乐趣、度假、疗养、娱乐、休息、探险、猎奇、考察研究等活动的土地，均可称为旅游用地（毕宝德，2000）。旅游用地实质上是吸引能力和接待能力的统一体（刘书楷，1996）。旅游用地的概念随着人们对旅游的认识的不断深入也在不断发展变化。也有学者认为旅游用地是一个由旅游地各项与旅游相关的自然因素组成并综合了相应人类劳动成果的自然-经济地域综合体，是自然与人类活动相互作用的动态系统（梁栋栋等，2004）。

上述关于旅游用地的定义，有的指旅游区用地（狭义的观点将各级旅游区内的用地视为旅游用地），有的指旅游业用地（广义的观点认为旅游用地就是旅游业用地）。作者认为，具有游憩功能，可以被旅游业利用的各类土地资源都可以视为旅游用地。

2. 旅游区用地和旅游区土地利用

笔者认为，旅游区用地是指风景旅游区内的各种用地，即依据旅游区域社会经济发展规划和旅游区土地的自然历史特性，旅游区域内用地在空间上的资源分配和合理组织。旅游区土地利用是指为促进区域内旅游经济的发展，人们通过有目的的干预，对特定旅游区域内各种土地资源进行开发、利用和整合，从而达到对土地长期或周期性经营的目的（赵莹雪和董玉祥，2010；Xu et al.，2010；Reid et al.，2000）。旅游区土地利用变化是指在人为干扰作用下，旅游区内不同地类相互之间的变动和转化。

3. 旅游区用地分类系统

关于旅游区土地利用分类标准，目前研究较少，也有一些分类体系，但目前尚无统一标准（杨俊等，2015）。本书根据土地的自然、经济属性的不同，充分考量旅游业发展条件及旅游区的构成因素，对旅游区用地进行初步的分析归类（Yasser，2005）。本书参考《土地利用现状分类》（GB/T 21010—2017），结合旅游区用地的特点，通过归并将旅游区用地重新分为耕地、林地、风景点游赏用地、城镇建设用地、村庄用地、交通运输用地、水域用地和其他用地8类，分类体系采用2个层次，即分8个一级类型、26个二级类型，建立如下分类体系（表1-1）。

表1-1 旅游区土地利用分类体系

一级类		含义	二级类名称
编号	名称		
1	耕地	指种植农作物的土地，包括熟地，新开发、复垦、整理地，以及轮作地、果蔬用地、耕种三年以上的滩地等	熟地、园地、其他农用地
2	林地	指生长乔木、灌木、竹类的土地等，包括有林地、灌木林地、其他林地、苗圃、迹地等	有林地、灌木林地、其他林地
3	风景点游赏用地	指向游人开放、游览欣赏对象集中的用地，包括风景点建设用地、风景保护用地、风景恢复用地、野外游憩用地、其他观光用地等	风景点用地、风景游览用地
4	城镇建设用地	指在土地利用总体规划确定的城镇建设用地范围内，为实施城镇规划而占用的土地，包括城镇住宅和公共建筑用地、工矿仓储用地、商服用地和其他特殊用地等	城镇住宅、商服用地、公共管理与公共服务用地、工矿仓储用地、特殊用地
5	村庄用地	指农村居民点，以及辖区内的商业服务、住宅、工业、仓储、学校等用地	村庄、农村宅基地

续表

一级类		含义	二级类名称
编号	名称		
6	交通运输用地	指满足自身需求的对外、内部交通用地，包括运输通行的地面线路、场站等土地	铁路用地、公路用地、街巷用地
7	水域用地	指天然陆地水域和水利设施用地	河渠、湖泊、溪流、滩涂地
8	其他用地	指上述用地以外的其他用地，也包含滞留用地、未利用地、难利用的土地	自然保留地、沙地、盐碱地、裸岩石砾地

1.4.5　旅游区土地利用生态效应及评价

生态效应是指人为活动造成的环境污染和环境破坏引起生态系统结构和功能的变化（William et al.，2014；王拾犇，2013；欧阳志云等，1999）。生物与环境关系密切，两者相互作用、相互协调，保持动态平衡。人为活动排放出的各种污染物引发生态响应，如二氧化氮、二氧化硫和氟化物等对大气环境造成污染（Robert et al.，1998）。土地利用及覆被变化与生态环境之间存在着一定的因果关系（Houghton et al.，2012）。旅游区土地利用生态效应是指在一定时期内，旅游区土地利用变化带来的生态环境影响（Kytzia et al.，2011；谢燕娜等，2015）。旅游区土地利用变化的生态效应评价是在探讨旅游区土地利用格局的变化时，侧重评价旅游区生态系统的功能变化（万利，2009；Pielke and Avissar，1990；Rasmussen，1998；Reid et al.，2000），运用恰当的方法评价某区域生态环境质量的优劣及其影响作用关系（周华荣等，2001；张增祥等，2003；熊鹰等，2004）。本书综合土地利用变化、生态环境、社会经济等指标，对沿黄旅游区土地利用变化引起的生态效应进行综合分析，研究沿黄旅游区土地利用对生态环境的作用及影响。

1.4.6　旅游区用地可持续发展

对于旅游区用地可持续发展概念的理解，不同的学者持有不同的观点。目前已知对于旅游区用地可持续发展相关概念的界定包括：何小芊（2007）认为旅游区用地可持续发展是指能够持续满足旅游业发展及当地社会发展的土地生产力和景观环境等需要的土地利用，这里所说的土地利用是广义上的土地利用，包括土地资源的开发、利用、保护、整治、分配和再分配；李捷（2008）认为旅游区用地可持续发展是指特定时期和特定地区条件下，对旅游用地资源进行合理的开发、使用、治理、保护，并通过一系列的合理利用组织，协调人地关系及人与资源、环境的关系，以满足当代人及后代人生存发展的需要；刘力和邱继勤（2012）认为旅游区用地可持续发展是指能够持续满足旅游业发展及当地社会发展的土地生产力和景观需要的土地利用，包括土地资源的开发、利用、保护和整治，其实质就是在保证土地资源永续利用的基础上，随着旅游业的不断发展，土地资源的生产能力、利用水平、景观质量和生态环境能够满足旅游地社会经济发展需求和不断提高的旅游需求。从上述定义对旅游用地可持续利用的理解，发现学者们都能够从生态、经济和社会这 3 个方面来考虑。在生态方面，对旅游用地要合理开发利用，保持旅游地的生产能力和生态环境；在经济方面，要充分发挥土地的有效价值，创造更多的经济效益；在社会方面，保持旅游用地的旅游功能，让后代人能够开展旅游活动。

根据对上述相关概念的理解，笔者认为旅游区用地可持续发展可概括为：在对区域旅游用地进行开发和利用时，首先要对其进行合理的规划、布局，充分发挥土地的利用率，并在不损害后代人利益的基础上，最大限度地满足当地生态、经济和社会方面的效益。

第 2 章　国内外旅游区土地利用变化研究与实践

2.1　旅游区土地利用变化研究

2.1.1　国外旅游区土地利用变化研究

1. 国外旅游区土地利用变化研究文献分析

在国外文献的获取上，本书以 Springer、Science Direct、EBSCO 全文数据库及 SCI 引文数据库为数据源，经输入检索词"tourism district land use"检索并筛选剔除重复文献。从掌握的文献特征来看：①国外研究较早，文献量呈逐渐上升趋势。②文献增加速度由慢到快，研究内容呈现阶段性特征。伴随着旅游区规划的发展，旅游区土地利用问题萌生；而后缓慢发展，土地分区、土地优化、集约利用等土地理论被应用在旅游区土地利用规划中，形成旅游区土地利用基本理论框架；20 世纪 90 年代后进入快速发展阶段，研究领域大大拓展，开始向纵深方向发展，新理论、新技术出现，开始重视生态环境保护，强调旅游区土地利用的生态性、可持续性。③研究领域主要集中在 4 类，即旅游区土地利用规划与评价（Xiao et al.，2006）、旅游区土地利用/覆被变化（land use/cover change，LUCC）（王丹桂等，2015）、旅游区土地利用生态环境响应与可持续发展（刘旭，2014）、旅游区土地利用利益相关者研究（Abby，2006）。4 个主类下又分为 10 个亚类（表 2-1）。从主类看，旅游区土地利用生态环境响应与可持续发展和土地利用/覆被变化是研究的重点，分别占 32.81%和 26.56%。

表 2-1　国外旅游区土地利用变化研究领域分布

研究领域（主类）	研究视角（亚类）	研究文献篇数		占研究文献数量比例/%	
		单项	累计	单项	累计
旅游区土地利用规划与评价	旅游区土地利用规划	4	13	6.25	20.31
	旅游区土地利用评价	9		14.06	
旅游区土地利用/覆被变化	旅游区土地利用/覆被变化	8	17	12.50	26.56
	旅游区土地利用格局演化	5		7.81	
	旅游区土地利用变化机理	4		6.25	
旅游区土地利用生态环境响应与可持续发展	旅游区土地利用环境响应	9	21	14.06	32.81
	旅游区土地利用可持续发展	5		7.81	
	旅游区土地利用生态效应	7		10.94	

续表

研究领域（主类）	研究视角（亚类）	研究文献篇数		占研究文献数量比重/%	
		单项	累计	单项	累计
旅游区土地利用利益相关者研究	旅游区土地利用利益相关者研究	6	9	9.38	14.07
	旅游区土地利用政策研究	3		4.69	
其他研究		4	4	6.25	6.25
总计		64	64	100	100

2. 国外旅游区土地利用变化研究主题

（1）旅游区土地利用规划与评价

国外旅游区土地利用变化研究发端于旅游区规划，在对旅游区进行设计时首先要对区域内土地进行整体布局、功能分区及评价，达到在空间结构上的优化，从而实现旅游区土地利用的科学化（Greer and Wall，1979）。McMurry（1930）的《游憩活动与土地利用的关系》将旅游区土地利用纳入旅游研究领域，旅游区土地利用问题从此进入旅游研究者的视野。Herbin 等（1995）经研究认为现代冬季滑雪旅游区的空间布局一般由进山谷道、停车场、滑雪站、滑雪区、缆车道、环形山壁等组成。杨静（2012）以欧洲阿尔卑斯山旅游区为案例区，提出了一种基于遗传算法的旅游区土地利用新模式。Fache（1995）根据不同设计思想，将北欧旅游度假村的空间模式划分为 3 种不同类型。

（2）旅游区土地利用/覆被变化

土地利用是土地覆被变化最重要的影响因素（Dewan and Yamaguchi，2009）。旅游开发带来旅游区配套设施的建设和游客的涌入，加速了旅游区土地利用功能的转化，改变了旅游区原始的自然风貌，造成了建设用地增加、林草地减少、农用地非农化等土地覆被变化的现象（Lee and Chang，2008），成为国外研究的重点内容之一。Atik 等（2010）采用 GIS（geographic information system，地理信息系统）方法，通过解译 1974 年、1988 年、1990 年和 1996 年遥感土地利用数据，研究了土耳其地中海沿岸旅游区与旅游发展相关的土地利用空间分布和数量变化特征。他们认为在地中海沿岸，旅游业是土地利用和景观变化的主要驱动力之一，该时段内，816 公顷的农业用地和 457 公顷的天然海岸林转换为旅游建设用地，且转换速度在旅游业发展初期较快，到后期开始减缓。Kuvan（2010）认为大众旅游的一个主要特点是因建设与旅游相关的设施而大范围地使用和改变自然土地，从而引起土地利用方式的改变和土地覆被的变化。在世界范围内，山地的森林是用于旅游设施建设的主要资源，但旅游业发展引起的砍伐森林而导致的土地覆被变化是大众旅游发展造成的最重要的全球环境后果之一。Lasanta 等（2007）用比利牛斯山最重要的滑雪胜地的 30 年的数据，分析其土地利用变化对毗邻地区城市人口和所在地区第一产业的影响，认为离滑雪场最近的城市出现积极的人口结构变化和第一产业的负面演变，较近距离的城市农业用地发生相应变化，而距离更遥远的区域土地利用格局表现出相反的模式。

（3）旅游区土地利用生态环境响应与可持续发展

旅游活动对区域环境的影响长期以来得到较多学者的关注（Zhang et al.，2012；Tanja，2016；Alexandra et al.，2016；Stefan and Ralf，2016），旅游区土地利用生态环境响应更是国外研究的热点（Jean and Philippe，2000；Yasser，2005；张文华等，2018；Christine and Michael，2005）。旅游区土地利用生态环境响应是指旅游活动带来旅游区的用地变化，从而引发区域森林、土壤、地貌、生物多样性、水资源等生态环境的感应与变化（陆丹丹等，2015）。由于旅游活动改变了原始的自然生态系统，因此，国外的研究多以负面影响分析为主。在亚洲，Madan 和 Rawat（2000）对印度喜马拉雅山的马苏里（Mussoorie）度假村旅游业发展对环境的破坏进行了研究。该地常住人口虽然只有约 2.5 万，但在 5～6 月的旅游旺季，游客人数超过 20 万。旅游业的发展带来了包括违法建筑、过多的垃圾、侵占森林土地、水资源稀缺、交通拥堵和车辆污染等问题，使原来非常美丽的城市面临极大的威胁，同时现代旅游设施和基础设施的建设导致了景观美学价值的破坏。因此，建议对脆弱山区的土地利用制定有效的土地规划，使森林面积得到保护和妥善管理，使酒店旅馆的设计和新建筑物的设计同当地景观保持一致。在澳大利亚，Sun 和 Walsh（1998）回顾了澳大利亚休闲和旅游对旅游区环境的影响，认为游憩和旅游的影响包括物理效应和生物效应。其中，物理效应包括轨道形成、土壤流失或压实，并增加了火灾发生频率。乱抛垃圾和水污染也被看作与丛林徒步和露营相关的影响。生物效应包括造成植被破坏，土壤病原菌、肉桂疫病的传播，以及协助杂草传播。耿彦斌和吕志远（2010）利用 GIS 建模技术，评估了波兰的戈尔斯国家公园（Gorce National Park）游憩路径的环境敏感性，使用植物群落践踏的脆弱性和土壤侵蚀过程的脆弱性两个变量，评估游憩路径造成的环境敏感性及其程度在区域的空间分布。结果表明，虽然公园面积的 50%具有潜在的中等或较低的环境敏感性，但其超过 36%的休闲步道和森林道路建于敏感区域，而这些区域容易遭受冲沟侵蚀，应加强相应的管理。

（4）旅游区土地利用利益相关者研究

旅游区土地利用变化不仅对当地生态环境造成影响，而且对所在区域相关人群的态度、社会政策等产生影响，因此处理好从业者、投资者、管理者等利益相关者的关系，实施科学合理的土地政策是实现旅游区科学发展的前提（Buckley，2012；杨主泉，2014；Loudjani et al.，1999；Yeh and Li，1999）。Kuvan（2005）基于土地利用冲突对贝莱克旅游度假区的居民进行问卷调查，研究发现当地居民对旅游开发持积极态度，但也担忧对生态环境产生消极影响。Mkitie 和 Ylisirni

（2013）对芬兰的基尔皮斯耶尔维（Kilpisjärvi）旅游聚落进行研究，认为当地在旅游发展和土地规划中弱化了当地居民的话语权，应强调当地居民的选择权和发展权，这将使大多数当地人比现在更满意。Wesley 和 Daneiel（1987）研究了当地居民的态度，认为美国许多地方的居民对旅游用地的开发持消极的态度。Saremba 和 Gill（1991）基于利益相关者理论对旅游区开发过程中相关利益群体态度差异进行分析，研究发现，对于加拿大不列颠哥伦比亚省旅游度假区内及周边的荒地开发，度假区的居民表现出积极的态度，而居住在大温哥华都市区的人则表现出较少支持。这是由不同人群的效用值所决定的，度假区的居民为满足自己的娱乐需要和发展旅游业，效用值较高；而对城市居民而言，他们认为荒地价值较高，最起码保持了自然生态的原生性。

3. 国外研究尺度与方法

在研究尺度上，国外早期以县域为代表的中小尺度单元评价为主，后来逐渐转向较为微观的一定空间地域或某一群体的乡镇及乡村聚落层面的研究。在研究方法上，国外早期以定性研究方法为主，注重案例分析、实地调查和文献比较；而后计量模型时代的到来使定性与定量相结合的研究方法得到极大的发展与应用，层次分析（Opijnen and Camilli，2013）、变异系数（Feuk et al.，2006）、因子分析（张春华等，2016）、熵权法（Ye，2010）等统计分析法较多运用于土地评价中，土地利用数量模型、景观格局分析模型及景观动态模拟等方法在还原旅游区空间格局动态变化中发挥了重要作用，生态足迹、碳足迹（Hua et al.，2011）等计量模型使土地利用生态环境影响定量化成为可能。近些年，遥感技术和 GIS 方法的广泛使用，成为定量研究旅游区土地利用/覆被变化的主要工具，结合“3S”空间分析法，跨学科综合运用定性与定量的多元方法研究模式成为旅游区土地利用研究的新趋势。

2.1.2 国内旅游区土地利用变化研究

1. 国内研究文献数量统计分析

国内文献方面，以中国知网（CNKI）全文数据库为文献获取平台，输入“旅游区”和“土地利用”关键词检索，经剔除非学术类文献及重复文章后共搜到旅游区土地利用相关研究文献 151 篇，其中博士学位论文 22 篇、硕士学位论文 30 篇、中文核心论文 99 篇。这些文献具有以下特征。①国内研究起步较晚但发展快。从文献数量分布看：文献最早见于 1984 年，1984～2005 年相关文献数量较少，缓慢增加，处于探索阶段；2006～2014 年相关文献开始增多，处于发展阶段；2015～2020 年文献数量急剧增加，呈繁荣发展趋势。从文献质量看，中文核心论文占 47.36%的比例，接近发表文献总数的一半，反映出国内研究有深度且后发优势明显。这一方面与近年来国内旅游业快速发展和旅游区急剧扩张有关，另一方面说明旅游区土地利用问题正日益引起学界广泛关注。②研究主题集中在旅游区土地利用变化基础理论研究、旅游区土地利用评价研究、旅游区土地利用冲突研究、旅游活动对旅游区土地利用变化影响研究、典型旅游区土地利用变化研究 5 个方面（表 2-2）。

表 2-2　国内旅游区土地利用变化研究领域分布

研究领域（主类）	研究视角（亚类）	研究文献篇数		占研究文献数量比重/%	
		单项	累计	单项	累计
旅游区土地利用变化基础理论研究	旅游区土地利用概念、特征	4	9	4.21	9.47
	旅游区土地利用分类	5		5.26	
旅游区土地利用评价研究	旅游区土地集约利用评价	8	16	8.42	16.85
	旅游区土地可持续利用评价	3		3.16	
	旅游区土地协调利用评价	2		2.11	
	旅游区土地利用效益评价	3		3.16	
旅游活动对旅游区土地利用变化影响研究	旅游区土地利用覆被变化	4	35	4.21	36.84
	旅游区土地利用格局演化	10		10.52	
	旅游区土地利用环境响应	6		6.32	
	旅游区土地利用变化机理	9		9.47	
	旅游区土地利用可持续发展	6		6.32	
旅游区土地利用冲突研究	旅游区用地利益相关者研究	7	12	7.37	12.63
	旅游区土地利用政策研究	5		5.26	
典型旅游区土地利用变化研究	山岳型旅游区土地利用变化	7	18	7.37	18.95
	海滨型旅游区土地利用变化	4		4.21	
	乡村型旅游区土地利用变化	5		5.26	
	世界遗产旅游区土地利用变化	2		2.11	
其他研究		5	5	5.26	5.26
总计		95	95	100	100

2. 国内研究的主要内容

（1）旅游区土地利用变化基础理论研究

1）相关概念、内涵界定。学术界对旅游区的定义较多，代表人物有陈传康（1996）、王大悟（1999）、保继刚（1987a）等。综合起来，旅游区是指由若干地域相连的、若干共性特征的旅游吸引物、交通网络及旅游服务设施组成的旅游地域单元。旅游区的主要特征：一是旅游资源相对集中，是旅游活动开展的主要空间；二是具有一定的旅游经济结构和规模，旅游业是所在地域空间中的主要产业；三是面积相对较大，是具有一定空间尺度的多层次系统，为旅游者提供游览等各项设施和服务的综合体。对旅游区用地和旅游区土地利用的内涵界定，欧名豪（2001）认为人们所提到的旅游区用地是指县级以上人民政府批准公布确定的各级风景名胜区内的全部土地。朱德举等（2002）认为旅游区是供人们进行旅游活动，具有一定经济结构和形态的旅游对象的各种地域组合。纵观国内研究成果，虽然对旅游区用地和旅游区土地利用的概念未达成一致，但认识不断加深，内涵不断丰富，并达成以下共识：旅游区用地是指旅游区以内的各种用地，即依据旅游区域社会经济发展和旅游区土地的自然历史特性，旅游区域内用地在空间上的资源分配和合理组织。旅游区土地利用是指为促进区域内旅游经济的发展，通过有目的的干预，对旅游区内各种土地资源进行开发、利用和整合，从而达到对土地长期或周期性经营的目的。

2）分类。旅游区用地分类是依据旅游资源特征，综合考虑旅游发展、生态环境、居民生活等因素，对旅游区内土地单元进行的归类划分。对旅游区土地进行分类是做好土地利用的基础，因此旅游区土地分类也是学界研究的热点之一。黄羊山和王建萍（1995）将旅游区用地按功能分为三大类，即旅游服务用地、基础设施用地和生产管理用地。邱继勤等（2012）针对现有旅游区用地分类体系中存在的主要问题，提出旅游区用地分为 3 个层级：第一层级包括景观生态保护用地等 5 个二级地类，第二层级包括自然景观保护用地等 9 个三级地类，第三层级包括地文景观保护用地等 17 个四级地类。刘杰等（2013）通过文献研究法和对比分析法，梳理历次土地利用分类中有关生态旅游的内容，构建了一套包含 3 个大类、10 个二级类、26 个三级类的生态旅游区用地分类体系。

（2）旅游区土地利用评价研究

旅游业的快速发展积极推动了旅游区土地利用评价研究，国内旅游区用地评价研究始于 20 世纪 80 年代，主要涉及旅游区用地集约型评价、旅游区土地利用可持续发展评价、旅游区土地利用效益及效率评价、旅游区土地利用协调性评价，其中较多集中于旅游区土地利用集约性评价研究。评价方法包括层次分析、主成分分析、熵权、变异系数、DEA（data envelopment analysis，数据包络分析方法）等，人工神经网络方法、压力-状态-响应模型等也开始出现。例如，李亚男（2014）、段景艳（2013）以郑州、开封多个旅游区为例，运用层次分析法和模糊综合评价法，计算了各旅游区的集约利用程度，分析旅游区土地低效利用、适度利用、集约利用和过度利用的原因。刘力和邱继勤（2012）通过对旅游区土地可持续利用评价理论模型的构建，对重庆市武隆县（今武隆区）仙女山旅游区进行了可持续利用评价。周丽（2012）从旅游区土地利用和生态环境协调发展的角度，利用主成分分析法对两者进行综合评价，并采用协调发展度计算模型得出两者的协调发展度，表明桂林市旅游区土地利用与生态环境协调发展程度呈现缓慢上升的趋势。王静（2014）运用 DEA，采用 DEAP 2.1 软件对广西姑婆山国家森林公园旅游区土地利用效率进行评价，探讨了景区投入产出的有效性，分析了影响旅游区土地利用效率的原因。

（3）旅游活动对旅游区土地利用变化影响研究

旅游活动对旅游区土地利用和景观格局产生了深刻影响，旅游资源的开发过程本质上是土地利用的过程（Geri et al.，2010）。随着旅游业快速发展，激进式、粗放式、掠夺式旅游开发导致"旅-地"关系紧张，旅游区土地覆被变化强烈，自然环境和生态系统的压力增大，生物多样性减少（Tsai and Che，2011），日益受到学术界关注。现有研究集中在旅游区土地利用/覆被变化、旅游区土地利用格局演化、旅游区土地利用变化机理、旅游区土地利用生态环境响应、旅游区土地利用可持续发展等方面。王京等（2010）以白洋淀旅游区为例，应用 CORONA 军事侦察卫星影像研究白洋淀旅游区土地覆被变化，结果表明白洋淀湿地面积在萎缩，各覆被类型空间结构趋于破碎化。刘俊和袁红（2010）以重庆市磁器口旅游区为例，通过入户调查分析 1998～2009 年磁器口古镇旅游区空间格局，结果表明 11 年间磁器口旅游区空间结构发生了显著变化。左冰（2005）剖析了旅游驱动下的旅游区的空间分布形态。席建超等（2014）以河北野三坡旅游区为例，分析了乡村旅游区格局演变机理，认为市场需求、农户行为、政府调控等因素相互作用，共同驱动旅游区格局变化。赵莹雪和董玉祥（2010）参考 Costanza（1997）和谢高地等（2008）生态系统服务价值评价方法，分析了旅游区土地利用变化对生态环境的影响。孙瑞红（2013）以四川九寨沟景区为例，分析了九寨沟不同土地类型的碳排放与碳储存，发现九寨沟碳源主要来自建设用地中的旅游活动、居民活动；碳汇来自林地、草地、疏林灌木、水体和冰雪裸岩，因此应严格控制九寨沟建设用地的面积。祁黄雄等（2001）、全华（2004）通过对旅游区的定性与定量观测研究，认为旅游区自然环境和生态系统压力增大，环境污染及生物多样性破坏严重。

（4）旅游区土地利用冲突研究

旅游资源开发和旅游区建设，不可避免地要占用土地，而这些土地往往有一定的人口分布和其他经济活动，从而造成旅游区和耕地等其他用地的冲突，旅游发展过程中要对旅游区土地利用利益相关者进行研究，完善相关土地利用政策，通过各种途径解决这种冲突（Alcantara，2002; Arabi et al.，2007）。肖华斌等（2013）以广东西樵山旅游区为例，分析了土地利用冲突的动态演化，认为旅游区土地利用冲突表现为各利益相关者（政府、管理机构、经营企业、旅游者及当地村民）之间的博弈关系，其中风景资源产生的正向外部效应空间利益分配不均是导致冲突产生的根本原因。杜彩云等（2009）以张家界为例，对旅游区土地利用与农民所使用土地的冲突进行了分析，认为现阶段旅游开发在促进地方经济和社会的快速发展中起着重大作用，但也不可避免地给当地带来一些负面的影响，农民的土地问题显得尤为突出。饶品样和李树民（2008）指出我国旅游区土地产权界定、归属仍处于模糊、残缺状态，一些政府片面地追求经济效益，缺乏对旅游区土地使用的监督和管理，无节制地开发利用当地旅游资源致使生态环境遭到破坏和资源退化。巴华蕊（2012）以郑州马渡村为例，从所有权流转和使用权流转两个方面，详细地分析了我国农村各种土地类型向旅游区用地流转过程中出现的法律问题，包括法律制度本身的问题和实际流转中出现的问题。

（5）典型旅游区土地利用变化研究

从研究对象看，对旅游区土地利用变化的研究主要集中在典型旅游区，如山岳型、海滨型、乡村型、世界遗产型旅游区等，尤其对山岳型旅游区土地利用变化研究居多（邱雪超，2010；Wang et al.，2012；Faramarzi et al.，2009；Wang and Chen，2008）。马建华和朱玉涛（2008）以嵩山旅游区为例研究了旅游活动对旅游区土地覆被变化的影响，发现旅游活动对该地区土壤组成、性质和重金属污染造成了显著影响。谢燕娜等（2015）对国外山地旅游的发展状况及趋势进行了研究。吴丽敏等（2015）以典型古镇周庄为例，综合运用高分辨率遥感影像、GIS 空间分析和田野调查等技术与方法，对旅游城镇化背景下古镇用地格局演变及其驱动机制进行分析。杨俊等（2015）以大连金石滩旅游度假区为例，对滨海旅游区土地利用空间格局演变进行分析。梁栋栋和陆林（2005）对世界文化遗产黟县西递旅游区土地利用进行初步研究，总结了古村落型旅游地的土地利用特点。席建超等（2014）以野三坡旅游区 3 个旅游村落为案例，对旅游区内乡村聚落的演变与土地利用模式进行了研究。

3. 国内研究尺度与方法

国内在研究方法上大致经历了以下 3 个阶段。一是定性描述阶段。早期的旅游发展与土地开发、旅游区土地利用评价研究主要以定性描述为主。二是计量方法阶段。进入 21 世纪，开始以定性与定量方法相结合为主，数学计量模型广泛应用。例如，梁栋栋和陆林（2006）、祁黄雄等（2001）分别运用层次分析法和景观生态学法对九华山风景区土地利用和三峡黄牛岩风景区用地进行了研究。三是空间分析和空间计量分析阶段。随着 GIS 技术和遥感技术的广泛应用，旅游区土地利用研究开始采用 GIS 技术、马尔可夫链分析方法、探索性空间数据分析（exploratory spatial data analysis，ESDA）、空间计量模型等。例如罗平等（2002）利用遥感和 GIS 技术对三水市（今三水区）云东海旅游区土地恢复进行了研究。阳柏苏等（2006）借助 GIS 技术对张家界国家森林公园 1990～2000 年土地利用格局变化进行了研究。旅游区土地利用研究方法经过几十年的发展，不断丰富和改进。但是传统的研究方法应用频率仍较高，而一些新兴的、改进的研究方法由于本身存在不足，或方法操作过于复杂，或人们熟悉度不够高等，整体研究水平还不是很高。

国内对旅游区土地利用研究主要集中在中小尺度上，以特定旅游区、县域、镇域为研究范围进行旅游发展与土地利用研究。周年兴等（2008）基于多时段遥感影像，探讨了 1977～2007 年武陵源世界自然遗产地景观格局的演变，揭示了旅游开发过程与景观格局之间的关系。杨俊等（2013）以元胞自动机模型为基础，运用旅游小镇旅游城镇化增长模型，对河北三坡镇的旅游城镇化发展进行模拟与预测。但基于微尺度以旅游景区景点、乡村等为研究范围的研究成果相对较少。

2.1.3 国内外研究比较及存在的问题

1. 国内外研究比较

纵观国内外研究，存在较多的相同点：①研究文献都呈增长趋势；②研究主题具有相似性；③研究方法、研究尺度存在较强的一致性。但也存在一些不同。

1）从文献分析的角度看。国外研究较早，阶段性明显，文献数量基本呈匀速增长趋势；但国内研究晚于国外研究，时间分期紧凑且模糊，文献数量呈极化增长状态。

2）从研究的关注点看。一是理论研究上国外偏重数量化模型与方法研究；国内则偏重概念、特征、分类与管理等理论研究。二是国外偏重旅游区土地利用/覆被变化及环境影响研究；国内偏重旅游区土地利用集约型评价，这与我国人多地少、土地资源紧张的现实相关。国内偏重旅游区空间演化格局与机理的分析，反映出我国正在探索旅游区土地利用发展模式和规律，而对旅游区土地覆被变化的生态环境效应研究则不如国外研究深入。三是国内外研究都较关注土地利用相关者利益，但国外研究更关注旅游区土地利用变化对当地居民、文化带来的影响，更尊重当地居民的选择权、发展权和话语权；而国内研究更多从管理者、投资者、从业者及当地居民综合的角度研究旅游区土地协调利用。四是土地利用政策研究上，国外着眼旅游区生态用地和土地环境保护的研究较多，国内更多集中于旅游区土地流转、土地产权经营权转让、土地置换等政策研究。五是研究涉及的旅游区类型，国外主要对自然旅游区（如山地、湖泊、河流、海滨、森林、湿地旅游区等）土地利用变化进行研究，而国内不仅对自然型旅游区土地利用变化进行研究，还较多关注人文型旅游区的土地利用变化。

3）从研究方法看。国外注重案例分析、实地调查、GIS 空间分析及数学计量模型的综合运用，跨学科综合运用定性与定量的多元方法研究模式成为国外旅游区土地利用研究的新趋势；而国内关于旅游区土地利用变化研究采用定性研究较多，定量研究较少，单一方法多而综合多种研究方法的成果较少，整体研究水平还有待提高。总之，国外研究较早，国内研究较晚，国内研究基本上是沿着国外研究的轨迹发展的，但发展迅猛，尤其是近 20 年，研究成果丰富，数量及质量都明显得到提高。

2. 国内外研究存在的问题

基于国内外研究的比较可见，当前旅游区土地利用变化的研究成果丰富，呈现出由浅入深、研究方法由简单到复杂、研究内容不断深化的趋势，但也存在一些问题。

（1）研究内容具有同质性

对旅游区土地利用的研究多以旅游区土地利用评价及规划研究、旅游活动对旅游区土地利用格局变化及动力因素研究居多，对在生态文明和低碳理念下如何优化旅游区土地利用研究、旅游区土地利用变化生态环境响应研究、旅游区土地利用冲突及经济社会博弈研究较少。

（2）实证研究多于理论分析

现有研究以实证研究、案例研究居多，理论研究较少，目前学术界还没有形成对旅游区用地概念、特点、分类、发展规律、评价体系等基础理论的一致认识。理论研究的不足，大大降低了理论对实践的指导意义。

（3）研究尺度及视角单一

相关研究集中在县域、镇域等中小尺度，而微尺度研究不足。旅游区用地内涵不断丰富，它是一个涉及面广、关系复杂的综合体，因此仅从地理学或土地管理学的视角来研究已跟不上研究发展的需要。

（4）相关旅游区数据信息缺乏

随着大数据及移动互联时代的到来，相关旅游区数据信息的缺乏成为阻碍旅游区土地利用变化研究的一大问题，亟待先进技术支撑和重视完善。

2.1.4　国内旅游区土地利用未来研究的侧重点

新常态下，旅游业作为稳增长的重要引擎、惠民生的重要抓手、生态建设的重要支撑，在国民经济和社会发展中的重要战略地位更加凸显，旅游区作为发展旅游业的重要载体将迎来新一轮的开发和利用，而旅游区土地利用方式的选择与土地资源的高效利用，在协调资源保护和旅游发展中具有基础性作用，是实现旅游区转型升级及可持续发展的关键点、着力点和突破口。为提高国内旅游区土地利用研究水平，未来研究应在以下几个方面引起重视。

1. 研究视角

在研究视角上，多学科融合及综合研究是未来旅游区土地利用研究的趋势。旅游业是一个边缘性交叉学科，具有多学科的特质，应从旅游学、地理学、土地资源学、环境学、生态学、经济学、规划学等多个学科进行跨学科、多元化视角的研究。

2. 研究内容

在研究内容上，进入21世纪，偏向于旅游区土地利用的生态环境效益的影响与评价，而且逐渐重视土地利用变化对当地生态环境及资源安全与生态安全的影响等方面。今后，以下几个方面将成为旅游区土地利用研究的重点。

1）旅游发展与区域土地利用变化互动机理研究。旅游发展促进旅游区土地利用变化，而土地利用变化又反作用于当地旅游发展，当前较重视旅游活动带来土地利用变化的研究，而关注土地利用变化对当地旅游业发展影响的研究较少。

2）旅游区土地利用生态环境效应和可持续发展研究。国内外研究证明，旅游开发不考虑生态承载力，过度开发的行为引起了大量的土地资源浪费和优质耕地的损失等土地利用结构失调，以及生态退化、环境污染等土地利用与土地覆被的极大变化，甚至带来区域产业结构不合理等问题。这些问题不但影响了旅游区土地功能的发挥，同时也影响到区域土地利用的整体效益。因此，对旅游区土地利用变化生态环境响应的研究会成为今后相当长时间内研究的热点。

3）旅游区土地生态利用模式研究。随着旅游发展转型，旅游区作为传承文明和旅游开发的重要载体，面临着保护和发展的矛盾，如何处理保护发展与空间演进的关系，急需合理的空间表达和发展模式。未来旅游区用地发展衍生应该遵循何种发展秩序，以及如何动态模拟预测未来旅游区的发展也将成为研究的重点。

4）旅游区土地利用冲突研究。旅游区土地利用的变化不仅是在空间结构上的拉伸和拓展，还对当地的经济社会发展、居民生产生活方式产生重要影响，会给土地利用利益相关者带来矛盾和博弈，如何处理好旅游区土地利用变化带来的各种冲突也将成为学界关注的问题。

3. 研究方法

在研究方法上，应该注重多种方法的结合，选择精准度最优的方法来提高研究成果的可信度与参考性，既要有动态的空间表达和仿真模拟，也要有时间序列的预测分析，加强各种数理模型与“3S”技术的融合。

4. 研究尺度

在研究尺度上，一方面应加强大尺度、宏观上的旅游区土地规划、土地利用评价及土地利用变化等研究；另一方面应加强对特定旅游带、旅游集聚区、旅游综合体、旅游城镇、旅游休闲度假区、旅游社区等小微尺度的土地利用研究。

2.2　旅游区可持续发展研究

目前无论是国内还是国外旅游业都呈现快速发展的趋势，旅游经济在各区域的经济结构中都占有举足轻重的地位，引起了许多学者对旅游方面的研究兴趣。伴随旅游业快速发展的同时也带来了许多突出的问题，如旅游资源过度开发、旅游地环境承载能力下降、生态环境遭到破坏、传统文化遭到冲击、旅游粗暴管理、旅游产品开发质量低下等。这一系列问题都将会造成旅游区的不可持续发展。旅游可持续发展是保障旅游业健康稳定发展的基础，但旅游业发展速度较快，在前期开发的过程中未能考虑周全，这就使得很多地方出现了旅游不可持续发展的现象，加上可持续发展这一概念的推广，这一现象就逐渐引起了许多学者对旅游可持续发展问题进行研究。旅游可持续发展作为正式的概念被提出，是在 1990 年全球可持续发展会议上，后来又相继在 1995 年的可持续旅游发展世界会议，1996 年和 1997 年的地球理事会、世界旅游组织、世界旅游理事会和联合国的特别会议上提出许多旅游可持续发展的相关政策并将旅游可持续发展纳入发展议程，同时将旅游可持续发展提高到一定的战略高度并提出具体的实施目标。国外关于旅游可持续发展方面的研究主要为概念的界定、生态保护、环境治理及社区参与等；国内关于旅游可持续发展问题的研究主要为如何实现可持续发展、可持续发展评价指标体系、旅游区可持续发展度量、环境容量与环境承载力、生态旅游及旅游区治理等。

2.2.1　旅游区可持续发展研究的主要内容

1. 定性分析旅游可持续发展相关概念、发展及评价

当前，对于旅游区可持续发展，一些学者采用定性分析的方法从概念界定、现存问题及相应的策略等方面进行了研究，并对相应的政策及未来的规划进行了界定。例如，田道勇（1996）分析了旅游可持续发展的思想及理论，提出了旅游可持续发展的基本理论问题，并提出了实现旅游可持续发展的相关对策。崔凤军等（1999）从生态环境、旅游经济、社会文化和社会支持系统 4 个方面对区域旅游可持续发展评价的指标体系做了初步的探析。李青和李禾（2008）通过对旅游用地概念的诠释，分析了旅游地土地资源可持续利用的相关概念、现存问题及相应的对策等，进而探讨了云南旅游用地状况及旅游用地可持续发展的途径。许涛等（2004）对我国旅游可持续发展研究及相关概念进行了梳理，并对当下旅游可持续发展的相关热点问题，如环境承载力、生态旅游等提出现存问题及未来发展方向。

2. 选取评价指标，定量评价旅游区可持续发展

对于旅游区可持续发展，学术界从土地、资源、管理等不同的角度对不同区域，通过选取旅游可持续发展相关指标，建立评价指标系统，综合度量旅游区可持续发展水平。例如，蒋依依等（2006）基于旅游生态足迹模型，从交通、住宿、餐饮、游览和购物 5 个子系统进行问卷调查，进而依据 5 个子系统的生态足迹对旅游区可持续发展进行评价。王良健（2001）对旅游可持续发展评价指标体系的构建做了研究，选取旅游资源及环境保护能力、旅游经济社会效益，以及旅游软、硬环境建设力度和旅游客源市场开拓能力 4 个因素、34 项因子作为旅游可持续发展评价指标体系。徐菲菲（2003）选取多个指标对连云港地区的旅游可持续发展做了简要评价，并分析了该地的生态旅游可持续发展的理性模式。

3. 旅游生态足迹法

旅游生态足迹法是测度旅游可持续发展的新方法，是指在一定时空范围内，与旅游活动有关的各种资源消耗和废弃物吸收所必需的生物生产土地面积和水资源量，即把旅游活动过程中旅游者的生态消耗用形象的土地面积进行表述。杨桂华和李鹏（2005）探讨了旅游生态足迹中旅游产业、旅游产品、旅游目的地、企业生态、旅游者及大众旅游在旅游可持续发展中的测度功能。王保利和李永宏（2007）构建了旅游交通、住宿、餐饮、购物、游览等旅游生态足迹模型来测度西安市的旅游可持续发展水平。

4. 环境容量与环境承载力

在旅游区可持续发展的研究中，环境是影响可持续发展的一项重要因素，环境容量与环境承载力是旅游区可持续发展的重要内容。国内外学者都先后对旅游容量、旅游环境容量、环境承载力等下定义并对其测量模型进行探讨。国内一些学者，如赵红红（1983）就首次提出了旅游环境容量的问题并计算了苏州各园林的环境容量；保继刚（1987b）对旅游环境容量下了定义并对颐和园的旅游环境容量相关问题做了计算；崔凤军等（1999）提出了环境承载力的概念，并指出其由环境生态承受量、资源空间承受量、心理承受量、经济承受量 4 项组成，成为旅游可持续发展的重要依据之一。

2.2.2 旅游区可持续发展研究尺度与方法

相比较而言，在研究尺度上，国外学者更偏向于在宏观尺度研究旅游区可持续发展，主要偏向于与旅游区相关的各项因素对旅游区可持续发展的影响；我国学者研究的尺度主要涉及旅游景点、某个旅游城市、某种类型的旅游区的可持续

发展。在研究方法上，目前国外的研究方法以定性分析为主，通过定性分析来解决旅游可持续发展与主要的发展模式等相关问题，通过定性与定量结合评价区域的旅游可持续发展能力，主要运用的评估方法为层次分析法、德尔菲法和生态足迹模型等。我国的研究方法主要沿袭国外的研究路径发展，由最初的定性分析逐渐过渡到以定量与定性相结合、模型分析和实地调研相结合等为主。

通过对比国内外相关研究可以看出：一是从研究层次来看，目前对旅游区可持续发展的相关研究较多，涉及的范围较广，成果颇丰，水平较高；二是从研究内容来看，对旅游区可持续发展的研究最早是对概念、发展模式等的研究，后来逐步扩展到实例研究，研究的主要内容是旅游区的环境容量与可持续发展、承载力和可持续发展、旅游区可持续发展的影响因素等；三是实证研究较多，无论是国内还是国外对旅游区可持续发展的实证研究都在逐渐增多，主要是对旅游区的可持续发展评价、发展模式、与可持续发展相关的因素分析等。尽管实证分析较多，研究视角也比较多元化，但研究成果相对比较单一；在研究方法上主要是定性分析、定量分析、定性与定量相结合，但是无论是定量方法还是定性方法，社会调查和案例分析在初期研究中都很普遍，时至今日依然占据主要地位。可见在对旅游区可持续发展的相关研究方法上突破较少。旅游区是一个复杂的系统，旅游学科更是一个综合性学科，所以在研究与之相关的内容时就需要结合多学科的相关知识。除此之外，研究方法、研究模型等也不能一直停留在原来的层面，而要逐步创新发展。

2.3　沿黄旅游区相关研究

沿黄旅游区拥有丰富的自然和人文景观。近年来，随着旅游业的快速发展，沿黄旅游区已逐渐成为旅游者喜爱的旅游目的地，也成为旅游投资开发的热点区域。同时，我们发现，沿黄旅游区的生态环境在日益恶化，土地利用呈现非持续性发展的趋势。学术界虽然对沿黄旅游区的开发与利用提出了众多建议和对策，但在土地利用和开发方面着力不多，尚有待深入的论证与探讨。针对研究沿黄旅游区的学术成果，有必要对其进行系统性的综述，以便于开展更为深入的理论与实践探索。

2.3.1　沿黄旅游区研究的主要内容

1．资源评价与开发研究

在沿黄旅游区研究中，旅游资源评价是当前学界关注的焦点之一。林立军

（2013）运用模糊聚类的数学方法对宁夏沿黄城市带 13 个县区市的旅游资源进行定量评价，分析了 5 类地区旅游资源开发现状和潜力，提出未来沿黄城市带旅游资源和产品的开发方向。另外，做好沿黄旅游区旅游规划开发是备受沿黄各地政府关注的问题，学者对此也予以极大的研究热情。陈培汉（2006）对沿黄榆林市区域旅游资源空间结构体系、旅游市场空间结构体系和旅游交通空间结构体系进行具体分析，提出打造“一心三片一带”空间结构，确定“一心三副三条主轴线、两条次轴线”的空间发展格局，为后来沿黄区各地旅游资源开发提供了借鉴。孟丹等（2015）对山西沿黄旅游资源在开发与规划中存在的问题进行了归纳梳理，提出应把“轴线开发”和“主要景点”开发相结合，重视旅游的可进入和道路的通达性，提出联动效应和整体效应的结合。

2. 沿黄旅游带研究

进入 21 世纪，对沿黄旅游带的研究开始广泛开展，主要集中在 3 个方面：一是沿黄旅游带区域合作机制研究；二是沿黄旅游带旅游业空间格局演化及机理研究；三是沿黄旅游带形成原因与可持续利用研究。王敏（2013）以宁夏沿黄旅游带为研究案例区，运用产业集群理论，构建基于产业集群的旅游合作战略创新模式。毛笑文（2005）在分析黄河上游沿岸旅游带空间结构状况和问题的基础上，结合旅游业发展的实际，以可持续发展为宗旨，对该旅游带的空间结构优化进行研究，提出优化设想和对策。李艳娜（2007）指出错综复杂的自然地理环境、纵横交错的水系和坦荡的平原及两种文化区相互融合，以及古代城市选址的风水理论是郑汴洛沿黄旅游资源带的形成原因。冯静（2013）对鄂尔多斯市沿黄河旅游风光带旅游协作发展进行了研究。

3. 沿黄旅游区环境影响研究

旅游与环境是相互影响、相互制约的。在沿黄旅游区，研究环境与旅游关系的文章颇丰，也都从各自的研究方法和区域情形分析旅游对环境的影响。例如，高银富等（2013）以山西柳林沿黄旅游公路建设为例，研究了公路建设中存在的水土保持问题，突出强调了在沿黄旅游公路建设过程中，建设项目对旅游资源环境的影响，指出应在科学规划的基础上，编制水土保持方案，降低公路建设对环境资源的负面效应。董锁成等（2010）从宁蒙陕甘沿黄地区发展状况入手，对宁蒙陕甘沿黄生态经济带建设进行了研究并提出未来的发展构想和保障措施。谷莹莹等（2015）根据环境库兹涅茨曲线假说，以宁蒙沿黄地带城市为研究案例，分析宁蒙沿黄地带经济增长和环境污染的环境库兹涅茨曲线特征。

4. 沿黄旅游区经济影响研究

沿黄旅游区也是地方新的经济增长区域。近年来，旅游活动对沿黄区经济影响的研究主要集中在 3 个方面。一是沿黄地区旅游扶贫研究。张铁梅（2007）在分析山西省沿黄旅游经济带开发背景的基础上，着重从旅游扶贫的角度来阐述沿黄旅游经济带的建设。二是黄河沿岸旅游经济空间分异研究。王开泳等（2014）采用标准差、基尼系数、变差系数、区位商等指标，研究了 1996～2010 年黄河流域旅游经济时空分异的发展演化过程，并运用 R/S 分析方法，预测了黄河流域未来旅游经济差距的发展趋势。三是运用数学方法对区域内的旅游资源空间分布进行测定和分析，能更好地反映旅游与地方经济增长的关系，从而更好地量化和准确地评价旅游在经济增长过程中所占比例及影响。例如，陶倩（2012）运用标准差椭圆研究方法对宁夏沿黄经济区旅游资源进行了空间分布研究。

2.3.2　沿黄旅游区研究尺度与方法

从已发表的论文来看，在研究尺度上，沿黄旅游区相关研究多着眼于宏观的沿黄旅游带和中观的省域尺度等区域性研究，而对沿黄某市、某县的小尺度或微尺度研究较少（郭琰，2003；冯文勇和韩瑛，2012；苏刚和黄晶珂，2012）。在研究方法上，仅靠文字描述和定性分析的研究较多，但定量化的数学模型在沿黄旅游区相关研究中应用得越来越多，而且随着空间技术的进步，以“3S”技术为代表的一些新技术、新方法也被应用到沿黄旅游区的研究中（董锁成等，2010）。

通过对以往关于沿黄旅游区研究成果的梳理，不难看出，学界关注的大多是旅游资源本身的发展与地方经济的关系，而在沿黄旅游区土地利用变化及其生态效应评价方面尚无涉及。沿黄旅游区土地利用变化和生态效应评价研究目前尚处于研究的初级阶段，不过随着沿黄旅游区的不断发展，关于土地利用变化及生态效应评价方面的研究成果会越来越多，研究自然也会越来越深入和系统。

2.4　土地利用变化的生态效应评价研究

土地变化是 21 世纪重要的科学议题之一（McMahon et al.，2005），是全球变化研究的重要课题和热点问题（李秀彬，1996），对全球变化具有重要影响意义（Liu and Jared，2005）。对人类而言，土地不仅具有经济价值和功能，还具有生态作用和功能。因此，近几十年来，经济社会的发展引发土地利用的剧烈变化，土地利用对生态环境造成极大压力，怎样处理好此类问题，国内外资源环境方面的学者做了较多研究，提出在一定区域尺度上，通过国家政策及管理措施进行人类主观的地表过程调控，倡导通过优化土地利用覆被格局和结构，从而维护和改善生态环境（钟海燕，2011）。随着沿黄旅游区开发利用力度的不断加大，当地生态环境问题越来越突出。如何实现沿黄区土地资源生态的、永续的利用成为人们普遍关注的问题，土地利用变化的生态效应评价就是其中重点研究的内容之一（张正华等，2005），也是做好区域生态环境管理和调控的基础和前提。当前，对土地利用变化的生态效应评价是学界研究的一个热点问题，研究较多，经查阅国内外相关文献并进行梳理，主要集中在以下两个方面。

2.4.1　土地利用变化的生态效应评价研究的主要内容

1. 选取评价指标，定量评价土地利用的生态效应

当前，学界从不同角度出发，依据不同的生态条件，选取生态环境相关指标，建构评价指标系统，综合评价和分析土地利用变化的生态环境效应已经成为一种研究土地利用变化及生态效应的研究范式。例如，许倍慎（2012）选取多种指标对江汉平原土地利用景观格局演变及生态安全进行了评价。孙宇杰等（2011）建立了一个基于低碳背景的包含土地利用系统、能耗系统、环境系统、经济系统和社会系统 5 个方面共 22 个指标的土地合理利用评价指标体系。

2. 多因子定性分析评价

多因子定性分析评价是指分别通过对大气、水文、土壤、生物多样性等单因子或多因子指标的具体分析和描述，来对当地的生态环境影响进行定性评价，如大气污染、土壤重金属含量超标、生物多样性减少等。张鹏岩（2013）对研究区沿黄灌区土壤重金属 Cr、Cu、Ni、Pb、Zn、As、Hg 和 Cd 等进行分析及评价，研究发现 Hg、Cd 是研究区域主要的重金属污染元素，为评价区域土地变化环境响应提供科学参考。樊哲文等（2009）根据鄱阳湖的土地利用遥感数据、土壤数据等，对鄱阳湖区的用地变化和土壤环境效应进行了研究，研究发现用地类型与土壤侵蚀强度之间的定量关系变化和鄱阳湖地区水土流失的情况相同。

3. 景观格局指数评价

景观格局指数评价是指运用景观生态学中的景观指数，如景观稳定性、景观多样性、景观破碎度、景观分维数等，分析和评价土地利用变化的生态环境效应（钟海燕，2011）。景观格局指数是浓缩的景观格局信息，是反映景观结构组成、空间配置特征的简单量化指标，能反映景观空间异质性成因及其生态学含义（Turner，2005；张秋菊等，2003）。大部分研究通过景观格局对区域生态状况、区域生态风险情况、生态脆弱性情况等进行了描述和分析（吕一河等，2007）。目前，这种定量化研究方法在土地利用生态效应评价中被广泛使用。但国内外也有

学者认为景观指数并不能较好地揭示土地变化和环境变化的内在原因，用一些土地类型的变化来表达生态环境的变化，不具有说服力（钟顺清，2007）。李栋科等（2014）基于 TM（thematic mapper，主题成像仪）影像，以河南新乡市封丘县为例，研究了其景观异质性及干扰强度的空间差异、梯度变化等，认为随着人类干扰强度增大，空间差异逐渐减小；景观斑块构型不断破碎化，均匀度随之降低。

4. 生态系统服务价值评价

土地利用方式的变更会导致自然生态系统的变化，因而已有学者从土地利用的角度研究生态服务价值（白晓飞和陈焕伟，2004；王璐等，2009；宋佳楠等，2010）。国外学者应用生态系统服务价值理论及评估方法对城市、农村、森林、湖泊、草地等不同生态系统，以及农牧交错带、海/河岸带、流域等不同类型区域的服务功能价值进行评估，取得了丰硕成果（Bolund and Hunhammar，1999；Moberg et al.，1999）。黄会平等（2010）从兰州市 1990～2006 年的 TM 影像中提取土地数据，分析了该区 17 年来土地利用的变化，并从生态系统服务价值的角度定量评价了该区土地利用变化所产生的生态环境效应。

2.4.2 土地利用变化的生态效应评价研究尺度与研究方法

相比较而言，在研究尺度上，国外学者更为重视土地利用/覆被变化在全球尺度上的影响，而我国学者在这方面的研究主要聚焦于区域和地方尺度（钟海燕，2011；朱光明，2012）。在研究方法上，近年来国内外都进步很快，我国主要沿着国外的研究路径发展，定性与定量的结合、空间分析与计量模型的结合成为最主要的研究方法，被广泛应用于土地利用变化生态效应评价（徐士珺，2009；谢燕娜等，2015）。

通过对国内外相关研究的文献梳理可以得出以下三点结论。一是从研究层次来看，国内外现阶段对土地利用生态效应评价的研究较多，成果颇丰，水平较高，相关文献总量较多，核心类学术文章也不少。二是从研究内容来看，很少有专门研究旅游区土地利用生态效应评价的，更鲜见对沿黄旅游区土地利用变化的生态效应评价研究，大多数是研究城市、农区、山地、森林、湖泊等土地利用变化的生态效应评价。三是实证研究较多，对土地利用生态效应评价理论、指标、模型研究不够。既有研究多是案例分析，就事论事的研究多，探寻规律的研究少，方法创新的研究更少。尽管有少数学者已经进行了积极有益的探索，并取得了一些成果，但在许多方面还有待深入研究和探讨。今后应加大对评价理论、评价指标、评价模型等基础理论的研究。

2.5 研究评述

1. 研究对象

从研究对象来看，现有诸多的土地利用变化及其生态效应研究较多侧重城市、乡村、林区、滨海区、湖泊区及河流流域等地区，而对旅游区土地利用变化及其生态环境响应研究较少，对我国许多生态脆弱区（如沿黄旅游区）的研究就更少。新时期旅游区的发展快速而迅猛，导致许多旅游区内部出现规划不合理、资源过度浪费、管理混乱等诸多不可持续发展的现象，同时给其土地格局及生态环境带来较大影响。黄河在我国绵延5000多千米，黄河沿岸有诸多特色各异的黄河旅游区，应该说是滨河或滨江类比较典型且比较有代表性的一类旅游区，而且随着旅游业的发展，现实中的土地利用和生态环境也确实存在一些问题，做好该旅游区的土地利用和生态环境的优化，对其可持续发展具有重要意义。因此，很有必要加强沿黄旅游区的土地利用/覆被变化及其对生态环境的影响研究。

2. 研究内容

从研究内容来看，国内外相关专家学者针对沿黄区及沿黄旅游区进行了多方面的研究，研究成果较多，富有成效。例如，黄河水利委员会、河南省科学院地理研究所、河南大学环境与规划学院等单位和相关科研人员都曾开展过沿黄旅游区的研究，研究大多集中在沿黄旅游资源开发、沿黄旅游景区规划、黄河旅游带旅游开发区域协作、旅游活动对沿黄区的环境影响和经济影响等。对沿黄旅游区土地利用变化及驱动机制的研究较少，对沿黄旅游区土地利用变化引起的生态环境效应研究也很少，尤其是对在生态、绿色、低碳及可持续发展理念下如何优化沿黄旅游区土地利用的研究更不多见。因此，伴随大众旅游时代的到来、旅游业发展的转型升级，加强对沿黄旅游区的土地利用变化、动态模拟、演化机理及其生态效应的研究，将成为今后土地资源管理和旅游管理研究的热点之一。

3. 研究尺度和技术方法

从研究尺度和技术方法来看，以往研究往往从沿黄旅游带、省域等角度来研究沿黄旅游区，而很少从特定旅游区的小尺度或微观尺度来研究，因此，本书拟从郑州沿黄旅游区（郑州黄河滨河公园）的微观角度来进行沿黄旅游区土地利用变化及其生态效应的研究，具有一定的新颖性。在研究方法上，过去对沿黄旅游区的研究，针对数据获取难的现象，大多运用定性分析或一些简单的数量模型定量方法，而采用大数据分析和精准的定量分析在研究中的运用还远远不够。尽管空间分析法在研究中得到一定应用，但没有很好地把实地调研、访谈、观察等一手数据和二手数据结合起来。因此，科学地把一手数据和二手数据相结合，同时注重模型建构与空间分析的结合将是土地利用变化研究技术方法革新的方向。

综上所述，针对当前学界在相关研究中的冷点和不足，本书以郑州沿黄旅游区为研究案例，从微观旅游区角度，重点研究沿黄旅游区土地利用变化特征及未来预测、沿黄旅游区土地格局演化及驱动机理、沿黄旅游区土地利用的生态效应评价、沿黄旅游区土地可持续发展策略等，以期厘清郑州沿黄旅游区发展与土地利用的互动关系，分析郑州沿黄旅游区土地利用变化的特征与机制，评价生态环境面临的风险，为旅游再造黄河之美、促进沿黄旅游区土地利用可持续发展提供案例实证。同时，本书采用现场及问卷调研分析，在很大程度上突破了单一土地利用变化数量和类型分析的局限，不仅有助于揭示沿黄旅游用地的动态性和复杂性，还有助于进一步阐释旅游用地、经济发展与百姓需求的复杂关系，也能为制定因时因地的土地利用政策提供理论依据。

第3章　沿黄旅游区发展概况、土地利用变化及可持续发展

3.1　沿黄旅游区发展概况

3.1.1　沿黄旅游区基本情况

黄河沿岸历史文化悠久厚重，国家形态最早在此形成，文化观念最先在此发端，农耕文明源远流长。沿黄地区自然与景观资源丰富，历史与人文资源荟萃，既是整个黄河流域的精华，也是大黄河之旅的黄金区域，更是国家旅游业发展的代表性区域。近年来，黄河旅游带是文化和旅游部重点推出的3条品牌旅游线路之一，大黄河之旅作为国家面向全世界重点培育和推广的精品旅游线路，正日益成为广大游客认识和了解中国的窗口，成为中国旅游的一张名片。

当前，黄河流域各省份旅游业得到了快速发展，各沿黄地区先后规划建设了一批以黄河为主题的旅游项目。例如，青海省尖扎县附近的坎布拉黄河旅游区、甘肃省永靖县黄河三峡旅游区、山西省吉县黄河壶口旅游区、山东省东营市黄河口生态旅游区等；再如，河南省也规划建设了三门峡豫晋陕黄河金三角旅游区、黄河小浪底旅游区、郑州黄河滨河旅游区、开封黄河悬河旅游区、商丘黄河故道旅游区等沿黄旅游区。纵观黄河流域，黄河沿岸旅游开发一浪高过一浪，沿黄旅游区开发建设如火如荼地进行，许多地区纷纷表示准备把沿黄旅游区打造成融“绿色生态区、历史文化传承区、休闲度假区”于一体的旅游高地，成为荟萃华夏文明、凸显生态黄河的国际精品旅游区。

3.1.2　沿黄旅游区发展优势

1. 丰富的旅游资源

黄河流域是中华民族的发祥地，沿黄地区旅游资源极为丰富，尤其在沿黄一线的陕、晋、豫、鲁4个省，是我国历史文化遗产富集区，全国五岳名山黄河沿线居其四，全国八大古都黄河沿线有4个。黄河沿岸自然资源类型多样，分布着高山、峡谷、丘陵、平原、滩涂、湿地、湖泊、森林等自然景观资源。该区域分布国家级优秀旅游城市54个，占全国的29.5%；4A级及以上旅游景区102个，占全国的21%。沿黄旅游资源带内的旅游资源具有数量多、类型全、历史久、品

位高、密度大、组合佳等特点，且在全国均占有十分重要的地位，为旅游开发奠定了坚实的资源基础。

2. 深厚的文化底蕴

黄河流域是我国历史最悠久的地方，给人类文明带来了巨大的影响，是中华民族最主要的发源地，蓝田、半坡、新郑裴里岗、豫西仰韶、偃师二里头等文化遗址，长城、秦始皇陵兵马俑等文物古迹都荟萃于此。中国文明初始阶段的夏、商、周三代及后来的汉、隋、唐、北宋等几个强大的王朝，其核心地区都在黄河中下游；标志着中国古代文明的科学技术、发明创造、城市建设、文学艺术、经典著作也都诞生在这片土地上。黄河沿岸的西安、洛阳、郑州、开封等地都凝聚着黄河文明发展演变的文化内涵，博大而厚重。西安是举世闻名的世界四大古都之一，是中国历史上建都时间最长、建都朝代最多、影响力最大的都城，是中华民族的摇篮、中华文明的发祥地、中华文化的代表，是丝绸之路的起点，有着“天然历史博物馆”的美誉；“十三朝古都”洛阳留下了大量遗迹旧址供后人凭吊，丰厚的历史文化也为中华民族的发展做出了贡献，因地理环境优越，更成为历代帝王建都的理想宝地；郑州所处的山前地带，是人类早期活动的中心，留下了人类与大自然抗争的历史见证——古人类遗址；开封地处豫东大平原黄河下游冲积扇的南翼，肥沃的土壤、天然的黄河屏障成就了“八朝古都”，留下了大宋江山众多的遗址遗迹。

3. 突出的区位优势

从流域分布看，黄河西起青藏高原的青海，东至渤海之滨的山东垦利县，东西横贯5000多千米，穿行在我国中北部地区，横跨我国青藏高原、黄土高原、华北平原三大地形板块，将东、中、西三大经济地带相连，使汉族文化和少数民族文化、古代文明与现代风貌、丝绸之路与欧亚大陆桥贯穿在一起，可以说黄河沿岸从古至今都是我国的政治、经济、文化的重心，战略区位重要。“一带一路”倡议自2013年提出以来，至今已形成了系统方案，国家发展和改革委员会、外交部、商务部发布的《推动共建丝绸之路经济带和21世纪海上丝绸之路的愿景与行动》不仅描绘了关乎泛亚和亚欧乃至亚欧非大陆合作全局的新蓝图，也明确了各相关省区的定位，并制定了总体的路线图。在明确定位的18个省区及若干重点城市中，包括众多沿黄省市。同时黄河沿岸所经区域的自然景观和社会文化差异明显，景观异质性强，资源互补性强，交通可达性强，发展旅游区位优势明显。

4. 宽松的政策环境

一是新常态下，国家把旅游业作为战略性支柱产业和新的经济增长点来抓，在国民经济和社会发展中的重要地位更加凸显，沿黄旅游区的建设得到了各级政府的支持和关注。二是在全国区域发展战略布局上，国家已明确提出中部崛起和西部大开发战略，支持中西部地区发展，这也为黄河沿线旅游资源开发提供了十分宽松的政策环境。在改革创新成为新的时代命题和“一带一路”倡议逐步推进的背景下，根据新型工业化、城镇化、信息化、农业现代化、绿色化等新“五化”，以及经济建设、政治建设、文化建设、社会建设、生态文明建设“五位一体”的要求，通过旅游的开发、合作、创新推动，促进黄河流域的复兴不仅极为必要，也是完全可行的。近年来，黄河沿岸各省市对旅游基础设施的投入不断加大，沿黄旅游区的建设大大加强，旅游接待能力大大提高，未来旅游业发展前景看好。

3.1.3　沿黄旅游区发展历程

中华人民共和国成立后，毛泽东同志发出“要把黄河的事情办好”的号召。伴随着对黄河的治理和黄河水利工程的建设，沿黄旅游区应运而生。沿黄旅游区的发展可分为 4 个阶段。第一阶段（1952～1980 年）是沿黄旅游区发展孕育期，这一时期主要是兴建大型水利工程，植树造林，涵养黄河沿岸水土。第二阶段（1980～2000 年）是沿黄旅游区缓慢发展期，这一时期伴随着旅游业的发展，沿黄旅游区凭借自身的资源优势缓慢发展。第三阶段（2000～2010 年）是沿黄旅游区快速发展期，这一时期黄河历史文化与自然风景的良好资源组合成功激活了沿黄旅游区的市场号召力，旅游区经济社会得到快速发展，呈现极化增长和近距离扩散的态势。第四阶段（2010 年至今）是沿黄旅游区转型升级期，随着观光游向休闲游的转变和生态文明社会的构建，沿黄旅游区的发展也在转型，更加注重塑造生态空间的山清水秀、舒适的休闲空间旅游风貌，成为城市周边的旅游度假地。

3.2　沿黄旅游区土地利用变化

3.2.1　旅游区用地内涵及政策解读

当前，旅游区用地的概念有狭义和广义之分。狭义的旅游区用地是指风景名胜区范围内的所有土地，这种狭义概念导致将旅游用地全部归类为建设用地。现实中，随着旅游业态多样化及“全域旅游”概念的发展，旅游产业对土地的需求逐渐向农用地、林地、未利用地延伸，具有复合型特征。显然，传统意义上的旅游用地概念已不能满足现代旅游的要求。因此，广义的旅游区用地概念应运而生，泛指旅游业态所需的所有土地载体，不仅包括自然旅游资源和人文旅游资源在内的各种常规的旅游用地，还包括为游憩活动提供间接支持的各类服务设施和基础设施用地。旅游区用地的广义概念具有较强的包容性和针对性，符合当前全域旅游发展需求，有利于保障旅游用地供应。综合分析旅游区用地状况，旅游用地必须具备如下特点。一是旅游用地是旅游业生存和发展的客观物质基础。旅游用地能否激发旅游者的消费欲望是旅游地发展的重要条件。在空间结构上应包括旅游活动区、旅游接待区及其他区域，在功能结构上又可分为以旅游业为主的产业结构和多种产业并存的结构。二是旅游用地的复合性。旅游用地是由旅游带、区、线、点系统组成的地域综合体。旅游用地的利用一般要配合其他建设项目的发展，既可用作旅游，也可用于其他用途。三是旅游用地的持续性。旅游用地一经开发利用，便可供人们长期享用。同时，随着社会的进步，要求旅游用地的开发利用必须具有适应人们不同时期需求的变动性和灵活性，如此才能使旅游业得到持续发展。四是旅游用地的多效益性。一方面可以增加旅游地的经济效益，增进国内外、境内外文化的交流，提高人们的文化素质，增进人们的身心健康；另一方面必须注意克服可能给旅游地带来的严重经济、社会和生态的负面影响。

2015 年 11 月，《国土资源部 住房和城乡建设部 国家旅游局关于支持旅游业发展用地政策的意见》（国土资规〔2015〕10 号）出台，对推动旅游业健康快速发展、促进旅游消费快速增长、培育发展新动力产生了积极作用，其主要内容有 3 个方面：一是积极保障旅游业发展用地供应；二是明确旅游新业态用地政策；三是加强旅游业用地服务监管。该文件明确提出，有效落实旅游重点项目新增建设用地，支持使用未利用地、废弃地、边远海岛等土地建设旅游项目，依法实行用地分类管理制度，多方式供应旅游建设用地，加大旅游厕所用地保障力度。这一文件的出台，是自然资源部认真落实党中央、国务院关于大力发展旅游业、促进旅游业改革发展的重大举措，是自然资源部在新常态下全面履行职责新定位，促进稳增长、调结构、扩就业的又一积极作为，是自然资源部不断深化改革、推进依法行政，提高旅游业用地市场化配置和节约集约利用水平的具体体现。

2017 年 12 月，《国土资源部 国家发展改革委关于深入推进农业供给侧结构性改革做好农村产业融合发展用地保障的通知》（国土资规〔2017〕12 号）发布，对旅游用地的影响意义深远。这与国土资规〔2015〕10 号的内容有所不同，此次更多的是针对农用地，不是简单的旅游用地或者建设用地，而且针对的是农用地释放的一部分建设空间，所以两者之间没有直接的关系，但是从大的趋势上来说，这种释放会刺激农业用地周边的旅游发展，如果旅游发展起来，就会倒逼政府提供更多旅游用地属性的用地。从旅游规划用地角度来看，旅游规划用地也就是娱乐康体用地，更多的是土地购买价格有所不同，如建酒店这类旅游设施，可以以较低的价格买进，但是不从事高密集型的房地产开发，更适合区域的发展。旅游用地介于完全的商业用地和原有土地划拨之间，以较低廉价格的差异化供地鼓励旅游设施的建设。

旅游用地问题长期受到各界重视与关注，而近两年乡村旅游项目的用地难也一直是行业热点。2019 年 6 月，《国务院关于促进乡村产业振兴的指导意见》（国发〔2019〕12 号）发布，提出探索针对乡村产业的省市县联动“点供”用地，这是全国性文件第一次也是唯一一次提及“点供”用地。传统的供地方式，无法解决乡村供地、农地转用、占补平衡指标等问题，乡村文旅项目难以落地，且对资金要求往往过高，令投资方望而却步。在这种形势下，“点供”用地的土地政策应运而生。“点供”用地是相对于原来的城市区域的片状供地、块状供地而言的一种创新，是对常规的宗地管理模式的一种有益补充。将项目用地区分为永久性建设用地和生态保留地，其中，永久性建设用地建多少供多少，剩余部分可只征不转，按租赁、划拨、托管等方式供给项目业主使用。安徽、重庆、四川等地先后在相关政策中提及支持“点供”用地，浙江、吉林、海南、广东、广西、云南等地先后出台专门的“点供”用地政策，湖南、河南、福建、山东济南等地正在酝酿之中。2019 年 12 月 31 日，广西发布《广西壮族自治区自然资源厅关于实施点状供地助推乡村振兴的通知》（桂自然资规〔2019〕12 号），详细描述了规划衔接具体操作办法，这是目前关于“点供”用地的最具操作性的文件。2020 年 8 月 28 日，云南发布《云南省自然资源厅关于实施“点供”用地助力乡村振兴的意见》（云自然资〔2020〕140 号），这是目前关于“点供”用地的最新文件。

较具代表性的实施案例如下。①浙江德清裸心堡：总面积约 450 亩[①]，但实际建设用地仅 15 亩，为了减少开挖，停车场依山而建、阶梯布局；半山腰的改造民房，大部分是利用空闲农房和农用地流转，不占用一分耕地；生态用地采用租赁方式。如此节约用地指标的裸心堡，给德清带来的效益是巨大的，拉动的投资达 2.5 亿元。②重庆归原小镇：项目总占地面积 1163 亩，实际建筑面积 6.2 万 m^2，容积率 0.88，建筑密度 40%。项目主要包括 36 栋民宿建筑，其中 25 栋为新建民宿，11 栋由原空置农房改造而来。农房改造用于山里工作室、接待中心、茶室、民宿、青年旅社和农事体验工作坊等。像其他旅游小镇一样，归原小镇项目前期也遭遇供地难、不符合规划、不予立项的问题，后来依据“点供”用地模式，按照项目建筑物占地面积、建筑半间距范围及必要的环境用地进行点状规划、点状报批、点状供地，不仅极大地减少了土地占用指标、解决了项目用地问题，同时减轻了投资方的资金压力。被征收农房户主将农房周边的耕地、林地等分别以 600 元/（亩 • a）和 150 元/（亩 • a）的租金租赁给项目方，用于农事相关项目打造，租赁期为 12 年，农民每年获取租金收益，而且提供了大量就业岗位，让当地农民也参与归原小镇的运营和建设，改善了他们的生活居住条件。

3.2.2　沿黄旅游区用地及发展概况

1. 旅游用地类型缺位阶段

1978 年之前为我国旅游用地类型缺位阶段。改革开放前，我国的旅游活动主要是外事接待，不具有产业形态，而且规模较小，还没有形成相对独立的土地利

① 1 亩≈666.67m^2。

用类型，旅游用地处于缺位阶段。

2. 旅游用地类型萌芽阶段

1978～1990 年为我国旅游用地类型萌芽阶段。1978 年我国转换机制，开始发展产业型旅游业，并且随着改革开放以后，国家政治、经济、科技等各方面的飞速发展，土地、水利、林业等部门开始着手研究分类区划等相关工作，旅游用地的内容逐步得到了体现。林业部 1982 年颁发的《森林资源调查主要技术规定》划分了八大类林地，其中，有林地中的特种用途林包含旅游用地的内容。特种用途林是指以保存物种资源、保护生态环境为主要目的，用于国防、森林旅游和科学实验等的林业用地。其中，风景林是以满足人类生态需求、美化环境为主要目的，分布于风景名胜区、森林公园、度假区、滑雪场、狩猎场、城市公园、乡村公园及游览场所内的林业用地；名胜古迹和革命纪念林是指位于名胜古迹和革命纪念地，包括自然与文化遗产地、历史与革命遗址地的林业用地；纪念林、文化林、古树名木等自然保护林是各级自然保护区、自然保护小区以内保护和恢复典型生态系统和珍贵、稀有动植物资源及栖息地或原生地，或者以保存和重建自然遗产与自然景观为主要目的的林业用地。进入 20 世纪 80 年代，国家逐渐注重旅游业发展，加大了对旅游业的政策支持及拓展力度，此期间入境旅游有较大发展，国内旅游也开始不断发展。1984 年，中共中央提出了国家、地方、部门、集体、个人一起上，自力更生与利用外资一起上的旅游建设方针，我国的旅游业揭开了全方位发展的序幕。1986 年，旅游业被纳入国民经济与社会发展规划，正式确立了其在国民经济中的地位。同期，全国土地利用分类初步有了标准规范的分类体系，旅游用地的内容也在其中有了体现。在 1984 年《土地利用现状调查技术规程》中，旅游用地在特殊用地的二级分类中有所体现，为名胜古迹、风景旅游用地；在 1993 年《城镇地籍调查规程》中，旅游用地在商业服务业用地、旅游业用地、绿化用地及文体娱用地的二级分类中有所涉及。这个时期沿黄旅游区的用地耕地所占比重最大，沿黄旅游区域植被稀疏，林地主要零星分布在中部和东部黄河沿岸；区域内水域面积较大，主要沿黄河和支流水系分布；区域内主要是农村，且呈现均匀的零星分散状态。

3. 旅游用地类型发展阶段

1990～2007 年为我国旅游用地类型发展阶段。进入 20 世纪 90 年代，深受改革开放的影响，我国入境旅游继续快速发展，国内旅游迅猛崛起，旅游业的地位不断提高。1992 年，中共中央明确提出了将旅游业作为第三产业中的重点产业，并且在国家“九五”规划和 2010 年远景目标中，旅游业被列为第三产业中积极发展的新兴产业序列的第一位。1998 年，旅游业在中央经济工作会议中被提出作为国民经济新的增长点。同时，随着我国社会经济发展步伐加快，各相关部门的分类体系也在日益增长的管理需求中不断得到完善。这一阶段，旅游用地的内容也在更多的领域得到体现。

4. 旅游用地类型完善阶段

2007年以后为我国旅游用地类型完善阶段。在2007年《土地利用现状分类》（GB/T 21010—2007）中，旅游用地涉及商业用地、公共管理与公共服务用地两个一级类，分别位于批发零售用地、住宿餐饮用地、商务金融用地、文体娱乐用地、公园与绿地、风景名胜设施用地的二级分类中。该国家标准的出台是我国土地资源管理的一次历史性突破、一个重要的里程碑，标志着我国土地利用现状分类第一次拥有了统一的国家标准。在这次分类中，旅游用地的内容得到了较多的体现，这表明旅游用地日益受到人们的重视，旅游用地的内容正在逐渐完善。但分类中风景名胜用地是指风景名胜景点及管理机构的建筑用地，而景区内的其他用地按现状归入相应地类，这便会出现风景区内土地多头管理的现象，不利于风景区土地管理的实施。2017版《土地利用现状分类》（GB/T 21010—2017）中的旅游用地性质包括"旅馆用地""娱乐用地""其他商服用地""公园与绿地""风景名胜设施用地"。2018版《风景名胜区总体规划标准》将风景区用地分为风景游赏用地、交通与工程用地、林地、草地、水域等十大类。这就出现一个问题，在各种不同的用地分类体系之下，旅游用地的不同归属给旅游规划的编制以及旅游用地的开发建设管理造成了极大的困扰。因此，在以后的规划管理工作中，旅游用地的类型与内涵需要不断发展与完善。

新时代的沿黄旅游区的用地变化即耕地、水域用地及其他用地比例逐渐减少，林地、风景点游赏用地、城镇建设用地、村庄用地及交通运输用地比例逐渐增加，交通运输用地、林地、村庄用地、城镇建设用地、风景点游赏用地成为增减幅度和变化强度最大的用地类型，土地利用功能变化明显。沿黄旅游区用地功能变化及区域发展呈现以下特点。①用地类型由过去的农业用地主导向现在的旅游及城镇用地主导转变，同时未利用地减少。旅游产业发展使区域土地利用呈现"非农化""旅游化"倾向，沿黄旅游区用地类型由结构简单的耕地、林地、村庄用地向以旅游服务为主导的多样化用地类型转变，风景点游赏用地、城镇建设用地及相关服务配套用地增速较快。②由过去的传统农业区向现代旅游社区和新型城镇过渡。区内村落用地通过合并、外迁、置换等措施，逐步向旅游社区转变，一些村落由传统农村聚落转化为生态农庄，还有一些村落成为温泉小镇、历史古街、旅居社区等，投射出旅游引导城镇化的发展过程。③居民由过去的乡居农民向现代城市居民演化。耕地、城镇及村庄建设用地的旅游化使当地居民由过去依靠种地、开窑制砖、城里打工向在本地从事三产旅游服务业转变，经济收入增加、外来人口涌入及异质文化冲击促使当地居民在生产生活方式上“城镇化”，表现出“趋市民化”的方向性和快速性。

3.2.3　沿黄旅游区土地利用的现实困境

随着旅游经济的迅速发展，日益增长的旅游产业用地需求与有限的建设用地指标之间的矛盾越发突出，引起了一系列违规、违法的旅游项目用地现象。同时，现有的土地管理制度滞后于旅游产业发展的实际，不利于旅游用地的开发和管理。沿黄旅游区土地利用出现了若干问题。

1）日益增长的旅游用地需求和相对紧缺的建设用地指标之间的矛盾十分突出。随着经济的快速发展和人们对旅游产品需求的不断增长，各地旅游项目投资热情高涨，旅游用地数量明显增加，许多新型旅游项目的建设需要占用大量土地，成为旅游用地的新增长点。但由于受用地指标限制，许多规划的旅游项目因无法获得土地指标而无法开工，“有项目、有资金、缺土地、难落实”的现象比较突出，严重制约了旅游项目的开发建设。即使旅游项目经过层层审批获得用地指标，但配套的旅游公共服务设施（如道路、卫生、游客集散等基础配套设施）也因为缺乏用地指标而迟迟不能建设，影响了旅游综合效益的发挥。

2）旅游规划编制时不注意与土地规划之间的衔接而导致项目无法落地。旅游区在编制旅游规划时，没有将旅游项目纳入土地利用总体规划，旅游项目难获发展空间。相应于规划期限为 15 年的土地利用总体规划和规划期限为 20 年的城镇总体规划，旅游项目用地的具体空间定位比较困难，导致其在土地利用总体规划与城镇规划中无法精确落地，即面临“落地难”问题。

3）乡村旅游用地乱象环生。造成这一问题，既有农民自身出于利益追求违法违规用地的原因，也有国家的农村土地征用、流转制度滞后方面的原因。其一，乡村旅游用地持续扩大，多数未取得合法用地手续。从土地利用的角度看，许多乡村旅游用地没有改变原来的自然属性，但从管理的角度出发，这些土地利用类型从农用地转变为非农建设用地，这就要占用土地利用规划中的建设用地指标和农用地专用指标。例如，许多“农家乐”设施利用农民自有宅基地开发，并不具有商业用地开发属性。甚至是利用林地苗木资源开发的大型旅游项目，同样也受限于土地的农业用地属性。为规避现行政策，许多地方不办理农地转用手续和征地手续，或采取“以租代征”等方式，一定程度上带来了土地利用的混乱，也不符合现行法律规定。其二，农村集体产权制度改革滞后，影响到乡村旅游发展。当前，农家乐、乡村酒店、休闲农庄、农业旅游等乡村旅游用地绝大多数通过租赁方式使用集体建设用地，或由宅基地所有者自主经营。但农民以宅基地使用权入股从事乡村旅游在法律上受到限制。由于规范集体建设用地流转的相关政策规定尚未出台，集体建设用地无法实现抵押融资，投资者短期心态明显，既难以形成规模，又限制了乡村旅游的提质升级，特别是在社会资本与农民合作开展乡村旅游建设中，因产权不清带来收益分配不清，农民权益和投资者利益都难保障。

4）房地产“绑架”旅游现象突出。所谓房地产“绑架”旅游，是指以旅游开发为名，从事房地产开发。由于房地产行业征地成本高，部分地区为了经济利益，使用未经国家批准的土地，或者使用已经获得批准的建设用地，以旅游的名义修建别墅，进行房地产开发，获取暴利。一些大型旅游区，从项目设计、机构设置到运作模式，都与原来的工业开发区、房地产开发区如出一辙。主要通过政府先期投资将“生地”变“熟地”，再“以地融资”滚动开发，在开发项目中暗藏工业项目和高档房地产开发项目。这种以旅游开发为名，从事房地产开发的违法用地模式具有较大危害。

5）旅游用地节约集约水平有待提高。其一，粗放式旅游经济增长模式造成旅游用地浪费突出。由于准入标准过低，缺少投资强度、产出等硬性约束指标，部分地区依然存在依靠低成本的山水资源禀赋实现产业规模扩张的旅游发展模式，存在低水平同质化的开发方式和简单落后的经营管理方式，导致低水平重复建设，造成用地浪费，土地资源的旅游价值未得到充分体现。其二，存量用地使用低效和闲置现象比较严重。由于适用于旅游行业的用地（工程建设）标准和用地规模控制体系不完善，缺少旅游行业节约集约用地评价标准和监管体系，普遍存在“重新增建设、轻存量盘活，重短期利益、轻生态效益”问题，存量用地低效和闲置情况比较严重。其三，旅游增量用地配套制度尚未建立。利用荒山、荒坡、荒滩和石漠化土地等未利用地、盘活利用废弃工矿建设用地、企事业单位存量土地等进行旅游产业项目开发的配套制度尚未建立。其四，“高端”旅游项目占地过多。近年来，不少地区出于追求旅游效益的需要，盲目瞄准所谓的高端市场，上马了一批面向高端市场的高尔夫球场、滑雪场、主题乐园、温泉度假村等旅游项目，这4类旅游项目重复建设现象严重，占地规模过于庞大，影响了旅游用地效率。

6）现有土地管理制度与旅游产业发展的需要不相适应。其一，旅游用地审批程序复杂，审批周期长。一些旅游项目虽未改变土地用途，但由于土地使用权人变更，需要征收审批，往往因审批层级高、程序多，项目用地获批慢、周期长，其结果是延误了投资机会，并且导致为了规避审批程序的违法用地现象增多。其二，旅游用地出让价格高、年限短。由于目前旅游产业没有单独的用地门类，各地基本按30～50年的经营性用地出让，因旅游产业本身具有高投资、高风险、低收入、慢回报的产业特征，加上旅游用地未单独设立基准地价，在评估地价时，主要参照商业服务类用地基准地价，造成旅游用地出让价格偏高，难以吸引投资，影响了旅游业发展。其三，用地政策与旅游发展实际不相符。旅游用地由于自身特性，用地容积率和建筑密度相比工业园较小（旅游用地容积率基本在0.1～0.4，建筑密度在20%左右），但现有用地政策大多按照工业园标准进行要求，规定容积率必须在 0.8 以上，旅游用地明显不符合这些政策要求，造成地方为了报批需要而弄虚作假。

3.3　沿黄旅游区可持续发展

3.3.1　沿黄旅游区可持续发展的基本内涵

可持续发展的概念是在人们面对世界日益严重的人口、资源、环境等一系列问题时，人类不得不重新认识人与自然关系的基础上产生的。可持续发展概念的产生有其历史背景和迫切的现实需要。可持续发展的根本点就是经济社会的发展与资源环境相协调，其核心就是生态与经济相协调，也可以理解为可持续发展是谋求在经济发展、环境保护和生活质量的提高之间实现有机平衡的一种发展。沿黄旅游区的可持续发展：一是要满足需要，沿黄旅游区的建设目标应满足人类的需要；二是要受到限制，旅游区的建设应受到自然环境的制约；三是做到公平的可持续，强调当代人之间、当代人与后代人之间、国家间、地区间、人类与自然界和生物界之间等的公平与可持续发展。在以上条件都满足的情况下，旅游区在规划、建设、开发等过程中实现生态、经济、社会效益的统一。

3.3.2　沿黄旅游区可持续发展的目标与基本方向

1. 沿黄旅游区可持续发展的目标

对于沿黄旅游区来说，其持续发展目标应满足以下要求：既能满足当代人旅游和旅游开发的需要，又不危及后代人满足自身旅游需要的能力；既要维护沿黄旅游区发展的持续性，又要同周边区域协调共处，实现旅游资源的共享；既要协调环境保护和旅游开发之间的矛盾，又要注重沿黄旅游资源与社会、文化、环境的协调发展。

2. 沿黄旅游区可持续发展的基本方向

沿黄旅游区可持续发展的基本方向是：保护黄河沿线旅游资源，延续历史文脉；保障生态经济社会效益，延长旅游区生命周期。纯净的环境、良好的生态是旅游区发展的基本条件，保持乡村自然生态可持续发展是旅游区开发的重要目标之一。人文生态是一个系统，是一个各部分、各因素普遍联系、相互作用的整体，它由文化主体及其环境共同构成，因此，沿黄旅游区的可持续发展应在黄河沿线旅游资源和环境保护的基础上进行黄河沿线文化的挖掘，促进沿黄旅游区的生态、经济、文化等的可持续发展。

3.3.3　沿黄旅游区可持续发展面临的问题

1. 环境保护工作有待加强

由于历史的原因，沿黄旅游区部分山体遭到开发建设性破坏，山体植被遭受一定程度的毁坏，而毁坏的部分使黄河岸线景观受到一定影响。部分山体由于开挖时间过长，且长时间暴露在外，已引起部分水土流失。在水源保护方面仍需加强，近些年，黄河沿线降水较少，造成了黄河主线的水资源缺失明显；由于水产养殖的过度发展、农业的点源污染及乡镇企业的“三废”污染，黄河沿线水污染现象明显。岸线保护利用不足，开发建设不当，现状岸线是以苇地和自然黄土驳岸为主的原生态岸线，视觉效果佳，但未被合理利用和加以保护。部分岸线由于被建设成为直墙式护岸，破坏了人们的亲水空间，同时视觉效果也欠佳。

2. 历史文化遗存与传统风物有待保护

通过现状调查分析，沿黄旅游区内的文化遗存较多，但不成系统、不成规模，呈现“散珠碎玉”式的布局形态，需要挖掘整理，逐步修复保护。

3. 沿黄旅游区规划工作有待完善

虽然有些省份或者城市已经委托相关单位分别编制了详细的总体规划和环保规划，但是国家有关部门没有针对整个沿黄旅游区的总体规划和环保规划，这就造成了一些开发建设工作不能优质、高效地开展，破坏了沿黄旅游区的整体性和协调性，不利于沿黄旅游区的可持续发展。

4. 旅游区管理能力有待提升

在沿黄旅游区的经营管理中，季节性闲置和失业是比较尖锐的问题。旅游主要集中在 5～10 月，其余为淡季，约有半年之久。个性特色不够突出，主题形象不够明显。沿黄旅游区内的旅游资源开发层次较低，特色不够明显，主题不够明确，在开发过程中缺乏长远的生命力。同时，一些游客的不文明旅游行为及沿黄旅游区的盲目开发建设都对沿黄旅游区资源造成了一定程度的干扰和破坏，为沿黄旅游区生态环境的可持续发展埋下了极大的隐患。

3.3.4　新时代背景下沿黄旅游区可持续发展变革之路

1. 坚持创新发展，走科技兴黄、人才兴旅之路

“互联网+”时代，信息化和智慧化正深刻影响着旅游业发展，这就要求沿黄旅游区在发展旅游过程中应充分加强与互联网的融合，提升旅游区域的信息化、

智慧化程度，注重在理念和技术上的创新发展。高铁时代、自驾时代、信息化时代、智能手机时代，迫切要求旅游业实现行业智能化和人才专业化。旅游宾馆饭店、旅游景区景点、旅游通道沿线、车站码头港口等游客集散区实现智能化服务是必然要求。智能化行业更需要高素质专业人才。沿黄旅游区虽然资源优势突出、发展潜力巨大，又面临良好的发展机遇，但是也存在发展滞后、体制机制制约、利益关系错综复杂等诸多难题。在这种情况下，一支政治素质好、懂经济、会经营、善管理、开拓进取心强的人才队伍，就成为克服困难、提高政策执行力、带领旅游区可持续发展、实现跨域式发展的重要保证。

2. 坚持协调发展，走开发与保护共治之路

黄河有着得天独厚的自然景观，除了闻名古今中外的九曲十八弯外，还拥有作为大屏障的 18 座名山。黄河的冲刷和改道过程中创造出了众多大美精华风景区，如内蒙古河套平原区、黄土高原区、八百里秦川区等。治理黄河的过程中也造就了一系列水利奇观，如黄河上几十个大型梯级水利枢纽工程、上百个水库、数千个引黄供水工程等。同时，黄河的灾难也是文化旅游财富。以善游、善决、善徙而闻名于世的黄河，历史上给两岸人民带来过深重灾难，被称为“中国之忧患”。黄河灾难还有黄河横流、黄河风沙、黄河凌汛、黄河污流等。用现代积极的眼光去看，黄河的这些灾难也是文化财富和旅游资源。

综上所述，我们站在协调发展的角度，应坚持生态保护优先的原则，保障沿黄旅游区的生态环境得到有效的保护。依据旅游区的地理位置、性质和资源价值等因素，可将旅游区划分为三级保护区，不同级别的保护区对应不同的保护标准和开发标准。例如，一级保护区内严格控制影响生态环境的污染源产生，区内的土地、文物古迹、重要景观、古树名木等要绝对保护。保护区的划分标准可由黄河水利委员会、林业环保、农牧渔业、旅游、地方政府等有关部门联合制定。同时，要处理好沿黄旅游区开发与环境保护的关系，旅游者、旅游业与当地居民的关系，旅游经济效益、社会效益、环境效益三者的关系，走合理开发、有效保护之路。

3. 坚持绿色发展，走资源集约循环利用之路

应深入分析、挖掘地域资源和潜在优势，以资源集约为依据，以绿色发展为手段，通过创意化的整理提升，最终确定具有地域特色的创新性旅游产品。黄河有独特的生态资源和深厚的文化底蕴，“协河发展”为沿黄旅游区带来了重要发展机遇。沿河旅游区各省市要勇于开拓，深挖潜力，把黄河打造成融生态保护、蓄水净水、风沙防治、旅游休憩于一体的城市玉带，凝聚绿色力量，建设生态黄河，走资源集约、循环利用之路。应在“沿黄生态保护区”大的发展理念下，以黄河

自然和人文观光产品为基础，以休闲度假游产品和深度体验游产品为依托，以科考探险和体育竞技专项产品为补充，构建多元化旅游产品体系。整合沿黄旅游区的特色地域景观资源，具体问题具体分析，从而提出创新产品策略，使产品与用地功能相匹配，实现绿色发展，构建沿黄旅游区的生态体系屏障。

4. 坚持开放发展，走开放包容文化引领之路

黄河海纳百川、兼容并蓄，黄河文化博大精深、源远流长。坚持开放发展，应实施黄河文化品牌战略，以黄河文化为依托，采取差异化发展方法。以河南省为例，可主打河南黄河的河洛文化、仰韶文化、大宋文化、农耕文化、根亲文化、佛教文化、民俗文化、古都文化等文化品牌。文化特色要通过文化轴线的延伸，结合沿黄城市建设风格和布局模式，与城市地域文化相融合，以彰显沿黄城市特色。同时，以黄河水域的流通为纽带，以黄河水上游为核心吸引物，与黄河水利委员会等有关部门协商，分区段提供“水上游黄河、空中观黄河、地上看黄河、地下品黄河”的多维旅游空间，让游客尽可能多地就近游黄河、欣赏黄河、体验黄河、品味黄河。

5. 坚持共享发展，走旅游联动、集群带动之路

坚持共享发展，就要求沿黄旅游区的发展要打破行政区划界限，走跨区域联合的道路。走旅游联动、集群带动之路，可实施区域旅游合作战略、沿黄城乡旅游一体化战略、水陆交通并举的大交通战略等。区域旅游合作战略，即对沿黄旅游区的旅游资源进行统一规划、分块整合、整体联动，开展区域分工与协作，形成不同层次、不同类型、不同特色的多元旅游格局；沿黄城乡旅游一体化战略，即在考虑沿黄旅游区发展的同时，规划设计沿黄乡村旅游，打造休闲农庄和美丽乡村，把特色乡村旅游作为沿黄旅游区的一项重要内容，带动沿黄农村致富、农民就业，促进新农村建设，把黄河沿岸农村打造成美丽乡村旅游长廊；水陆交通并举的大交通战略，即实施区域大交通体系建设战略，制定大交通建设规划，以黄河河道为主线，建立水路、公路、铁路、航空，以及大堤公路、桥梁、渡口等旅游综合交通网络，形成四通八达的黄河旅游交通体系，让游客能够随时随地地走近黄河。

第 4 章　研究案例区与数据来源

4.1　选 取 依 据

当前，对旅游区用地研究在案例选择上主要集中于城市旅游、乡村旅游等领域，而对黄河沿岸旅游区用地研究较少。本书选择郑州沿黄旅游区有以下几种考虑。一是大黄河之旅作为国家重点培育和推广的精品旅游线路，已经成为我国旅游热点区域，正在吸引着广大国内外游客到此观光游览。二是随着旅游业快速升温，黄河沿岸从上游到下游，涌现了一批富有特色的沿黄旅游区，该类型旅游区均以黄河风光和文化资源为载体，具有较多共性特征，是我国旅游区中较为独特的一类。三是沿黄旅游区自然环境与众不同，文化遗产广泛分布。该区域自然景观丰富多彩，地质地貌奇特多样，有峡谷型、悬河型、黄土型等独特景观在此汇聚，周边有滩涂、湿地、高山、丘陵等自然奇观分布两岸，加之 5000 年黄河文明留下的文化遗产和人文资源，其本身就很典型，极具代表性。四是黄河旅游线既是一条历史走廊、文化旅游带，又是一条绿色走廊、生态旅游带，还是一条发展走廊、经济旅游带，更是一条跨省走廊、区域旅游带，对其研究很有价值。五是我国跨区域的带状旅游区较多，如南水北调线旅游带、长江旅游带、丝绸之路旅游带、京杭运河旅游带等，以沿黄旅游区为案例进行研究必将会给这种带状旅游区域用地提供参考。六是沿黄旅游区是我国的生态脆弱区，旅游发展对当地土地利用变化及其生态环境变化有深刻影响，但长期受到学界的忽视，目前的研究仍停留在旅游区用地评价的表层层面，对土地利用变化的机制、变化过程、模式及相互关系的动态模拟等方面的研究较缺乏，尤其缺乏在生态、绿色、低碳理念下的土地可持续发展研究。七是郑州沿黄旅游区位于郑州的北郊，它集山水生态脆弱区、历史文化传承区、自然风光聚集区、城乡边缘碰撞区等诸多特点于一身，因其区位优势，近 20 年来其旅游发展迅猛，带动了区域用地和景观格局的快速演化，是黄河旅游线上旅游区发展的缩影，具有代表性。

4.2　郑州沿黄旅游区概况

郑州沿黄旅游区东始中牟县雁鸣湖景区，西至巩义市的河洛景区，南抵郑州的北四环，北至黄河，地理坐标为东经 112°42′～114°14′、北纬 34°16′～34°58′，总面积为 1029.22km^2，黄河岸段长 160.5km。区域内自然风光资源及历史文化资源丰厚，遍布着大量的古文化遗址、古作坊遗址、古战场遗址和古城遗址等。该区域内涉及 17 个种类的文化遗产，主要旅游资源点 60 余处、非物质旅游资源 16 项，旅游开发前景广阔。区域涉及 5 个县市区，即巩义市、荥阳市、惠济区、金水区、中牟县，主要包含 13 个镇、2 个管委会、2 个办事处；含农村居民点共 520 个，其中行政村 273 个、自然村 247 个；常住总人口约 65.37 万，其中农村人口 41.84 万。

4.2.1　自然环境概况

1. 地理位置

郑州地处中原腹地，从自然、政区、交通位置及全国三大经济带的区位关系看，郑州都处于居中的地理位置。郑州沿黄旅游区位于郑州主城区北部 30km，所辖黄河段位于黄河的中下游地区，正好处在黄河中游与下游的分界线上，同时也位于黄河冲积扇的脊轴上。郑州黄河段河床普遍高于当地水平面海拔，形成了大堤巍峨、气势磅礴的“悬河”景观。

2. 地质地貌

郑州沿黄旅游区位于平原区，地势相对平坦，间有低山分布。东部的平原区域位于黄河冲积扇脊轴南翼，主要分布于中牟一带；西部平原位于伊洛河下游两岸和枯河流域，分布在巩义、荥阳境内。整个区域包括大面积的河漫滩，地势较为平坦，坡度小于 3° 的场地范围面积达 734.36km^2，占整个研究区面积的 57.20%；坡度介于 3°～8° 范围的面积达 299.96km^2，占整个规划区面积的 30%。两者合计占据研究区范围的 87.20%。

3. 气象水文

研究区所在的郑州地区属暖温带季风气候。该区冷暖气团交替频繁，四季分明。冬季漫长而干冷，雨雪稀少；春季干燥少雨，冷暖多变，大风多；夏季比较炎热，降水高度集中；秋季气候凉爽，时间短促。年平均气温为 14.4℃。7 月最热，平均气温为 27.3℃；1 月最冷，平均气温为 0.2℃。年平均降水量达 640.9mm，无霜期 220 天，全年日照时间约 2400h。郑州为多风地区，多年平均风速为 2.8～3.2m/s，最大平均风速为 18～22m/s，冬季盛行偏西北风，夏季盛行偏南风，春秋季则交替出现，一般 4 月风最大，8 月、9 月风最小。研究区域位于郑州北部地区，黄河郑州段滨河地带南部区域，受局部小气候影响，相对于市区气候更宜人，最高气温比市区低，最低气温比市区高，环境优美。

研究区范围属于黄河中下游交界地区，也属黄河冲积扇的脊轴，河床宽浅，沙洲密布，冲淤剧烈，汊河发达，主流摆动幅度强烈，属于典型的游荡性河段和洪水多发性地段，水文因子复杂多变。

（1）地表水

研究区内地表水系有伊洛河、贾鲁河、汜水河、枯河、索须河等诸多河流。除自然河道外，还有众多人工水渠，部分水渠年久失修。区域内还有零散分布的鱼塘，规模不大。

1）伊洛河。伊洛河为黄河的主要支流之一，由洛河和伊河组成，洛河和伊河在偃师市高庄汇流后称伊洛河。洛河发源于陕西洛南县冢岭山；伊河源于河南卢氏县关顿岭。伊、洛两河在偃师市高庄汇流后入巩义市，经回郭镇、芝田、康店、孝义、站街、南河渡 6 个镇，在南河渡镇神北村注入黄河。伊洛河总长 447km，流域面积为 1.91 万 km^2；在巩义境内河长 37.8km，流域面积为 $803km^2$。

2）汜水河。汜水河东支源于新密市尖山乡五指岭，流经荥阳市庙子乡，巩义市米河镇，荥阳市刘河、高阳，上街区峡窝镇，由汜水镇口子村注入黄河；西支发源于新密市尖山乡巩密关村以北五指岭东牛旦山，经仲沟村入巩义市新中镇，经小关镇，至米河镇两河口村汇入东支。汜水河总长 42km，流域面积为 $560km^2$。

3）西泗河。西泗河源于巩义市大峪沟镇南部山区，古称市水，又称洄水。薛庄、新山、民权等山水经水地河、白河、黄冶河，至老城东北入洛河，长 19km，流域面积为 $56km^2$。

4）枯河。古称“旃然河”，在河南省郑州市荥阳北部，属黄河水系。因天旱则涸，故称枯河。发源于郑州市荥阳王村镇前白杨及西大村济渎池，经刘寨、真村、竖河、阎村、唐岗、任河，至小胡村入郑州市惠济区，在保合寨北入黄河。全长 40.6km，流域面积 $267km^2$，河槽宽 30m 左右，河水正常流量 0.2～$0.3m^3/s$，最大流量曾达 $970m^3/s$。荥阳境内长 28km，流域面积 $190km^2$，河槽宽 30m 左右，流量 $0.1m^3/s$。

5）索须河。索须河是贾鲁河的主要支流，因索河和须水河汇流而得名。索河发源于荥阳市西南山庙，北经城关、广武入中原区；须水河发源于荥阳市贾峪北，经中原区须水、沟赵，在中原区大榆村汇流后称索须河。后东流至花园口、祥云寺入贾鲁河，全长 70km，流域面积为 $532km^2$。

6）贾鲁河。贾鲁河发源于新密市白寨的圣水峪和二七区的冰泉、暖泉、九娘庙泉，东北流经侯寨、市区西部西流湖，至北郊老鸦陈折向东流，经柳林、姚桥，再经中牟的白沙，绕县城东南至胡辛庄流入尉氏县，后至周口市入沙颍河，再入淮河。全长 2558km，境内长 137km，流域面积为 $2750km^2$。

7）东风渠。东风渠原为 1958 年春人工兴建的引黄灌溉渠道，渠首五孔库闸建在惠济区花园口镇岗李村东北，往南与索须河、贾鲁河交汇，至市区白庙折向东南，在管城回族区穆庄北入七里河。干流原长 42km，索须河、贾鲁河以北渠道废除后，渠首从臬村闸处开始。全长 197km，流域面积为 1919km^2。

8）熊儿河。熊儿河源起于郑州市区西南与新郑市交界处的铁三官庙。为季节性排水河，由西南向东北流注，至潘家村再经郑州老城南部，至飞机场专用线向东汇七里河，接东风渠。全长 21.4km，流域面积为 777km^2。

（2）地下水

西南部山区属弱富水区；中部丘陵地区及北部黄土丘陵，地下水埋深及变幅大，水资源贫乏；东部平原地区储水条件良好，属中等富水区；伊洛河谷地带为强富水区。地下水除受黄河水补给外，还受大气降水入渗补给、农业灌溉入渗补给、渠道渗漏入渗补给及西部山区侧向径流补给。地下水排泄以径流、蒸发和开采为主。

4. 动植物资源

郑州沿黄地区既有山区、丘陵，又有平原和东部沙区，还有黄河湿地，为许多动物的栖息平衡提供了良好的环境。研究区域内有陆生野生脊椎动物 218 种，其中鸟类 169 种、兽类 21 种、两栖类 11 种、爬行类 17 种；此外还有鱼类 34 种和昆虫 426 种。在陆生野生脊椎动物中国家一级重点保护动物有黑鹳、东方白鹳、大鸨、白尾海雕、金雕等 10 种，国家二级重点保护动物有大鲵、白鹈鹕、斑嘴鹈鹕、黄嘴白鹭、白琵鹭、白额雁、大天鹅、小天鹅、鸳鸯、鸢、苍鹰、雀鹰、松雀鹰、大鵟、普通鵟、乌雕、秃鹫、白尾鹞、鹊鹞、白头鹞、鹗、游隼、红脚隼、红隼、灰鹤、蓑羽鹤、领角鸮、雕鸮、纵纹腹小鸮、长耳鸮、短耳鸮、水獭 32 种。

郑州沿黄旅游区由于地处水陆交错带，滩地植物资源尤其丰富，木本和草本植物共计 148 种，隶属于 42 科 109 属，除了一种蕨类植物木贼科以外，其余全为被子植物，其中木本植物仅为 5 科 9 属；草本植物占据主导地位，其中禾本科、菊科、蝶形花科在科属数量上占据绝对主导地位。3 科累计 43 属，种数累计 55 种，5 种属以下的有 35 科，单种属的科数为 15。单种科、属不多，植物优势科和非优势科分布比较合理，属的分布相对比较集中。

4.2.2　社会经济概况

总体来看，郑州沿黄旅游区涉及的 5 个县（市、区）的经济差距较明显，金水区明显偏高，巩义市和荥阳市次之，而中牟县和惠济区则明显偏低。从三大产业构成来看，金水区是明显的“三、二、一”的产业结构，惠济区的第二产业和第三产业的比例基本相等，而中牟县、巩义市和荥阳市都是明显的“二、三、一”的产业结构。研究区过去为传统型农业区，耕地以水浇地为主，主要分布在研究范围东西两侧地区。产业以种植业为主，另有旅游业、生态农业、养殖业、林业。

研究区范围内产业发展不均衡，中部的惠济区产业发展良好，基础设施最为雄厚，人均城镇建设用地也最多；西部的巩义地区由于多山区丘陵，产业主要以旅游业、农业、林业为主，城镇化水平较低，人均收入较少；东部的雁鸣湖地区旅游业最为发达，核心区依托雁鸣湖景区的强劲发展呈现良好的经济态势，旅游地产也有一定程度的发展（图 4-1）。

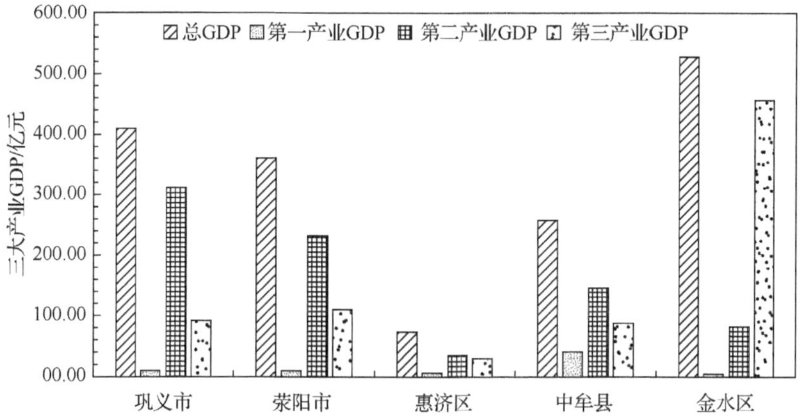

图 4-1　2014 年郑州沿黄各区县经济发展示意图

（资料来源：《郑州统计年鉴 2014》）

伴随着旅游经济的快速发展，研究区旅游业发展迅猛，旅游接待人次及旅游收入逐年增加，旅游投资金额逐年攀升，旅游区内风景点数量逐年增加，社会影响力逐年提升（图 4-2～图 4-5）。

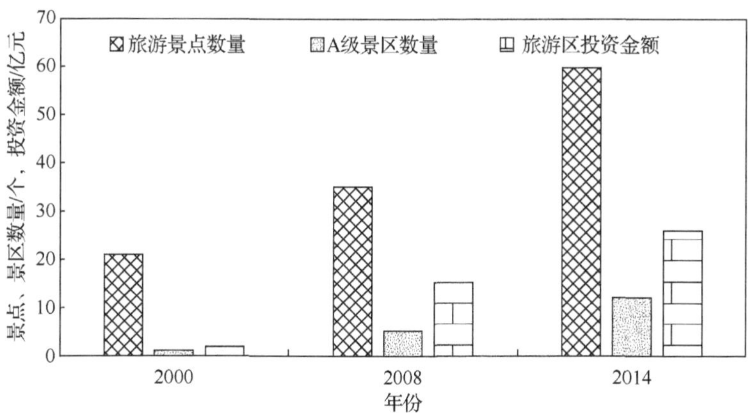

图 4-2　郑州沿黄旅游区旅游发展情况

（资料来源：郑州市旅游局统计数据）

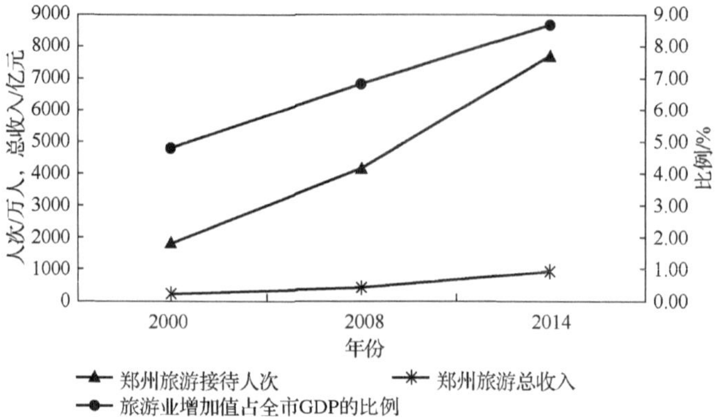

图 4-3　郑州旅游业发展情况

（资料来源：郑州市旅游局统计数据）

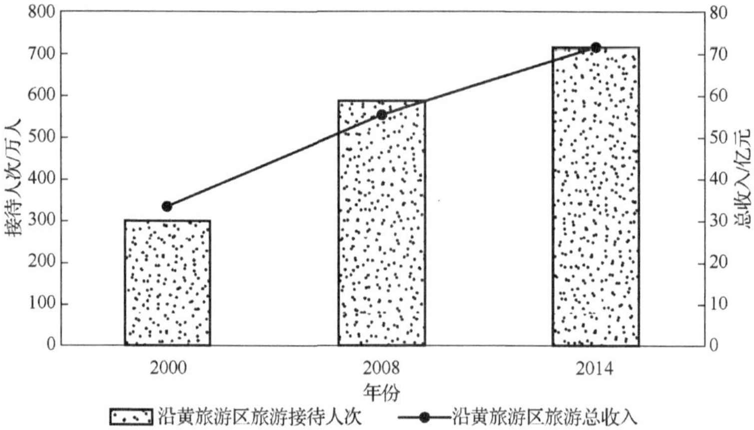

图 4-4　郑州沿黄旅游区旅游接待人次及收入

［资料来源：各县（市、区）旅游局统计数据］

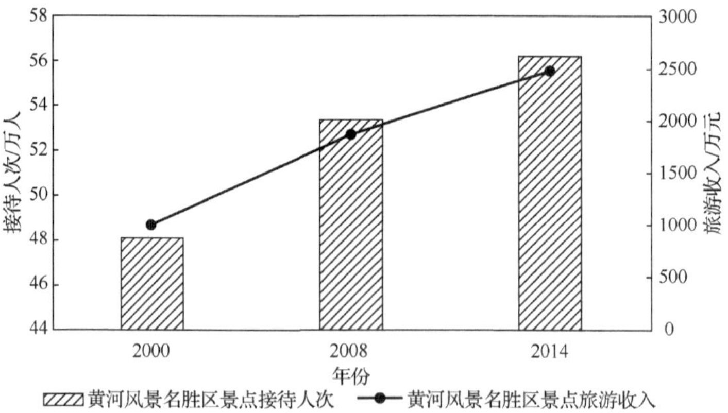

图 4-5　郑州黄河风景名胜区旅游接待人次及收入

（资料来源：郑州黄河风景名胜区统计数据）

4.2.3 旅游资源概况

沿黄旅游区历史文化悠久、生态保护良好，不仅是黄河生态修复或治理的重点区域，还是黄河文化、中原文化和河洛文化的富集地区，共认定主要旅游资源点 70 余处（表 4-1）。

表 4-1　郑州沿黄旅游区旅游资源调查表

编号	资源名称	编号	资源名称	编号	资源名称	编号	资源名称
1	黄河风景名胜区	19	黄河富景生态园	37	潘安故里	55	雁鸣湖生态园
2	炎黄二帝巨型塑像	20	三皇山桃花峪	38	惠济桥	56	官渡古战场
3	小顶山	21	纪公庙	39	中牟森林公园	57	东湖度假村
4	黄河大堤	22	窑洞	40	南裹头	58	巩义庙会
5	黄河碑林	23	古树苑	41	中牟寿圣寺双塔	59	黄河迎宾馆
6	黄河大桥	24	马渡新农村	42	鸿宝园林	60	唐岗水库
7	哺育塑像	25	飞龙顶景区	43	黄河大观	61	荥阳象棋
8	五龙峰	26	孝义兵工厂	44	中牟农业科技园	62	镜泊山庄
9	马拉湾浴场	27	邙岭生态园	45	刘镇华庄园	63	雁鸣湖风景区
10	丰乐农庄	28	河洛汇流景区	46	惠济草编园	64	将军坝
11	黄河古渡口	29	北宋皇陵	47	大河村遗址	65	荥阳柿子
12	大河庄园	30	康百万庄园	48	黄河鲤鱼	66	黄河澄泥砚台
13	岳山寺	31	石窟寺	49	八卦文化园	67	山水高尔夫球场
14	花园口事件纪念地	32	四季同达生态园	50	常香玉故居	68	黄冶唐三彩窑址
15	黄河船工号子	33	荥阳故城	51	巩义博物馆	69	金地人家生态园
16	楚河汉界风景区	34	古荥汉代冶铁遗址	52	砖雕艺术	70	河阴石榴
17	黄河山药园	35	西山遗址	53	杜甫故里	71	虎牢关
18	黄河花园口	36	花园口生态旅游区	54	杜甫陵园	72	黄河百果庄园

1. 黄河文化资源

郑州段黄河文化最突出的两点是黄河的民居文化和诗歌文化。有人居住的地方就有建筑，康百万庄园、刘镇华庄园这两个黄河民居凝聚着近代商人与军阀的黄河情怀，依黄河而建并保存完整的黄河民居是黄河文化的一支，代表着黄河人家的兴旺发达，也包含着黄河民俗的日久天成。古人对黄河的赞美集成在诗词歌赋之中，是黄河水滋养了他们，而他们的文学创作中必然留下了黄河气质，杜甫故里就充分展现了黄河诗歌文化。巩义市石窟属于北魏佛教文化，背倚黄河，面向伊洛，依邙山开凿而成，成为黄河岸边独特的景观，是郑州黄河文化的组成部分。

2. 历史文化资源

研究区历史文化悠久，是中原文化和河洛文化的富集地区。这里有得天独厚的历史文化资源：以河洛汇流而著称的河洛文化、以炎黄二帝为象征的炎黄文化、以隋唐大运河为象征的运河文化、以逐鹿中原而著称的战争文化。同时，这里也分布着大量的古文化遗址、古作坊遗址、古战场遗址和古城遗址等。沿黄旅游区涉及国家级文物保护单位 9 处、省级文物保护单位 15 处、其他等级的文物保护单位 24 处，为厚重的历史文化提供了具象的载体。

4.3 数据来源与处理

研究数据包括郑州沿黄旅游区社会统计数据、实地调研数据和土地空间数据。社会统计数据包括郑州沿黄旅游区经济及发展数据、郑州沿黄旅游区环境监测数据，数据来源于调查问卷、《河南旅游年鉴》（2000～2014 年）和《郑州统计年鉴》（2000～2014 年）等。实地调研数据来源于郑州沿黄旅游区问卷调查、人员访谈及实地观察等。土地空间数据主要是通过对郑州沿黄旅游区不同时段的遥感影像数据进行解译而获得。

4.3.1 旅游区社会统计数据

通过向河南省及郑州市旅游局及郑州市沿黄巩义、荥阳、惠济、金水、中牟五县区旅游局发放调查问卷，结合《河南旅游年鉴》（2000～2014 年）、《郑州统计年鉴》（2000～2014 年），整理统计出郑州沿黄旅游区 2000～2014 年的旅游发展和经济收入数据。环境监测数据是作者到郑州市环保局调研得到的并由郑州市环境监测中心站配合提供。本书选取生态环境效应较敏感的水和大气作为研究内容，水数据来源于研究区内郑州花园口监测点，大气数据来源于研究区内岗李水库监测点。

4.3.2 实地调研数据

2014 年 10 月～2015 年 8 月，作者先后多次到郑州沿黄旅游区的景区、乡镇及村落进行实地调研，研究方法主要是实地观察、重点访谈、问卷调查和二手资料的收集。在实地观察方面，作者驾车对研究区进行多次全方位实地观察。在重点访谈方面，主要对象有政府管理人员、旅游企事业单位代表、游客、村庄干部及村民，通过对不同受访对象观点的印证，获取一手真实信息及数据。在问卷调查方面，数据收集点集中在广武镇、柳林镇、花园口镇、雁鸣湖镇及狼城岗镇，调查人员为河南大学 2 名在读博士和 3 名本科学生；在调查之前，对调查人员进行了专门的培训，保证问卷填写的质量；共发放问卷 400 份，回收问卷 380 份，剔除信息不完整、涂改较多等无效问卷，最终获得有效问卷 341 份。二手资料的收集主要有政府工作报告、景区景点工作总结、行业旅游统计等。

4.3.3　土地利用遥感数据

土地利用变化数据是通过对 3 个时段遥感影像数据解译而得出的，数据处理包括下面几个步骤：遥感数据获取→辐射定标→几何精校正→图像拼接及掩膜提取→遥感数据合成→遥感影像解译→数据整理。

1. 遥感数据获取

遥感技术在土地利用动态分析中应用最为广泛。本书数据以 2000 年、2008 年和 2014 年 3 个时段的 TM 遥感影像为数据源（表 4-2），使用的遥感数据由黄河中下游数字地理技术实验室提供，数据已进行了辐射校正和几何粗校正。

表 4-2　研究使用的遥感影像数据

传感器	搭载卫星平台	获取日期
TM	Landsat 4-5	2000 年 8 月
		2008 年 8 月
ETM	Landsat 7	2014 年 8 月

注：ETM 是 enhanced thematic mapper 的英文缩写，即增强型专题绘图仪。

ETM+数据和 TM 数据的主要参数分别如表 4-3 和表 4-4 所示。

表 4-3　ETM+数据的主要参数

波段序号	类型	波段范围/μm	空间分辨率/m
1	蓝	0.45～0.52	30
2	绿	0.52～0.60	30
3	红	0.63～0.69	30
4	近红外	0.77～0.90	30
5	短波红外	1.55～1.75	30
6	热红外	10.40～12.50	60
7	短波红外	2.09～2.35	30
PAN	全色波段	0.52～0.90	15

表 4-4　TM 数据的主要参数

波段序号	类型	波段范围/μm	空间分辨率/m
1	蓝	0.45～0.52	30
2	绿	0.52～0.60	30
3	红	0.63～0.69	30
4	近红外	0.76～0.90	30
5	短波红外	1.55～1.75	30

续表

波段序号	类型	波段范围/μm	空间分辨率/m
6	热红外	10.40～12.50	120
7	短波红外	2.08～2.35	30

TM 和 ETM+历史数据较多、获取方便，在土地利用变化研究中应用比较广泛，是常用研究土地利用变化的数据源，因此本书采用 TM 和 ETM+数据进行郑州沿黄旅游区土地类型的解译。影像成像时间分别为 2000 年 8 月 4 日、2008 年 8 月 14 日和 2014 年 8 月 12 日，轨道号和行号为 124/36。

2. 辐射定标

由于获得的遥感数据以灰度值 DN（digital number）记录表示，在使用前必须转换成各波谱的辐射亮度（spectral radiance，L_λ），进行辐射定标。L_λ 与 DN 之间的转换关系为

$$L_\lambda = \frac{\text{LMAX}_\lambda - \text{LMIN}_\lambda}{\text{QCALMAX}_\lambda - \text{QCALMIN}_\lambda} \times (\text{QCAL} - \text{QCALMIN}) + \text{LMIN}_\lambda \quad (4\text{-}1)$$

式中，L_λ 为各波段的辐射亮度（单位：$\text{W} \cdot \text{m}^{-2} \cdot \mu\text{m}^{-1} \cdot \text{sr}^{-1}$）；QCAL 为 DN 值；QCALMAX、QCALMIN 分别为 DN 的最大记录值（8bits 影像是 255，12bits 影像是 4095）与最小值（1 或 0）；LMAX_λ、LMIN_λ 分别为传感器能接收到的辐射最大值与最小值。

如果影像数据中提供波段增益系数（Gain）和偏移系数（offset），则计算各波段的辐射亮度值的公式为

$$L_\lambda = (\text{Gain} \cdot \text{DN}) + \text{offset} \quad (4\text{-}2)$$

不同传感器所提供的转换方法略有不同，以 Landsat 影像数据为例，利用式(4-2)转换：

$$\rho_\lambda = \frac{\pi \cdot L_\lambda \cdot d^2}{\text{ESUN}_\lambda \cdot \cos\theta_s} \quad (4\text{-}3)$$

式中，ρ_λ 为表观大气反射率；π 为圆周率；d 为日地天文距离；ESUN_λ 为波段 λ 处的太阳表观辐射率均值（$\text{W} \cdot \text{m}^{-2} \cdot \mu\text{m}^{-1}$）；$\theta_s$ 为太阳高度角（°）。

Landsat-5 TM 和 Landsat-7 ETM+各波段对应的校正值见表 4-5 和表 4-6。

表 4-5　Landsat-5 TM 转换为辐射亮度各波段对应的校正值

波段序号	1984 年 3 月 1 日～2003 年 5 月 4 日		2003 年 5 月 4 日后	
	LMIN	LMAX	LMIN	LMAX
1	−1.52	152.10	−1.52	193.0
2	−2.84	296.81	−2.84	365.0
3	−1.17	204.3	−1.17	264.0

续表

波段序号	1984 年 3 月 1 日～2003 年 5 月 4 日		2003 年 5 月 4 日后	
	LMIN	LMAX	LMIN	LMAX
4	−1.51	206.2	−1.51	221.0
5	−0.37	27.19	−0.37	30.2
6	1.2378	15.303	1.2378	15.303
7	−0.15	14.38	−0.15	16.5

表 4-6　Landsat-7 ETM+转换为辐射亮度各波段对应的校正值

波段序号	2000 年 7 月 1 日前				2000 年 7 月 1 日后			
	最低增益		最高增益		最低增益		最高增益	
	LMIN	LMAX	LMIN	LMAX	LMIN	LMAX	LMIN	LMAX
1	−6.2	297.5	−6.2	194.3	−6.2	293.7	−6.2	191.6
2	−6.0	303.4	−6.0	202.4	−6.4	300.9	−6.4	196.5
3	−4.5	235.5	−4.5	158.6	−5.0	234.4	−5.0	152.9
4	−4.5	235.0	−4.5	157.5	−5.1	241.1	−5.1	157.4
5	−1.0	47.70	−1.0	31.76	−1.0	47.57	−1.0	31.06
6	0.0	17.04	3.2	12.65	0.0	17.04	3.2	12.65
7	−0.35	16.60	−0.35	10.932	−0.35	16.54	−0.35	10.80
8	−5.0	244.0	−5.0	158.40	−4.7	243.1	−4.7	158.3

Landsat-5 TM 和 Landsat-7 ETM+各波段所需要的 $ESUN_\lambda$ 值见表 4-7。

表 4-7　Landsat-5 TM 和 Landsat-7 ETM+各波段的 $ESUN_\lambda$ 值

波段序号	$ESUN_\lambda$	
	Landsat-5 TM	Landsat-7 ETM+
1	1957.00	1969.00
2	1826.00	1840.00
3	1554.00	1551.00
4	1036.00	1044.00
5	215.00	225.70
6	—	—
7	80.67	82.07
7	80.67	82.07

3. 几何精校正

几何精校正是指消除或改正遥感影像几何误差的过程，见图 4-6。

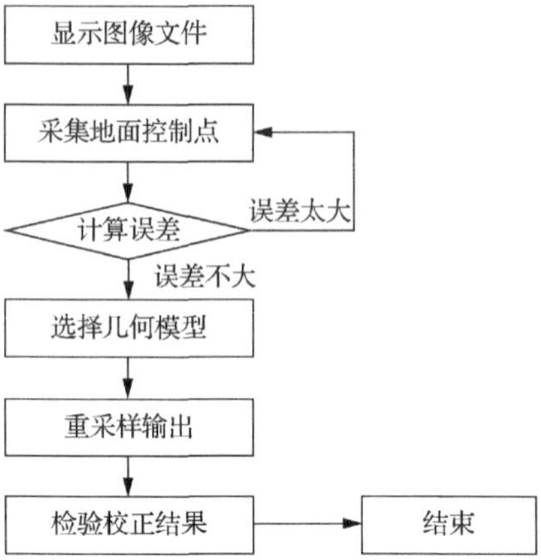

图 4-6　几何精校正流程

本书对遥感影像几何精校正是利用 ERDAS 9.2 软件中的几何校正工具来进行的。以郑州的土地二次调查地形图作为基准，利用二次多项式等模型，对 2000 年、2008 年、2014 年三期遥感影像进行几何精校正。

4. 图像拼接及掩膜提取

首先需要用 ERDAS 9.2 软件中的 Geometric Correction 工具对研究区所在的每张图进行纠正，其次在 ArcGIS 10.1 软件中得到研究区边界图。用具有投影信息的研究区边界图对三期遥感影像进行掩膜，从而得到有精准边界的研究区遥感影像图。

5. 遥感数据合成

3 个时期的遥感数据中含有多个单波段影像，利用 Interpreter/Utilities 中的 Layer Stack 命令将单波段影像数据合成为初始多光谱影像。

6. 遥感影像解译与数据整理

在进行遥感影像解译工作时，先对研究区的情况进行全面深入的了解，同时还要清楚遥感影像的特征及成像机理，然后利用遥感软件对遥感图像进行分类。

在初步分类后，随机选取地面检测点，参考同期地面资料，对分类结果进行精度检验。利用基于误差矩阵的精度评估方法对影像数据进行精度评估，并参照 2000 年、2008 年、2014 年郑州土地利用现状图，在分类后的影像数据上，利用随机采样方法进行检验。得出计算结果为：2000 年的总精度为 83.1%，Kappa 指数为 0.72；2008 年的总精度为 85.8%，Kappa 指数为 0.82；2014 年的总精度为 87.9%，Kappa 指数为 0.87。为避免遥感影像解译的盲目性和误差，还需要对分类结果进行再处理。遥感数据再处理过程主要包括聚类统计及去除分析。在 ERDAS

9.2 软件中，首先利用 Image Interpreter 中的 Clump 命令计算遥感分类影像中每个分类图斑的面积，记录相邻区域中最大图斑面积的分类值，并生成一个聚类统计类组输出文件，再利用 Eliminate 命令对产生的 Clump 类组文件进行去除分析。最终生成 2000 年、2008 年和 2014 年 3 个时段研究区土地利用分类图。

郑州沿黄旅游区不同时段各地类用地面积见表 4-8。

表 4-8　郑州沿黄旅游区不同时段各地类用地面积　单位：km^2

地类码	地类名称	2000 年用地面积	2008 年用地面积	2014 年用地面积
01	耕地	516.54	476.06	507.76
02	林地	94.00	152.88	145.95
03	风景点游赏用地	5.70	6.20	6.30
04	城镇建设用地	41.40	40.40	48.50
05	村庄用地	86.70	100.90	104.30
06	交通运输用地	10.00	15.20	19.60
07	水域用地	208.54	199.30	166.49
08	其他用地	66.31	27.06	30.17
小计		1029.19	1018.00	1029.07

第 5 章　郑州沿黄旅游区用地时空变化与模拟

土地作为人类生存与发展的基础，是人类与自然相互作用最为强烈的要素之一，随着对人地关系和全球变化研究的不断深入，土地利用/覆被变化成为全球气候变化和全球环境变化研究关注的热点问题（鲁春阳等，2007；蒙晓等，2012；李秀彬，1996）。改革开放以来，随着经济的高速发展和人们生活水平的提高，旅游已经成为人们休闲生活中极其重要的一部分，对旅游区的土地利用时空变化研究也逐渐受到普遍关注（席建超等，2011；Roberto et al.，2002；Herold et al.，2003；刘纪远等，2003；卢远等，2006；杨晓晖等，2005；马玉峰等，2007）。它虽然受到自然因素方面的影响（刘俊和董平，2009；Rao and Pant，2001），但人文因素对土地利用变化的驱动机制作用更受到学者关注（关伟和王雪，2009；Long et al.，2007；吴晓旭和邹学勇，2009；Falcucci et al.，2007；Cui and Graf，2009），包括定性探讨和计量模型的应用（Verburg，2006；Parmenter et al.，2003；Asselen and Verburg，2013；Brost and Beier，2012）。本书以郑州沿黄旅游区 2000 年、2008 年、2014 年的土地利用数据为基础，对这一区域的土地利用动态变化特征进行分析，对土地利用时空变化进行模拟预测，为沿黄旅游区的土地利用可持续发展提供案例实证和科学依据。

5.1　土地利用动态变化模型分析

5.1.1　GIS 方法提取数据

在 2000 年、2008 年和 2014 年的土地利用数据的基础上，以 ArcGIS 10.1 软件为分析平台，从已有数据中提取各类别用地的图斑作为分析土地利用变化的基本数据，同时继续利用 ArcGIS 10.1 软件分析平台进行相关的空间分析。

5.1.2　土地资源数量变化分析

1. 土地资源数量变化模型

（1）单一土地利用动态度

针对一定时间范围内某种土地利用类型变化的速度，可利用单一利用动态度

模型对区域进行描述。该模型对土地利用结构变化的预测具有较高的准确性，其表达式为

$$K=\frac{U_b-U_a}{U_a}\times\frac{1}{T}\times 100\% \tag{5-1}$$

式中，K 为研究时段内某种土地利用类型动态度；U_a、U_b 分别为研究期初及研究期末某种土地利用类型的数量；T 为研究时段长。

（2）综合土地利用动态度

综合土地利用动态度用于表征区域土地利用变化的速度，其表达式为

$$L_c=\frac{\sum_{i=1}^{n}\Delta \mathrm{LU}_{ij}}{2\times\sum_{i=1}^{n}\mathrm{LU}_i}\times\frac{1}{T}\times 100\% \tag{5-2}$$

式中，LU_i 为研究期初 i 类土地利用类型面积；$\Delta\mathrm{LU}_{ij}$ 为研究时段内 i 类土地利用类型转化为 j 类土地利用类型的面积；T 为研究时段长。

（3）土地利用开发度

土地利用开发度表示单位时间内某一种土地利用类型实际新开发的程度，其表达式为

$$\mathrm{LUD}=\frac{D_{ab}}{U_a}\times\frac{1}{T}\times 100\% \tag{5-3}$$

式中，LUD 为从 a 时刻到 b 时刻某一种土地利用类型开发度；D_{ab} 为从 a 时刻到 b 时刻某一种土地利用类型的转入面积；U_a 为 a 时刻某一种土地利用类型的面积；T 为从 a 时刻到 b 时刻的研究时段长。

（4）土地利用耗减度

土地利用耗减度表示单位时间内某类型土地利用被实际消耗的程度，其表达式为

$$\mathrm{LUC}=\frac{C_{ab}}{U_a}\times\frac{1}{T}\times 100\% \tag{5-4}$$

式中，LUC 为从 a 时刻到 b 时刻某一种土地利用类型耗减度；C_{ab} 为从 a 时刻到 b 时刻某一种土地利用类型的转出面积；U_a 为 a 时刻某一种土地利用类型的面积；T 为从 a 时刻到 b 时刻的研究时段长。

根据式（5-2）～式（5-4），计算得到研究区 3 个研究时期（2000 年、2008 年、2014 年）各类型土地利用动态变化指数、开发度和耗减度（表 5-1～表 5-3）。

表 5-1 研究区 2000～2014 年土地利用动态度

土地利用/覆盖类型	面积/km²			动态度/%		
	2000 年	2008 年	2014 年	2000～2008 年	2008～2014 年	2000～2014 年
耕地	516.50	476.10	507.80	−0.87	0.74	−0.19
林地	94.00	152.90	145.90	6.96	−0.50	6.14
风景点游赏用地	5.70	6.20	6.30	0.95	0.12	1.08
城镇建设用地	41.40	40.40	48.50	−0.27	2.21	1.89
村庄用地	86.70	100.9	104.30	1.82	0.37	2.25
交通运输用地	10.00	15.20	19.60	5.90	3.16	10.74
水域用地	208.50	199.30	166.50	−0.49	−1.83	−2.24
其他用地	66.31	27.06	30.17	−0.59	0.12	−0.55
综合土地利用动态度				13.41	4.39	19.12

表 5-2 2000～2008 年各土地利用类型动态变化

土地利用类型	面积变化值/km²	动态度/%	开发度/%	耗减度/%
耕地	−40.48	−7.84	−16.34	−8.50
林地	58.88	62.64	101.15	38.51
风景点游赏用地	0.49	8.56	16.44	7.88
城镇建设用地	−1.00	−2.42	−4.91	−2.49
村庄用地	14.20	16.38	30.45	14.07
交通运输用地	5.29	53.07	87.75	34.67
水域用地	−9.24	−4.43	−9.06	−4.63
其他用地	−39.25	−59.00	−204	−145

表 5-3 2008～2014 年各土地利用类型动态变化

土地利用类型	面积变化值/km²	动态度/%	开发度/%	耗减度/%
耕地	31.70	6.66	12.90	6.24
林地	−6.93	−4.53	−9.28	−4.75
风景点游赏用地	0.07	1.08	2.15	1.07
城镇建设用地	8.04	19.88	36.46	16.58
村庄用地	3.35	3.32	6.54	3.22
交通运输用地	4.34	28.46	50.62	22.16
水域用地	−32.81	−16.46	−36.17	−19.71
其他用地	3.11	12.00	22.00	10.00

2. 土地资源数量变化分析

根据表 5-1～表 5-3 可知，研究区土地利用总体变化的特征如下。①2000～2014

年，研究区主要的土地利用类型是耕地，占研究区总面积的 47.50%～50.83%；其次是水域用地，占研究区总面积的 16.66%～20.26%。②耕地在 2000～2008 年减少 40.48km^2，变化率为 0.87%，但在 2008～2014 年耕地增长 31.70km^2，变化率为 0.74%。2000～2014 年，研究区耕地面积总体呈减少趋势，减少 8.78km^2，变化率为 0.19%。水域用地面积在 2000～2008 年、2008～2014 年的变化面积分别为 9.24km^2、32.81km^2，水域面积呈下降趋势，且下降幅度不断增大，2000～2014 年的变化率为-2.24%。③研究区内村庄及城镇建设用地的面积不断扩大，2000～2014 年的变化率分别为 2.25%和 1.89%。整体而言，城镇用地的增加小于村庄用地的增加，村庄用地增幅明显。④交通运输用地的增幅巨大，2000～2014 年交通运输用地共增长 9.6km^2，变化率为 10.74%。⑤林地先增后减，但整体上呈增加态势，2000～2014 的 15 年间增加 51.9km^2，变化率为 6.14%。⑥风景点游赏用地持续增加，表明旅游区开发带来风景点游赏用地的增加，加速了水域、林地及农用地向旅游产业用地的转化。

根据表 5-1～表 5-3 可以得出研究区土地利用动态度变化的特征：①2000～2008 年，研究区内耕地、水域用地及其他用地等均呈下降趋势，且以其他用地下降趋势最为明显；②2008～2014 年，林地及水域用地呈下降趋势，以水域用地下降最为明显，变化率为 1.83%，林地的变化率为 0.50%，变化幅度较小；③2000～2014 年，整体来看耕地及水域用地呈下降趋势，仍以水域用地 2.24%为最大下降幅度，全区以交通运输用地的增长幅度为最大，9 年间增幅达 10.74%，其次为林地，增幅达 6.14%；④2000～2008 年，综合土地利用动态度为 13.41%，2008～2014 为 4.39%，呈下降趋势，但整体的综合土地利用动态度为 19.12%。研究区土地利用动态度变化见图 5-1 和图 5-2。

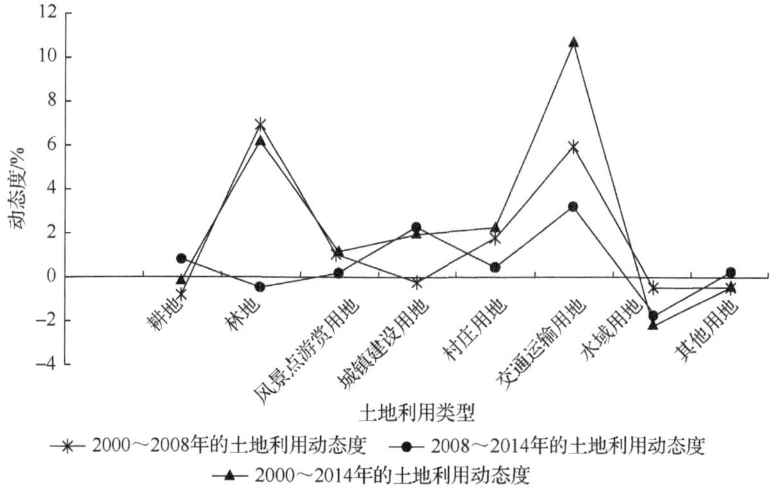

图 5-1　单一土地利用动态度

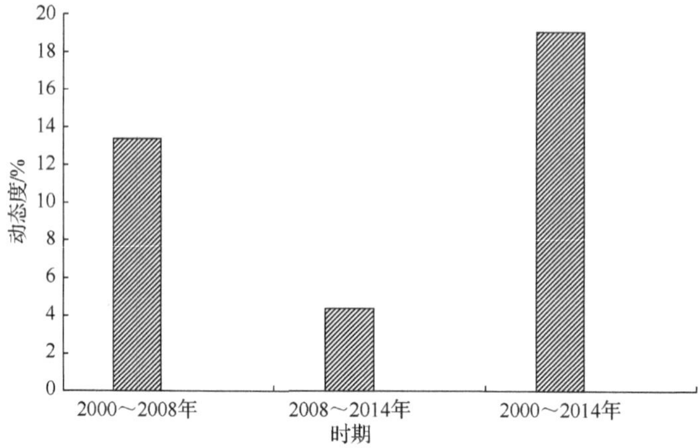

图 5-2　综合土地利用动态度

5.1.3　土地利用程度变化分析

1. 土地利用程度变化模型

土地利用程度变化不仅仅限于土地利用方式的改变这一质的变化，其也包含土地利用量的改变，这将土地本身的自然属性和人类因素的社会属性结合在一起。从综合的角度看土地利用的变化本身，可以更好地定量表达某区域土地利用的综合水平和整体变化趋势，为以后的研究奠定基础。

以刘纪远（1996）在中国资源环境数据库中提出的土地利用程度综合分析方法对土地利用程度变化进行分析。依照此方法将土地利用程度按照土地自然综合体在社会因素影响下的自然平衡状态进行分级，可分为未利用土地级（1 级），林、草、水用地级（2 级），农业用地级（3 级），城镇聚落用地级（4 级），见表 5-4，从而给出土地利用程度的定量化表达公式。

表 5-4　土地利用类型分级及分级指数表

级别	未利用土地级	林、草、水用地级	农业用地级	城镇聚落用地级
土地利用类型	未利用土地及难利用土地	林地、草地、水域	耕地、园地	城镇级工矿交通用地
分级指数	1	2	3	4

土地利用程度及其变化可以用土地利用程度综合指数和土地利用程度变化模型来进行表达。

1）土地利用程度综合指数，其表达式为

$$I_a = 100 \times \sum_{i=1}^{n} A_i \times C_i \tag{5-5}$$

式中，I_a 为研究区域土地利用程度综合指数；A_i 为研究区域内第 i 级土地利用程度分级指数（通常采用 A 级划分）；C_i 为研究区域第 i 级土地利用程度分级面积百分比；n 为土地利用程度分级数。

2）土地利用程度变化模型，其表达式为

$$\Delta T_{b-a} = I_b - I_a = 100 \times \left[\sum_{i=1}^{n} (A_i \times C_{ib}) - \sum_{i=1}^{n} (A_i \times C_{ia}) \right] \tag{5-6}$$

$$R = 100 \times \left[\sum_{i=1}^{n} (A_i \times C_{ib}) - \sum_{i=1}^{n} (A_i \times C_{ia}) \right] \Big/ \Delta T \tag{5-7}$$

式中，ΔT_{b-a} 为土地利用程度变化量；R 为土地利用程度变化率；I_a 、I_b 分别为 a 时段和 b 时段研究区土地利用程度综合指数；A_i 为第 i 级土地利用程度分级指数；C_{ia}、C_{ib} 分别为 a 时段和 b 时段第 i 级土地利用程度分级面积百分比；ΔT 为研究年限。如果 $\Delta I_{b-a} > 0$，则该研究区域土地利用处于发展期；如果 $\Delta I_{b-a} < 0$，则该区域土地利用处于衰退期或调整期。

2. 土地利用程度变化分析

根据式（5-5）～式（5-17），基于从研究区三期遥感影像获取的土地利用/覆被分类数据，计算出 2000～2014 年研究区土地利用程度综合指数和土地利用程度变化指数（表 5-5）。其中，研究区三期土地利用程度综合指数分别为 271.14（2000 年）、272.50（2008 年）、280.45（2014 年）；土地利用程度变化量分别为 1.36（2000～2008 年）、7.95（2008～2014 年）；土地利用程度变化率分别为 0.27（2000～2008 年）、1.59（2008～2014 年）。与土地利用程度综合指数最大值 400 相比，研究区土地利用程度综合指数属于中等偏上水平，这充分表明在对该区域进行研究的时间范围内，该区域的整体经济发展态势较好。其中，土地利用程度变化量大于 0，说明近些年研究区土地利用处于发展期；2008～2014 年的土地利用程度变化量比 2000～2008 年对应的变化量大，说明研究区土地利用变化较快；研究区土地利用程度变化率增长迅速，反映出研究区土地利用处于快速发展期。根据实地调研并分析其原因，一是政府出台了一系列刺激和促进旅游业发展的政策，加大了旅游区开发建设的力度；二是沿黄区的旅游开发得到国家和各级地方政府的重视；三是研究区紧邻省会郑州，城镇化快速扩张也是影响研究区土地利用急剧变化的一个因素。

表 5-5　2000 年、2008 年和 2014 年研究区土地利用程度综合指数和土地利用程度变化指数

年份	土地利用程度综合指数	土地利用程度变化量	土地利用程度变化率
2000	271.14		
2008	272.50	1.36	0.27
2014	280.45	7.95	1.59

5.2 土地利用空间分异分析

5.2.1 GIS 空间分析方法

研究以 ArcGIS 10.1 软件为分析平台，以 2000 年、2008 年及 2014 年 3 个时序高分辨率遥感影像为基础数据源，同时以旅游区不同时段土地利用现状图及规划图等为补充，结合实地调研数据进行遥感解译，制作出 3 个时序的土地利用数据，进行空间分析。

5.2.2 土地空间分异变化

2000～2014 年，研究区用地空间格局发生显著变化，契合“核心-边缘”理论，呈现以中部为中心向周边呈条带状扩展，并在距离衰减规律作用下，用地强度呈现中心高密度向周边低密度延展态势。从主要地类演化来看呈现以下态势。

1）耕地。2000～2014 年，耕地空间格局演化明显，呈现出由区域全覆盖向中部收缩的趋势。2000 年前，研究区耕地占主体地位，区域内东、中、西 3 部分主要是耕地及农田；随着旅游业和经济社会的发展，其在研究区的内敛缩小趋势显著，西部地区逐渐被分割，耕地呈片区状分布在区域中部和东部，到 2014 年，研究区耕地斑块进一步呈现缩减和分裂状态，主要分布在中部偏南区域，东部斑块破碎化程度加剧。

2）林地。林地变化呈现出“填充式”带状扩展格局。2000 年以前，该区域植被稀疏，林地主要零星分布在中部和东部黄河沿岸；随着沿黄地区生态环境保护和修复工作的加强，林地呈现出“填充式”增加状态，研究区林地逐渐由早期的碎片状向沿黄河带状分布转变。到 2014 年，林地呈线性沿黄河分布，形成沿黄防护林带。

3）风景点游赏用地。由中部向东西延伸，逐渐形成“一体两翼”的格局。2000 年左右，区域内主要的风景点仅有位于中部地区的郑州黄河游览区，随着旅游业的快速发展，风景点游赏用地由中部地区向东西两翼呈条带状扩展，而后逐渐形成以郑州黄河风景名胜区为中心，含巩义市历史文化旅游区和中牟县休闲度假旅游区等在内的大型旅游观光休闲度假区。

4）水域用地。由条带状和网络状水系逐渐演变为碎片化零星分布。2000 年以前，区域内水域面积较多，主要沿黄河和支流水系分布，后来随着研究区的旅游开发和城镇化进程的加快，水域面积大大缩减，现呈网状分布，主要集中在东部地区。

5）城镇建设及村庄用地。由零星分散状向“大集中、小集聚”过渡。过去区域内主要是农村，零星均匀分散在区域内，随着旅游开发和新型城镇化建设速度加快，区域内居民逐渐走向集中，中部紧邻郑州北郊地区城镇化最快，出现大集中开发，其他城镇临交通要道和干线布局呈“小集聚”分布。另外，随着区域内人口的集中居住生活，过去老村落“空心化”“废墟化”现象仍较多，需要进一步进行土地整理。

5.3　土地利用功能变化分析

5.3.1　调查问题分析

作者使用 SPSS 软件对调查问卷进行处理。从旅游区土地利用来看：关于“在该区域有没有改变耕地用途作为非农建设用地的行为”问题的回答，81.40%的被调查者选择“有”，7.50%的被调查者选择“没有”，11.10%的被调查者选择“不知道”，见图 5-3；关于“您家附近有没有借发展旅游业进行征地拆迁的情况”问题的回答，46.40%的被调查者选择“有”，29.50%的被调查者选择“没有”，24.10%的被调查者选择“不知道”，见图 5-4；关于“您家附近有没有把耕地、林地、建设用地、水域用地等土地转移使用为开发旅游点的情况”问题的回答，59.10%的被调查者选择“有”，26.50%的被调查者选择“没有”，14.40%的被调查者选择“不知道”，见图 5-5；关于“该区域建设用地增长对村庄耕地造成大量侵夺吗”问题的回答，64.80%的被调查者选择“造成”，9.10%的被调查者选择“未造成”，26.10%的被调查者选择“不知道”，见图 5-6。

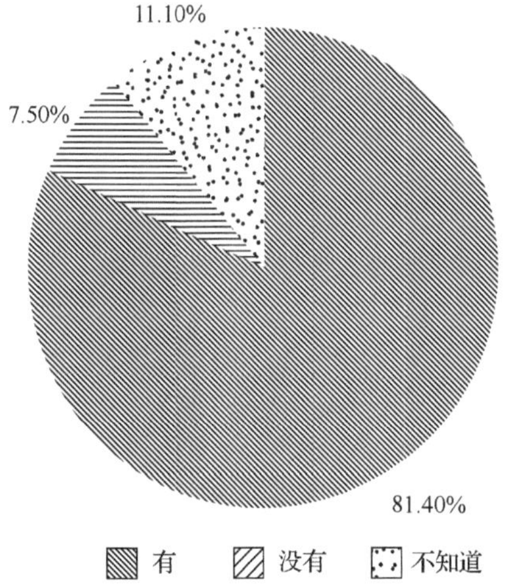

图 5-3　有没有改变耕地用途作为非农建设用地行为的调查结果

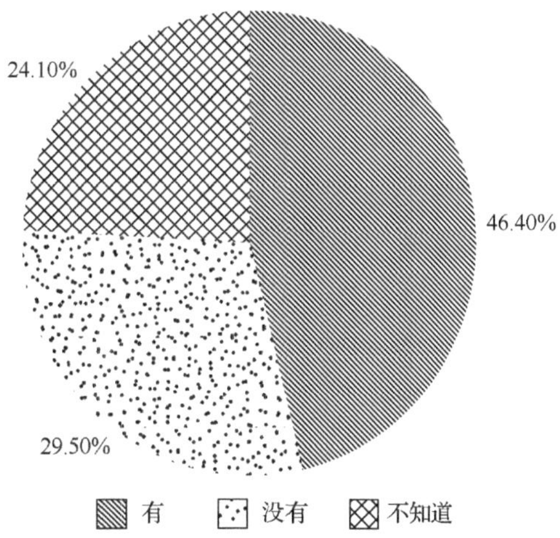

图 5-4　有没有借发展旅游进行征地拆迁的调查结果

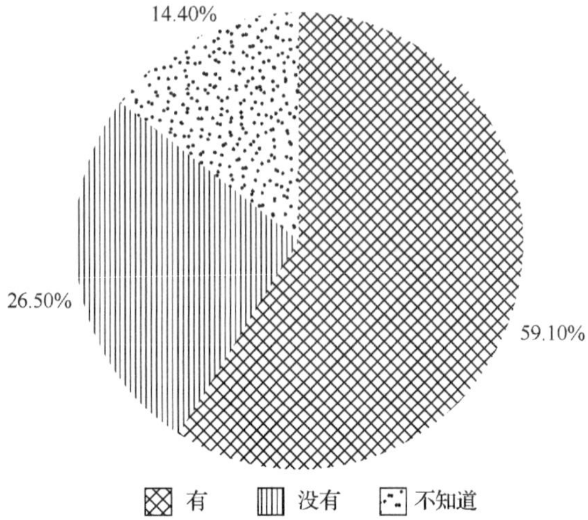

图 5-5　有没有把耕地、林地、建设用地、水域等土地转移使用为开发旅游点的调查结果

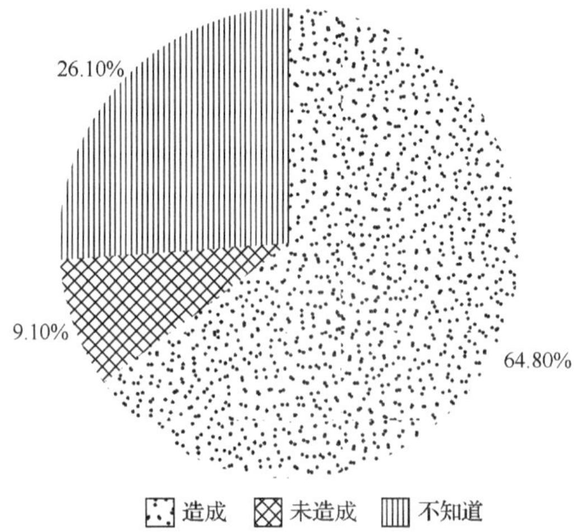

图 5-6　城乡建设用地的增长是否对农村的耕地造成大量侵夺的调查结果

从当地居民收入来源、职业面向、环境变迁来看：关于“您家庭收入的主要来源为哪些方面”问题的回答，62.60%的被调查者选择“工资收入”，25.70%的被调查者选择“家庭经营收入”，7.90%的被调查者选择“财产性收入（包括利息、股息、租金、红利、土地征用补偿款等收入）”，2.50%的被调查者选择“转移性收入（包括家庭非常住人口寄带回的收入、亲友赠送收入、救济金、救灾款、退休金等收入），1.30%的被调查者选择“其他来源收入”，见图 5-7；关于“您从事的主要职业是什么”问题的回答，55.10%的被调查者选择“兼职（务农和打工）”，22.90%的被调查者选择“做生意”，16.20%的被调查者选择“务农”，2.70%的被调查者选择“外出打工”，3.10%的被调查者选择“其他”，见图 5-8；关于“如果

在本地打工，您主要在以下哪些行业”问题的回答，19.20%的被调查者选择“宾馆酒店”，28.80%的被调查者选择“旅游景区”，21.40%的被调查者选择“生态农业园”，13.50%的被调查者选择“旅游购物场所”，7.30%的被调查者选择“娱乐场所”，9.80%的被调查者选择“其他行业”，见图 5-9；关于“沿黄旅游区占用农村集体土地建设旅游项目时允许农民依法通过多种方式参与开发经营吗”问题的回答，81.50%的被调查者选择“允许”，6.40%的被调查者选择“不允许”，12.10%的被调查者选择“不知道”，见图 5-10。

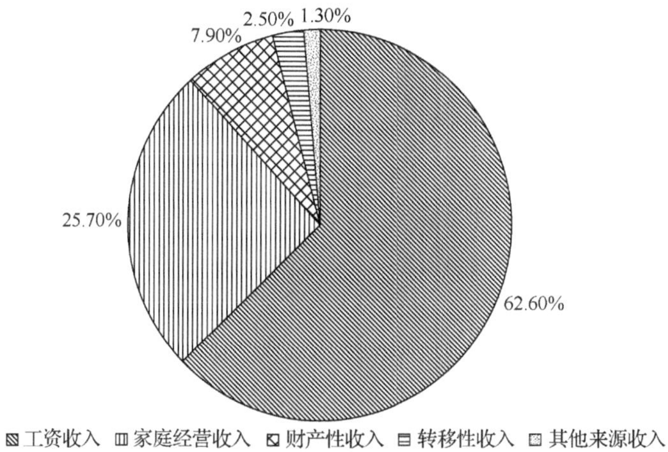

图 5-7　当地居民收入来源的调查结果

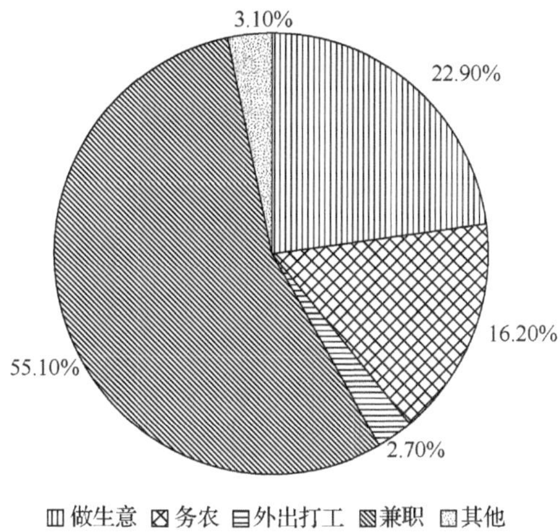

图 5-8　当地居民从事主要职业的调查结果

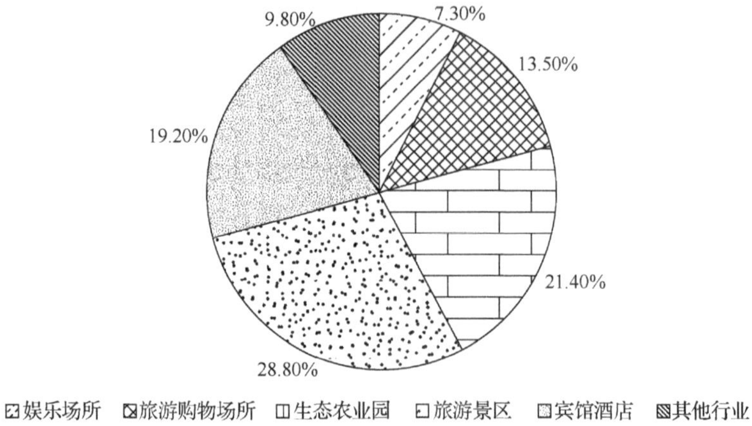

图 5-9　本地打工居民的行业选择的调查结果

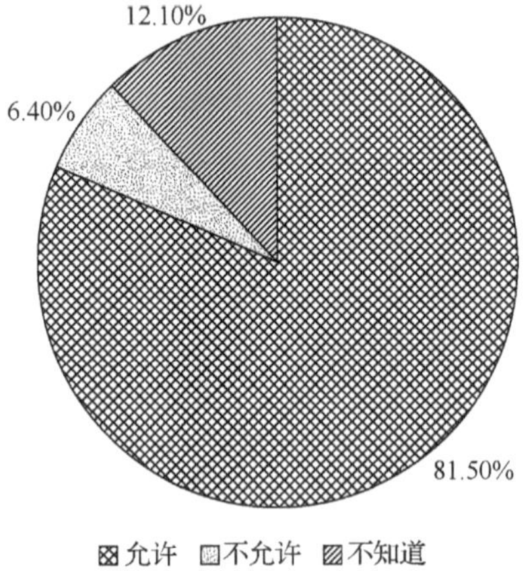

图 5-10　农村集体土地建设旅游项目是否允许农民参与开发经营的调查结果

以上调查表明，旅游区土地利用类型由传统的农耕型向旅游主导多样化类型转变。农用地较多被景点游赏、商业服务、林草等用地类型所代替，呈现出农业生产用地非农化转型、多元化发展的特征。同时，土地功能的转变带来当地居民生产生活方式及职业结构的改变，当地居民由过去依靠种地、开窑制砖、城里打工向在本地从事第三产业如旅游服务业转变。当地村民的穿着打扮和城市居民差异不大，大多村民住进了社区的高楼，电脑、空调、冰箱、热水器、室内卫生间等现代家电和设施基本齐全。

5.3.2　关于土地利用功能变化的访谈

关于土地利用功能变化，作者重点访谈了政府管理者、景区管理者及当地村民代表。他们都从近 20 年来旅游区发展引起的土地利用变化入手，针对土地利用功能的变化，深入详细地表达了自己的看法。

惠济区政府管理者访谈：

我们这里的土地分为大堤内和大堤外。大堤内过去属于荒滩，鼓励旅游投资开发，如丰乐园农庄、思念果岭、富景生态园等。大堤外过去农用地较多，但随着旅游业的发展和郑州市城市框架的拉大，大堤外土地开发力度不断加强，近些年修路、旅游地产开发、村庄拆迁合并等使建设用地逐年增加。

花园口村民访谈：

过去我们庄上地很多，全家人都要种田，农闲季节附近有砖窑厂，去那里干点活。现在我们这里基本没啥耕地了，各家仅有一点儿，种点儿庄稼、蔬菜，主要是自己用。近几年外来人口较多，附近几个村也都搬到这里，庄上的土地很多被开发了。用于旅游开发的土地也较多，我们庄上一部分人自己开农家乐宾馆、渔家乐餐馆等，还有搞生态园的。我年龄大一些，几年前买了电瓶车，拉送客人。我们庄上像我这样买电瓶车拉送客人的有三四十人，还有一些在附近丰乐园、花园口等景区打工。

某景点管理者访谈：

我们是郑州一家房地产公司，在这里投资开发了××景区，共有 10 000 亩，先期 2600 亩，集旅游观光、休闲度假、房地产开发于一体，过去这里是农用地、林地，还有一个村庄，村庄已迁移到前面大马路旁边，你出去就能看到，还在建设，未来是一个旅游社区。现在投资旅游，当地县政府政策很好，土地先期转用为旅游用地，将来若地产板块好起来，我们再把土地变更为商住用地。我们景区 50%～60%的工人来自附近的村庄。

综上所述，郑州沿黄旅游区土地利用功能变化明显。旅游产业发展使旅游区用地类型由结构简单的耕地、林地、村庄用地、水域用地等向综合旅游服务主导多样化用地类型转变，耕地、水域用地、村庄用地、未利用地等转化为风景点游赏、城镇及商业服务等用地。作者在实地调查中发现，区内村落用地通过外迁、置换等措施，按照“可住可游”的原则，向旅游社区转变，一些村落由传统农村聚落转化为生态农业村，还有一些村落成为温泉度假村等。同时，农用地、城镇及村庄建设用地的旅游化，更改变着当地人们的生产生活方式，使他们逐渐实现由农民到商人的转化，使农村逐渐转化为旅游社区。

5.4 基于马尔可夫模型的土地利用变化预测

5.4.1 马尔可夫模型原理及概述

马尔可夫链是一种随机时间序列，是利用某一变量的现在状态和动向去预测该变量未来的状态及其动向的一种分析手段，它在将来取什么值只与它现在的取值有关，而与过去取什么值无关。它通过对不同状态的初始概率及状态之间的转变概率的研究，来确定状态的变化趋势，从而达到预测未来的目的（施仁杰，1992）。在土地利用结构变化研究过程中，常用的预测模型有灰色预测模型（马媛等，2012；李正等，2012）、CA 模型（邱炳文和陈崇成，2008）、Agent 模型（李黔湘和王华斌，2008；余强毅等，2011）、马尔可夫模型（徐岚和赵羿，1993；杜际增等，2015）等。其中，马尔可夫模型被广泛应用于土地利用结构变化及土地利用变化预测并具有较好的预测效果（王剑和徐美，2011；张荣等，2010；李富程等，2009；王水献等，2007；殷少美等，2006；Muller and Middleton，1994；Boerner et al.，1996；Aaviksoo，1995；Cabral and Zamyatin，2009；Teugels and Vanroelen，2008；Oleson et al.，2006；Chen and Ramesh，2008）。因此，本书运用马尔可夫预测模型对研究区的土地利用结构变化进行预测，并生成相关预测数据。

马尔可夫过程是一种特殊的随机运动过程。如果随机过程 $X(n)$ 在时刻（$t+1$）时状态的概率分布只与时刻 t 的状态有关，而与 t 以前的状态无关，则称随机过程 $X(n)$ 为一个马尔可夫链。在 t 时刻它处于状态 X_i，在（$t+1$）时刻它将以概率 P_{ij} 处于状态 X_j，而转移概率 P_{ij} 则反映了各种随机因素的影响（张荣等，2010）。因此，在某一特定时刻可以应用转移概率矩阵对数学模型进行表达。

随着经济社会的不断发展和人类对土地综合利用程度的不断提高，土地利用结构的变化成为一种不可避免的趋势，而且土地利用结构变化在其本质上就是不同土地利用类型之间的转换。也就是在总面积不变的情况下，进行不同土地利用结构方式的更替。在影响土地利用结构变化的因素中，除社会因素占主导地位之外，自然因素也不可或缺地对整个土地的利用方式产生影响。

由于经济发展状况的不同及自然区域状况的不同，土地利用结构变化表现出时间和空间上的不确定性，这也正是在进行土地预测中建立土地变化预测模型的困难之处。马尔可夫预测模型恰好适用于具有随机变化规律的数据预测，运用马尔可夫链对土地利用结构变化进行预测可以解决土地利用变化的时空不确定性难题，因此，将其广泛运用于土地利用变化之中具有更加深刻的意义。

马尔可夫预测模型是针对那些每次状态的转移都与前一状态有关，而与过去的状态无关，即所说的状态转移的“无后效性”。马尔可夫过程的这种特性比较适用于土地利用动态的变化，因为在一定条件下，土地利用的演变过程与马尔可夫过程相吻合。具体原因如下：①一定的空间内，土地不同利用类型可以互相转化；②土地类型的转化只与该土地前一年用地状态有关，而与该土地过去的状态无关。

由马尔可夫过程可知，系统所研究的事物在 n 时刻的状态概率向量 $\boldsymbol{P}(n)$，可由 n−1 时刻的状态概率向量 $\boldsymbol{P}(n-1)$ 和转移概率矩阵 P_{ij} 来确定。公式为

$$\boldsymbol{P}(n) = P(n-1)P_{ij} = P(0)P_{ij}^{n} \tag{5-8}$$

式中，$\boldsymbol{P}(n)$ 为未来 n 时刻土地利用类型的状态概率向量；$\boldsymbol{P}(0)$ 为研究初始时刻土地利用类型的状态概率向量，简称初始状态概率向量；$\boldsymbol{P}_{ij}$ 为土地利用类型 i 转变为土地利用类型 j 的转移概率向量。

1）初始状态概率向量 $\boldsymbol{P}(0)$ 的确定。将土地利用系统按照土地利用类型划分为一系列相互演化的状态，各状态在系统中所占的份额——每一种土地利用类型的面积占全部土地利用类型面积的百分比作为各状态的初始概率，其构成的矩阵为初始状态矩阵。

2）转移向量 $\boldsymbol{P}_{ij}$ 的确定。转移概率为从一个状态到另一个状态的转化速率。转移概率可以通过一定时间段内某种土地利用类型的年平均转化率来获取，即某种土地利用类型转化为其他各类土地利用类型面积占未转化前该土地利用类型的年平均百分比。计算公式为

$$\boldsymbol{P}_{ij} = (U_{ij}/n)/U_{i0} \times 100\% \tag{5-9}$$

式中，U_{ij} 为研究时段内土地利用类型 i 转化为土地利用类型 j 的数量；n 为研究时段，单位为年；U_{i0} 为初始时刻土地利用类型 i 的面积。各转移概率向量构成的转移概率矩阵为

$$\boldsymbol{P}_{ij} = \begin{bmatrix} \boldsymbol{P}_{11} & \boldsymbol{P}_{12} & \cdots & \boldsymbol{P}_{1n} \\ \boldsymbol{P}_{21} & \boldsymbol{P}_{22} & \cdots & \boldsymbol{P}_{2n} \\ \vdots & \vdots & & \vdots \\ \boldsymbol{P}_{n1} & \boldsymbol{P}_{n2} & \cdots & \boldsymbol{P}_{nn} \end{bmatrix} \tag{5-10}$$

式中，n 为研究区土地利用类型的数目；$\boldsymbol{P}_{ij}$ 为土地利用类型 i 向土地利用类型 j 的转移概率向量，其中元素 $\boldsymbol{P}_{ij}$ 满足条件：

$$0 \leqslant P_{ij} \leqslant 1 \quad (I, j = 1, 2, 3, \cdots, n)$$

$$\sum_{j=1}^{n} P_{ij} = 1 \quad (i = 1, 2, 3, \cdots, n)$$

5.4.2 预测数据处理

以 ArcGIS 10.1 软件为研究平台，将 2000 年、2008 年、2014 年的研究区土地利用图输入 ArcGIS 10.1 软件中进行数据的栅格化处理，进而得出 2000 年、2008 年、2014 年三期研究区土地利用分布的栅格图像。

由于马尔可夫模型分析、处理的对象是土地利用类型在时空链上的变化，因此在转化格式的过程中，一定要注意处理的数据主子段应为土地利用类型代码，即以被处理的数据主子段为中心进行处理。

5.4.3 模型检验

以 2008 年数据为起始数据，预测 2014 年研究区土地利用状况的变化，从而确定用马尔可夫预测模型预测研究区是否具有稳定性和合理性，以对马尔可夫预测模型的准确性进行判断，并将模拟值和实际值进行比较，从而分析马尔可夫预测模型的适用性。结果见表 5-6。

表 5-6 马尔可夫模拟 2014 年土地利用结构检验 单位：%

土地利用类型	2014 年		
	模拟值	实际值	偏差
耕地	50.12	49.35	0.77
林地	13.25	14.18	−0.93
风景点游赏用地	3.75	0.61	3.14
城镇建设用地	5.32	4.71	0.61
村庄用地	9.15	10.13	−0.98
交通运输用地	2.13	1.90	0.23
水域用地	14.32	16.18	−1.86
其他用地	1.96	2.93	−0.97

从表 5-6 可以看出，马尔可夫预测模型对研究区的预测具有较好的预测效果，因此可以运用马尔可夫预测模型对研究区土地利用结构变化进行预测。

5.4.4 模型预测

以马尔可夫链模型为基础，通过 2000 年、2008 年、2014 年三期土地利用空间分布数据分析运算，进而得出研究区 10 年间的初始状态转移概率矩阵及转换适宜性栅格数据集。

以 2011 年预测为起始点，进一步预测 2020 年、2030 年、2040 年、2050 年内研究区各个土地利用类型变化情况，以及土地类型数量的增减情况。由表 5-7 可以看出，2011 年以后预测的耕地呈小幅度增加，但林地、水域用地、其他用地具有明显的下降趋势。风景点游赏用地、城镇建设用地、村庄用地都有较大幅度的增加，这与城镇化的进程有密不可分的关系，但更加突出了人与环境之间关系的恶化。土地利用结构变化的转出，主要以林地及水域用地转出为主，表明生态效益与社会经济效益的关系进一步紧张。

表 5-7　马尔可夫模型预测的各土地利用类型的百分比（n=10、20、30、40、50）

年份	土地利用类型							
	耕地	林地	风景点游赏用地	城镇建设用地	村庄用地	交通运输用地	水域用地	其他用地
2011	49.35	14.18	0.61	4.71	10.13	1.90	16.18	2.93
2020	51.20	13.56	3.25	5.96	12.19	2.30	15.65	2.65
2030	50.79	14.51	3.26	6.88	12.86	2.35	14.23	2.45
2040	50.11	13.20	3.77	8.23	13.45	2.81	13.25	2.32
2050	50.24	13.11	4.01	9.65	15.62	3.09	13.11	2.09

将预测数据代入原有 ArcGIS 底图中，将预测的土地利用覆被图像进行输出，可以得到 2020 年、2030 年、2040 年和 2050 年研究区土地利用变化图。

由表 5-7 及 2020 年、2030 年、2040 年和 2050 年研究区土地利用变化图可知，研究区耕地面积呈小幅度增加趋势，但林地及水域用地面积不断下降，其他用地面积也具有相同下降趋势。城市面积不断扩大，交通运输用地也随之扩大。人们对日常生活的要求逐步增加，导致风景点游赏用地面积的不断扩大和新的风景点游赏用地的开发，而多种用地的开发无非是对自然原有用地进行转化，从而满足人类自身要求。就该区域未来发展而言，人与环境之间的关系将成为该区域研究的重点，也是该区域发展的首要影响因素。

第 6 章　郑州沿黄旅游区土地利用格局演变

土地利用格局演变对于研究区的土地利用现状、未来发展趋势研究具有重要的指导意义，是推进土地利用可持续性的基础。旅游区土地利用变化受到内在制度动力与外在环境动力的双重作用，并在一定的地域空间过程中组合、集聚，且表现出综合、动态的经济和社会效应（王少华和梁留科，2015）。随着旅游业向现代服务业的转型，旅游产业的集聚效应日趋明显，带动区域用地和景观格局的快速演变（谢燕娜等，2013；刘少和和梁明珠，2015；Pielke et al.，2011）。

第 5 章研究了 2000～2014 年郑州沿黄旅游区土地利用变化特征，对未来研究区土地利用变化进行了预测，本章将研究进一步引向深入，重点探讨研究区内建成区的时空格局演化。本书以 ERDAS、ArcGIS 10.1 等软件为技术手段，在时间与空间维度上对郑州沿黄旅游区 2000～2014 年的土地利用时空格局演变进行量化分析，对研究区的土地扩张状态、趋势及发展可持续性进行模拟评价，为该区域的基础设施建设、土地合理利用、环境保护等方面做出一定的数据分析与科学建议，以推动郑州沿黄旅游区建设成为土地集约高效利用、绿色低碳的精品旅游地。

6.1　旅游区土地扩张在时间特征方面的分析

在研究郑州沿黄旅游区的土地利用变化时，主要从时间和空间上分析土地利用方式转变的数量、速度、强度、类型、位置等。本书运用 ERDAS、ArcGIS 10.1 软件，通过几何校正、波段组合、遥感解译及监督分类等步骤得到旅游区的土地利用类型图；根据旅游区的实际地形地貌特征将旅游区建设用地的土地利用类型分为风景点游赏用地、城镇建设用地、村庄用地、交通运输用地 4 类，并建立空间数据库，以此来分析 2000～2014 年旅游区用地扩张的特征。

6.1.1　建成区的面积变化

首先，从 ArcGIS 10.1 软件中统计出旅游区 2000 年、2008 年、2014 年 3 个时期的建成区面积，以及 2000～2008 年、2008～2014 年两个时段内建成区面积的增长量及增长率。结果见图 6-1～图 6-3。

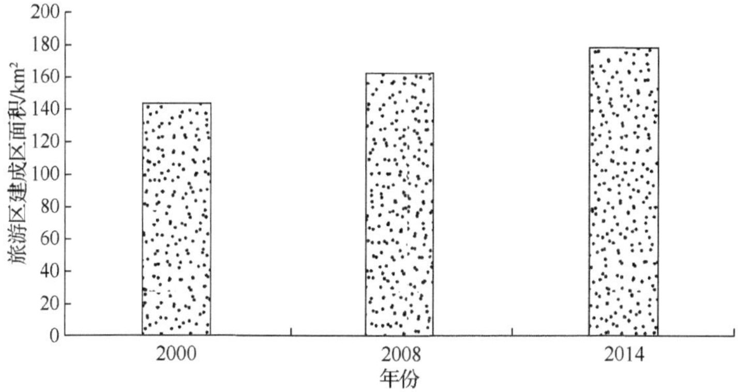

图 6-1　旅游区建成区 3 个时期的面积

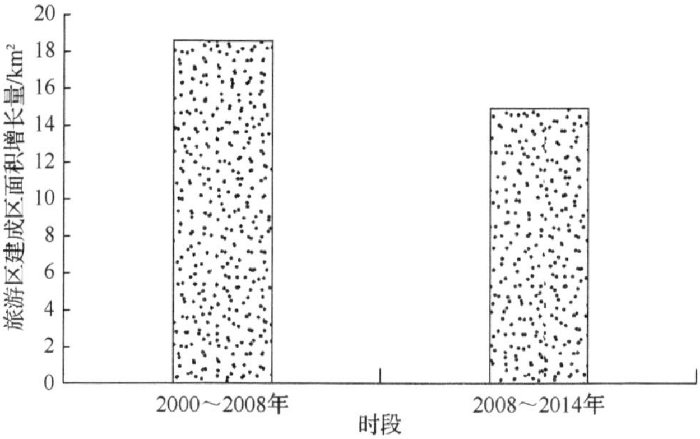

图 6-2　旅游区建成区两个时段的面积增长量

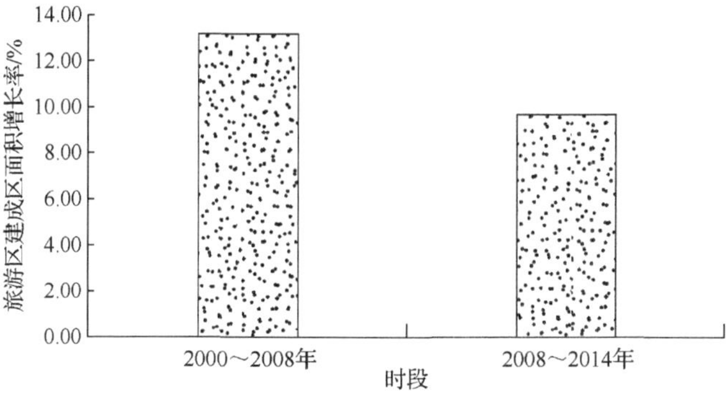

图 6-3　旅游区建成区两个时段的面积增长率

从图 6-1 和图 6-2 中可以看出，2000～2014 年，随着旅游区的开发及区域城镇化的发展，建成区的面积逐年增加，从 2000 年的 143.83km^2 增加到 2008 年的

162.81km^2，8 年间增加了 18.98km^2；2008～2014 年，建成区的面积由最初的 162.81km^2 增加到 178.61km^2，7 年间建成区的面积增加了 15.80km^2。由此看出，随着旅游业的快速发展，建成区的面积一直处于持续增加的状态。

从图 6-3 中可以看出，2000～2008 年的旅游区建成区面积增长率为 13.19%，而 2008～2014 年的旅游区建成区面积增长率为 9.70%，相对于 2000～2008 年，2008～2014 年的旅游区建成区面积增长率降低了 3.49%。

根据图 6-1～图 6-3 可以看出，自 2000 年旅游业进入快速发展时期以来，该旅游区也开始了蓬勃发展，随着旅游业的发展需要，旅游区建成区也随着旅游业的发展逐步扩大。2000～2008 年是旅游业发展的黄金时期，人民生活水平不断提高，旅游经济飞速发展，人们有了更多的闲暇时间去旅游观光，所以促进了旅游区的快速发展。2008～2014 年，尽管旅游业的发展依然迅猛，但是旅游区发展增速明显小于 2000～2008 年，这是由于后期国家政策的干预，更加强调生产空间的集约高效、生活空间的集约利用及生态空间的山清水秀，旅游区加大土地管理力度和加强生态环境整治，人地关系得到进一步的调整。尽管如此，旅游区建成区发展增速依然强劲，因而要协调好人地关系，促进旅游区土地利用的转型升级和可持续协调发展。

总之，由图 6-1～图 6-3 可以清楚地看出 2000～2014 年旅游发展过程中建成区的面积增加情况，也能进一步反映每个阶段旅游业的发展情况。

6.1.2 建成区的用地扩张特征

下面通过建成区的扩张速度、扩张强度等来研究旅游区建成区在时间序列上的用地扩张特征。

1. 建成区的扩张速度

速度的快慢是通过一定时间的数量变化来表现的，本书通过引用速度这个指数来从时间序列上定量分析旅游区建成区面积扩张的快慢情况。城市的扩张速度是指某空间单元在研究时期内建成区的年平均扩张面积（陈龙乾等，2004），其计算公式为

$$V = \frac{S_{ib} - S_{ia}}{T} \tag{6-1}$$

式中，V 为年扩张速度；S_{ib} 和 S_{ia} 分别为研究时间跨度内的末年和初年的城市用地面积，在本书中指建成区的面积；T 为所研究的时间跨度，一般以年为单位。

年均扩张速度大于 10km^2 的为高速扩张；年均扩张速度在 6～10km^2 的为快速扩张；年均扩张速度在 2～6km^2 的为中速扩张；年均扩张速度小于 2km^2 的为低速扩张（陈龙乾等，2004）。根据上述标准来判断旅游区建成区年扩张速度，结果见表 6-1。

表 6-1　旅游区建成区年扩张速度

时段	扩张面积/km²	扩张速度/（km²/a）	扩张类型
2000～2008 年	18.97	4.74	中速扩张
2008～2014 年	15.80	3.95	中速扩张

从表 6-1 中可以看出，2000～2008 年的旅游区建成区的扩张速度是 4.74km²/年，根据上述判定标准可知，这个阶段旅游区建成区的扩张速度处于中速扩张阶段；2008～2014 年，旅游区建成区的扩张速度是 3.95km²/年，比前期的增长速度有所下降，但是依然处于中速扩张的时期。

2. 建成区的扩张强度

建成区的扩张强度是指单位时间内土地面积变化的幅度，本书所用的建成区的扩张强度是反映城市建成区扩张变化的一个重要指标。通过比较分析城市建成区的扩张强度指数可以定量地比较建成区扩张的程度，可以分析比较不同时期内建成区扩张的强弱快慢（刘盛和等，2000），其计算公式为

$$\mathrm{UII}=\frac{U_{ib}-U_{ia}}{\mathrm{TLA}}\times\frac{1}{T}\times 100 \tag{6-2}$$

式中，UII（urbanization intensity index）为扩张强度；U_{ib} 和 U_{ia} 分别为研究时间跨度内末年和初年的城镇建设用地的占地面积，在本书中指建成区的面积；TLA 为研究区的总面积，在本书中指旅游区的总面积；T 为研究时段，通常以年为单位。

本书引入 UII 划分标准（刘盛和和吴传钧，2000），在强度上对城市扩张进行分析，即扩张强度指数大于 1.92 的为高速扩张型；扩张强度指数在 1.05～1.92 的为快速扩张型；扩张强度指数在 0.59～1.05 的为中速扩张型；扩张强度指数在 0.28～0.59 的为低速扩张型；扩张强度指数在 0～0.28 的为缓慢扩张型。借助 UII 划分标准（刘盛和等，2000）可以从扩张强度上再次分析两个时段旅游区建成区的扩张情况，结果见表 6-2。

表 6-2　旅游区建成区年扩张强度

时段	扩张面积/km²	扩张速度强度指数	扩张类型
2000～2008 年	18.97	0.46	低速扩张
2008～2014 年	15.80	0.38	低速扩张

因引入的是城市建成区的扩张强度指数模型，而研究区是旅游区，所以研究结果对比度不够鲜明，但也能够说明问题。从扩张强度可以看出，两个时期旅游区的扩张强度均处于低速扩张阶段，但是 2000～2008 年的扩张强度大于 2008～2014 年的扩张强度，这说明旅游区建成区前期的扩张强度要大于后期。

6.1.3 建成区的年动态变化率分析

采用土地利用动态率来反映所研究区域的土地利用变化，其计算公式（王秀兰和包玉海，1999）为

$$K=\frac{U_{ib}-U_{ia}}{U_{ia}}\times\frac{1}{T}\times100\% \tag{6-3}$$

式中，K为研究时段内研究区域的土地利用类型的动态度，其一般含义是指城市用地的某种类型的年变化率，在本书中指建成区的年动态变化率；U_{ib}和U_{ia}分别为研究的末期和初期建成区的面积；T为研究时段，单位通常为年。

根据式（6-3）可以算出2000～2008年、2008～2014年两个时段建成区的年动态变化情况。动态变化率的判断标准为：动态变化率>20%的为高速扩张型；动态变化率在14%～20%的为快速扩张型；动态变化率在8%～14%的为中速扩张型；动态变化率小于8%的为缓慢扩张型（王丽萍等，2005）。旅游区建成区年动态变化情况见表6-3。

表6-3 旅游区建成区年动态变化情况

时段	扩张面积/km²	动态变化率/%	扩张类型
2000～2008年	18.97	3.30	缓慢扩张
2008～2014年	15.80	2.43	缓慢扩张

从表6-3中可以看出，旅游区建成区的动态变化率处于比较低的状态，整体呈现逐渐降低的趋势。根据评判标准判断出旅游区建成区扩张属于缓慢扩张型（王丽萍等，2005），这与该旅游区的地理位置、经济、社会文化、卫生条件及生态环境有关。

6.2 旅游区土地扩张在空间特征方面的分析

从沿黄旅游区土地利用的时空分异和空间格局变化来看，可以分为三个时段，分别是2000年以前、2000～2008年、2008～2014年。2000年以前沿黄旅游区内建成区的大部分沿河呈条带状扩展分布，主要集中于中部及中东部偏南地区，由河岸向城市中心区呈稀疏到渐密集分布格局。2000～2008年，沿黄旅游区内建成区扩张模式主要是根据原有的建成区向外延伸了一部分，沿黄河南边的建成区向中部以及东部方向有所扩张，扩张部分主要集中于郑州市城市北部边缘和中牟县沿黄地区，西部地带也略有增加。2008～2014年，沿黄旅游区内建成区进一步扩张，主要在中部和东部集聚，西边巩义一带也有增加，建成区呈现中部密集、两

端稀疏的分布格局，中部（沿郑州市中心区北部）建成区密度较高，城镇化加剧。从时段看，2000～2008 年沿黄旅游区内建成区的增加额度比 2008～2014 年的增加额度要明显，主要是向内部聚集。在这十四年间，建成区并不是一味地向外扩张，而是兼顾了重点方向的扩张和建成区内部的填充两个部分，零星地沿河向北发展，对建成区内部进行填充。具体情况分析如下。

6.2.1　象限方位分析

通过表 6-1～表 6-3 可以得知建成区的面积，以及 2000～2008 年和 2008～2014 年建成区的扩张面积，这只是从总体上对建成区面积及增长量有所了解。建成区是旅游区城镇化的主要部分，在具体分析建成区的扩张时为体现旅游区城镇化的一些特征和方向，本部分将更进一步地研究建成区的扩张情况，把建成区的增加量分化到各方位，从各方位全面地对建成区的增加进行比较分析，反映建成区在空间上的不同方位的扩张差异和特征。具体做法是用雷达分析法及数学上的象限方位分析法，对建成区的扩张进行分析。

基于 ArcGIS 10.1 软件的支持，以建成区的几何中心为圆心建立正东、正南、正西、正北、东北、东南、西北、西南 8 个方位的方位图。然后统计出每个方位中的建成区面积，具体数据见表 6-4。

表 6-4　旅游区建成区八方位数据（2000～2014 年）

象限方位	2000 年		2008 年		2014 年	
	面积/km²	比例/%	面积/km²	比例/%	面积/km²	比例/%
正北	15.76	11.0	16.51	10.1	17.82	10.0
东北	12.55	8.7	14.16	8.7	16.37	9.2
正东	32.23	22.4	35.24	21.6	36.58	20.5
东南	17.65	12.3	23.63	14.5	25.25	14.1
正南	8.89	6.2	10.35	6.4	11.68	6.5
西南	26.57	18.5	28.46	17.5	30.72	17.2
正西	12.73	8.9	14.59	9.0	17.63	9.9
西北	17.45	12.1	19.87	12.2	22.56	12.6

6.2.2　重心转移分析

通过表 6-4 所示建成区在 8 个方位上的主要分布，以及它们分别占建成区总面积的比例，可以看出：

1）在 2000 年，旅游区建成区的总面积为 143.83km²，在其正东方位的建成区占整个建成区的比例最大，达到 22.4%，其面积达到 32.23km²；其次是偏西的西南方位，其建成区所占比例也不小，达到 18.5%，在西南方位的建成区面积为

26.57km²；再次是正北、东南、西北这 3 个方位的建成区，它们占整个建成区的比例都在 10%以上；正西、正南、东北这 3 个方位的建成区比例均小于 10%，而建成区在正南方位的分布最少，仅占 6.2%，面积仅有 8.89km²。

2）到 2008 年，旅游区建成区的面积增加至 162.81km²，其正东方位的建成区面积占整个建成区的比例仍是 8 个方位中最大的，具体面积比 2000 年增加 3.01km²，但所占的比例较 2000 年有所下降，降至 21.6%；其次所占比例较大的仍是西南地区，面积较 2000 年仅增加 1.89km²即为 28.46km²，其所占建成区的比例下降为 17.5%；在 2000 年比例超过 10%左右的 4 个方位面积也有不同程度的增加，但是正北和西南方位的建成区比例较 2000 年有所下降，在 8 个方位里面，仅东南、正南、西北这 3 个方位的建成区比例有所上升，除东北方位与 2000 年建成区比例持平外，其他的建成区比例均下降，虽然比例最小的还是处于正南方位的建成区，但是相较于 2000 年，正南方位的建成区比例是上升的，达到 6.4%。

3）到 2014 年，旅游区建成区的总面积增加至 178.61km²，虽然正东方位仍是建成区面积最多的方位，达 36.58km²，但是其比例持续下降，已由 2000 年的 22.4%、2008 年的 21.6%降至 20.5%；西南方位的建成区仍是除了正东方位比较大的，但比较 2000 年西南方位的建成区面积所占比例，2014 年的面积所占比例有所减小，仅占 17.2%；正北、东南、西南、西北 4 个方位的建成区所占比例均不低于 10%，虽然建成区面积均有所上升，但所占的比例有升有降，其中东南方位比较特殊，在 2008 年，其建成区面积所占比例处于上升状态，而到了 2014 年，其建成区面积所占比例却有所下降，降至 14.1%；正北、正东和西南方位建成区所占比例持续下降，而正南、正西和西北方位所占比例持续上升。根据所得数据制作出雷达图以便于更清晰地进行观察分析，建成区在 8 个方位的面积（单位：km^2）分布雷达图见图 6-4～图 6-6。

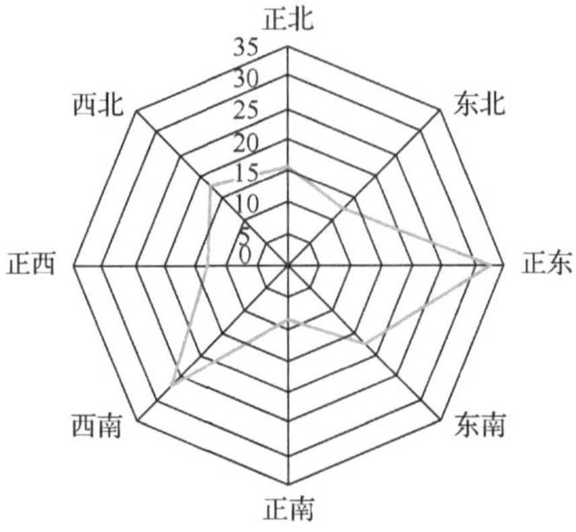

图 6-4　2000 年建成区面积分布雷达图

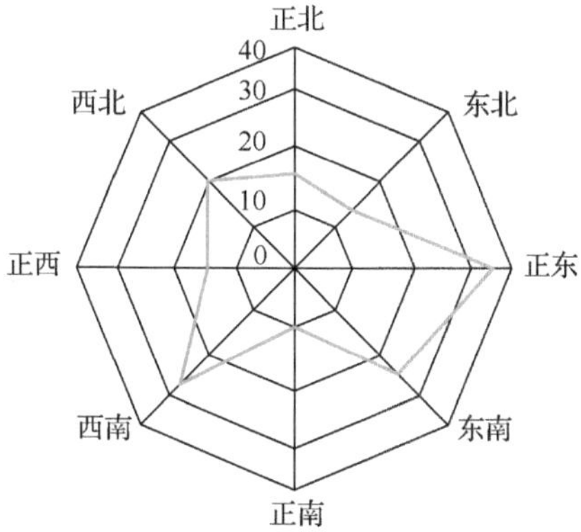

图 6-5　2008 年建成区面积分布雷达图

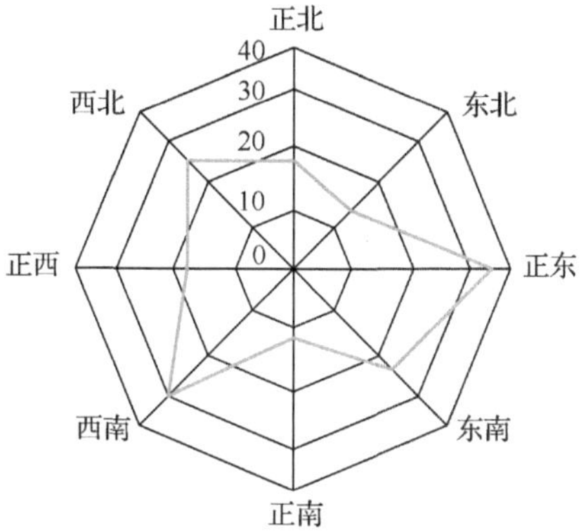

图 6-6　2014 年建成区面积分布雷达图

从图6-4～图6-6中可以看出，旅游区建成区主要分布于旅游区的偏东部地区，在 3 个时段的建成区扩张中各个方位的面积均有所增加，但是增加幅度差异很明显，建成区方位面积呈东部>西南>东南>西北>正北>正西>东北>正南分异。建成区主要分布于旅游区的东部、西南部及东南部，这主要是由旅游区的资源分布、规划设计和内部城镇化的方向所决定的，旅游区内诸多大型游乐场所、旅馆、餐馆等在东部和西南、东南聚集，当地居民生活空间也在该区域集中分布，这些旅游产业聚集的地方一般发展相对较快，所以游客流量比较大，相对应的一系列配套设施也会随之跟上，加之郑州北部城镇化扩张也向该区域挺进，进而会扩张得较快，所以旅游区东部几个方位的建成区面积相对较大。因为北部濒临黄河，受国家政策和生态环境的限制，除保留风景点游赏用地外，其他设施不允许建设，所以北部建成区的土地扩张相对较慢。

在 2000～2014 前后的两个时段内，郑州沿黄旅游区每个方位的具体变化量对比见表 6-5。

表 6-5　两个时段（2000～2008 年、2008～2014 年）建成区在 8 个方位的扩张变化对比

象限方位	2000～2008 年		2008～2014 年	
	扩张面积/km²	扩张强度	扩张面积/km²	扩张强度
正北	0.75	0.018	1.31	0.032
东北	1.61	0.039	2.21	0.054
正东	3.01	0.073	1.34	0.032
东南	5.98	0.145	1.62	0.039
正南	1.46	0.035	1.33	0.032
西南	1.89	0.046	2.26	0.055
正西	1.86	0.045	3.04	0.073
西北	2.42	0.058	2.69	0.065

为了更加清晰地对两个时段每个方位的扩张变化进行对比，通过表 6-5 中的数据做出两个时段建成区在每个方位的面积（单位：km^2）变化雷达图（图 6-7 和图 6-8）。

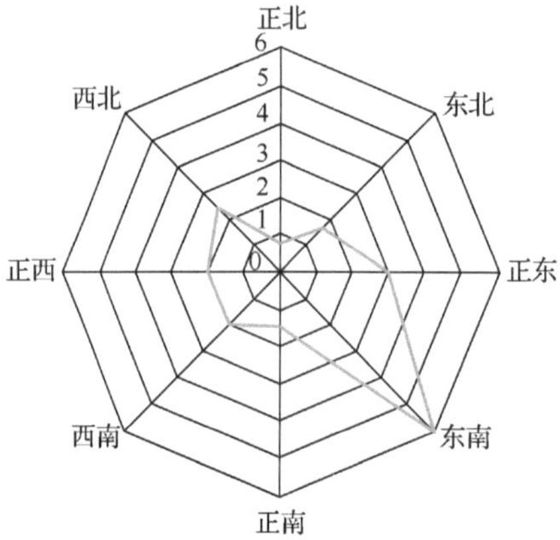

图 6-7　2000～2008 年新增建成区面积分布图

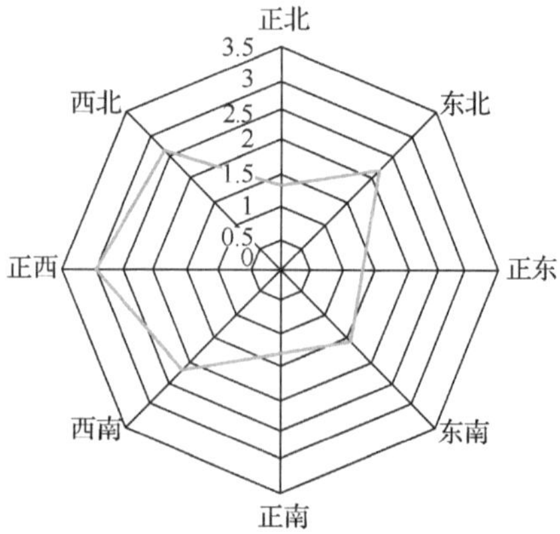

图 6-8　2008～2014 年新增建成区面积分布图

从两个时段的新增建成区面积分布图可以看出，2000～2008 年建成区主要往东部、东南方向扩张，扩张强度也最大，主要是旅游业发展带动旅游区东部及东南部开发力度加大，大量耕地被占用。2008～2014 年，各方位的扩张面积不大，相对比较均衡，主要往正西和西北方向扩张，扩张面积均小于 $3km^2$，扩张强度也是正西和西北最大；这一时段，正东方向加大生态整治，开挖了许多河流和湖泊，同时东部已开发密度较高，发展空间有限，因而建成区向西和西北方向扩展。

6.2.3 原因分析

1. 实地访谈[①]

（1）旅游管理部门访谈

郑州沿黄旅游区是在郑州黄河风景名胜区的基础上逐步发展起来的，过去经济落后，因此本地旅游业发展缓慢，不成气候。20 世纪 90 年代末至 21 世纪初，伴随着我国旅游经济的快速发展，该地区逐渐成为郑州的旅游热点。刚开始，该地区基本上是自发状态，政府没有进行过多的规划设计和引导，而且为吸引投资，政府在土地、税收等政策方面给予很多优惠，用一种包容的态度让企业和附近村民积极开发，激发了投资者自主开发的能力和热情。可以说这一时期沿黄旅游区进入大开发的快车道，农家乐、渔家乐、黄河民宿、休闲农庄、温泉度假区、生态园、高尔夫球场、滑雪滑草场等都建了起来，旅游产业的集聚使外来游客迅速增多。但是，政府层面的宽容也使旅游区内产生了各种问题。旅游区的快速建设使许多耕地或明或暗地被转移为建设用地，旅游地产升温，土地旅游化和非农化现象严重，区域水域面积大幅下降，局部地区生态环境堪忧。因此，在 2008 年前后，政府及时纠偏，进行统一旅游规划，加大监管力度，实施旅游城镇化战略，优化旅游区布局与功能，促进其可持续发展。目前，郑州沿黄旅游区已纳入郑州市统一规划。黄河风景区管理委员会是负责黄河公园规划区管理与统一协调的行政机构，在用地管理上，严格保护本区域所确定的耕地、农田水利用地等农用地，限制农用地转为建设用地，控制建设用地总量。

（2）当地村干部访谈

在 2000 年以前，我们村只有少量外来游客（到黄河边游玩），老百姓生活以农耕为主，仅有少数人搞点副业，为游客带路、卖吃的等，家里的主要生计还是依靠土地。后来，外来的开发商多起来，大多投资生态园、农庄、娱乐设施等，也有建宾馆的，村里的耕地越来越少，坑塘许多也被填起来开发了，现在我们的耕地不多了。有的景区围起来了，但是没有建设；有些景区建了一半，一些村民就在里面种庄稼。现在郑州市正在建设新型城镇，据说我们村将来也要搬走，和邻近村合并建旅游社区。

（3）旅游企业访谈

我们企业是在 2001 年投资兴建的，次年开门营业。当时当地政府非常鼓励支持我们到这里进行投资，土地先是租用，后经政府协调转为旅游用地。当时这里好多旅游项目都是这样操作的。今天看，我们当时这个投资是对了，仅土地的升值就翻了几番。现在，在这里拿地很难，国家控制得很严格。其实，我认为在这

① 根据访谈录音整理。

里搞旅游开发很好，经济效益、社会效益都有了。说到生态效应，根据我们的了解，除个别景区、局部地区可能生态状况不太好以外，整体上旅游区的环境和过去相比还是优化了一些。但是这里的土地真的已成为稀缺资源。

（4）游客访谈

郑州沿黄旅游区近些年变化很大。十几年前来过，没多少人，路不太好，更没现在宽，景点不多，主要是黄河风景名胜区、黄河大观等，配套设施也没现在齐全。现在旅游区开发很像样了，交通很方便，净化绿化得不错，可看可玩的很多，而且也有中原特色，旅游产业链延伸了很多，还涌现出了一些新的旅游业态，旅游配套基础设施已今非昔比，路上看到好多村落正在拆建，建设力度很大呀。我感觉这里已经成了郑州市的后花园。

2. 原因分析

作者通过实地观察、调研与访谈得知，在2000～2014年旅游区建设中，2000～2008年旅游区的发展主要得益于国家旅游业的快速升温和旅游市场需求的拉动，致使旅游区迎来一个开发的高潮。交通基础条件的完善、风景点的打造、旅游宾馆酒店等商业服务设施的跟进、当地居民生活空间的整合，使得旅游区土地利用变化加剧，建成区用地迅速扩张。另外，旅游业的快速发展给旅游地也带来了许多负面影响。①旅游区的大规模开发主要是占用自然资源用地，如耕地、林地、水域用地等。随意的旅游开发和不合理的土地利用方式，使得旅游区局部生态环境遭到破坏，生物多样性减少。②粗放式旅游经济增长模式造成旅游用地浪费突出，空间生产不集约，有“土地换发展”的迹象。③以一味侵占农林地和居民居住空间而换取旅游经济的发展，呈现旅游用地递增、耕地面积缩减和宅基地流转为特征的土地非农化倾向。④“挂羊头卖狗肉”，在用地中拿“旅游”当借口和护身符，实际在买地炒地，旅游地产开发过热，区域内“圈而不用”现象较多。⑤旅游区商业化、城镇化现象突出，影响到旅游区的土地生态安全。鉴于以上问题，从2008年以后，国家提出建设生态文明，出台了旅游业转型发展政策，当地政府加大旅游区生态环境保护，进行积极的土地利用整治，大力推进新型城镇化战略，使旅游区的用地开发由过去的粗放冒进型转向集约效益型。因而，在2010～2014年5年的发展中，郑州沿黄旅游区的建成区土地扩张速度相对减缓，其发展方向也在原有的基础上进行转移。

6.2.4　城市紧凑度分析

城市的紧凑度是指城市在空间上的集中程度（方创琳等，2008）。本书以城市紧凑度来分析郑州沿黄旅游区建成区的变化。城市紧凑度的研究比较学术化，主要集中在指标或者指标体系的构建方面。例如，赵景柱等（2011）、韦亚平等（2008）分别以城市形态与等积圆形态的比较值和土地利用综合绩效为指标测度城市紧凑程度。马丽和金凤君（2011）、王德利（2013）构建了城市紧凑度综合测度指标体系，并对 120 个地级市和北京市的紧凑度进行了评价。本书根据研究区域的实际情况选取建成区外围轮廓的紧凑度作为城市扩张空间形态的一个重要指标。形态紧凑度的计算公式（De Roo，2000；Camagni et al.，2002）为

$$C = 2\frac{\sqrt{\pi A}}{P} \tag{6-4}$$

式中，C 为城市紧凑度；A 为城市的面积；P 为城市的轮廓周长。

利用式（6-4）得到 2000 年、2008 年、2014 年的郑州沿黄旅游区建成区在不同时期的紧凑度，见表 6-6。

表 6-6　郑州沿黄旅游区建成区不同时期的紧凑度

年份	周长/m	面积/m^2	紧凑度/%
2000	1 529 843	143 833 579	0.027 8
2008	1 372 631	162 808 521	0.032 9
2014	1 312 692	178 605 756	0.036 1

由表 6-6 得出，2000～2014 年，郑州沿黄旅游区建成区的空间紧凑度逐渐提高。紧凑度的提高有利于提高土地的集约利用和空间资源的优化配置，同时也反映出 15 年来旅游区不断被开发和建设的深刻社会变迁。

6.3　旅游区各地类的总体变化特征分析

通过对郑州沿黄旅游区建成区在时间、空间上的扩张特征及旅游区扩张类型进行分析可知，2000～2014 年旅游区建成区持续扩张，建成区面积不断增加，而在建成区扩张的过程中会导致各地类土地面积的变化。本部分根据第 4 章对遥感影像的处理分析所获得的 2000 年、2008 年、2014 年的土地利用图对郑州沿黄旅游区的各土地利用类型进行总体分析，来说明该研究区 2000～2014 年土地综合利用的动态变化情况。在 ArcGIS 10.1 软件中，利用其空间统计分析功能对 3 个时期的土地利用类型图进行分析研究，并提取该区域 3 个时期的土地利用类型数据（表 6-7）。

表 6-7　郑州沿黄旅游区土地利用面积变化情况（2000～2014 年）　单位：km^2

土地利用类型	2000 年	2008 年	2014 年
建设用地	143.83	162.81	178.61
耕地	516.54	476.06	507.76
林地	94.00	152.88	145.95

续表

土地利用类型	2000 年	2008 年	2014 年
水域用地	208.54	199.30	166.49
其他用地	66.31	27.06	30.17
总计	1029.22	1018.11	1028.96

由于受遥感图的解译裁剪过程中包含的一些主观因素的影响，表 6-7 中总面积有所误差。本书把郑州沿黄旅游区总面积统一为 1029km^2。

从表 6-7 中可以看出，2000～2014 年，研究区的土地利用格局基本保持稳定，但各土地利用类型的面积发生显著变化，具体变化如下。

1）郑州沿黄旅游区的建设用地面积不断增加。郑州沿黄旅游区建设用地的变化较为显著，从 2000 年的 143.83km^2 增加到 2008 年的 162.81km^2，到 2014 年增加稍微减缓，建设用地的面积增加到 178.61km^2，占研究区总面积的比例分别为 13.98%、15.82%、17.36%，所占比例是逐渐增加的。2000～2008 年，建设用地面积增加了 18.98km^2，2008 年到 2014 年增加 15.80km^2，在 15 年间郑州沿黄旅游区建设用地的总面积共增加了 34.78km^2。由上述分析可以看出，该区域的建设用地面积增加还是很明显的，15 年间处于持续增加状态。

2）郑州沿黄旅游区的耕地面积总量减少。郑州沿黄旅游区的耕地面积在 2000 年、2008 年、2014 年分别为 516.54km^2、476.06km^2、507.76km^2，占研究区总面积的比例分别为 50.20%、46.26%、49.34%。由上述分析可以看出，2000～2014 年该旅游区的耕地面积处于减少的状态：2000～2008 年的发展比较迅猛，大量耕地被占用；而在 2008～2014 年的发展中，由于耕地保护和开垦土地，耕地面积有所增加，但仍低于 2000 年时的耕地面积。由此看出，耕地保护面临的问题依然严峻，在今后的发展中应加大保护力度。

3）郑州沿黄旅游区林地面积先增后减。2000～2014 年，研究区的林地面积变化较大，2000～2008 年的林地面积变化比较明显，所占研究区总面积的比例在这一时期也是增加的，由 9.14%增加到 15.02%。2008～2014 年的林地面积稍有减少，所占比例降至 14.18%。城市生态系统中林地是不可缺少的，因其具有防风固沙、改善城市环境的重要作用，所以近些年林地面积的增加也是比较明显的。这说明 2000 年以来，该旅游地重视林地面积的保护，尽管 2008～2014 年林地面积稍有减少，但是减少幅度不是很明显，所以，在旅游设施建设扩张的同时应注意不破坏旅游地原有的生态系统。

4）郑州沿黄旅游区的水域用地面积大幅度缩减。2000 年、2008 年、2014 年研究区的水域用地面积分别为 208.54km^2、199.30km^2、166.49km^2，到 2014 年水域用地面积占总面积的比例由 2000 年的 20.27%降至 16.18%。2000～2014 年，水域用地面积是持续减少的，尽管开挖了一些河湖，但是北部大部分水域被耕地、林地等占用，因而水域用地面积持续减少，尤其在 2008～2014 年减少了 32.81km^2，这说明该旅游区的水域用地面积变化比较大。

5）郑州沿黄旅游区其他用地面积持续减少。2000 年、2008 年、2014 年，沿黄旅游区的其他用地面积虽然占总面积的比例较少，分别为 6.44%、2.63%、2.93%，尤其在 2000～2008 年其他用地的面积减少得非常明显，由 2000 年的 66.31km^2 减少到 2008 年的 27.06km^2，减少了 39.25km^2，但是转化为林地、耕地及建设用地的强度比较大。

第 7 章　郑州沿黄旅游区土地利用变化机理

驱动力在不同时间和空间尺度上是不同的，土地利用/覆被变化驱动力和驱动机制的研究旨在揭示土地利用/覆被变化的原因、机制、过程和预测土地利用/覆被变化的方向和后果，在制定相应的对策中至关重要（于开芹，2009）。伴随着城镇化进程的加快和城镇人口的激增，人多地少的矛盾将更加突出，耕地保护与建设用地扩张之间的矛盾也将更加尖锐（王海鸿等，2008；吕可文等，2012）。因此，分析土地利用变化的特点和规律，探寻土地利用变化的驱动力和驱动机制成为众多学者关注的焦点（鲍丽萍和王景岗，2009；陈春和冯长春，2010；陆汝成等，2009）。现有研究表明，土地利用变化是地形、区位、交通等内在适应性因素和经济、政策等外在驱动因素共同作用的结果（陈佑启和唐华俊，1998；何春阳等，2002；孟飞等，2006）。归纳起来，引起区域土地利用变化的驱动因子可归为两大类：①自然条件（地形、地貌等），作为土地利用分布的生态环境基础，在某种程度上制约着土地利用及其变化基本模式；社会经济技术条件（人口、经济发展、政策与体制、历史传统等）和人类活动，被认为是土地利用时空变化的决定性因素。土地覆盖/土地利用演化过程正是受到上述各种经济和自然生态因子共同相互作用和相互影响，因而呈现不同时间规律和空间分异特征。

当前，对沿黄旅游区土地利用/覆被变化驱动力和机制方面的研究不多，缺乏对不同时空尺度土地利用变化驱动力的综合认识。沿黄旅游区土地利用变化特征及格局演变的研究表明，2000～2014 年研究区人地关系作用强烈，土地利用格局发生了较大变化。是什么导致研究区土地利用格局发生变化？产生这种变化背后的推手和机理是什么？这需要进一步厘清。因此，对沿黄旅游区土地利用变化驱动力的分析和研究也就顺理成章，分析该研究区的驱动力对制定科学合理的土地利用规划、打造知名精品旅游区、促进沿黄旅游区健康与可持续发展具有重大意义。

7.1　土地利用变化驱动力定量分析

7.1.1　驱动力分析模型研究

1. 回归分析模型构建

回归分析模型可分为线性回归分析模型及非线性回归分析模型，其可以确定两个甚至多个变量之间的线性关系或非线性关系。自变量及因变量的选取是回归分析的关键点之一，只有选取正确的对应关系，才能更好地解决现实问题。本书以系统科学为主要的指导思想和指导方针，以系统的科学思想对各个指标进行分类并对驱动力进行汇总（玉苏普江·艾麦提和阿里木江·卡斯木，2013）。在此基础上，利用偏相关分析、聚类分析和改进的熵权法确定驱动力和各个指标对象之间的相对重要性，在指标层中筛选出对目标值具有较大影响力的指标，将影响较小的冗余指标剔除，在优胜劣汰的基础上汇总所筛选出的驱动力指标，进而建立指标层，从而对研究区土地利用变化驱动力进行研究。

将少部分冗余的指标剔除，并不代表剔除某一类指标。余下指标仍必须能够对目标值进行全面的综合的反映，而不是单一的片面的描述。所遴选的指标可以分别在社会经济和自然环境两个方面对所选指标进行定量描述。深入来看，社会经济和自然环境两个方面之间存在着一定的相关性。在分析郑州沿黄旅游区用地变化驱动力时，由于早些年数据的缺失或不准确性，本书选用 2000～2014 年的数据，共选 16 个指标构成指标层，并围绕目标值展开分析。

本书仅用 2000～2014 年的数据，指标层却由 16 个指标构成，样本点少于样本数量，因此不适合运用多元线性回归分析。虽然多元线性回归分析可以直接便利地分析出因变量与自变量之间的相互关系，但自变量之间存在着多重共线性，多重共线性的存在会极大地影响回归分析的预测结果，因此不适用于本书的回归模拟。作者在参阅很多文献的过程中，发现大多选择逐步回归分析法对自变量和因变量进行分析。逐步回归分析法的基本思路是将指标层的每一个指标都分别代入模型之中，每引入一个自变量之后都要对其进行 F 检验和 T 检验，如果当前引入的自变量由于后引入的变量而变得不再显著，则将后引入的指标删除。按照该次序，逐步将指标层的各个指标代入，从而消除由于多元回归分析所产生的多重共线性，获得较为完善并可以更好地对目标值进行模型模拟的指标层。该方法消除了多元回归分析中多重共线性对模型模拟的影响，可以在运行过程中获得较好的模拟结果。

当数据类型和结果较为合适时，研究人员除了运用回归模型分析的方法之外，又运用了人工神经网络及逻辑回归分析来对土地变化驱动力进行分析，从而增加模型模拟的可信度。但人工神经网络及逻辑回归分析需要的指标层样本量非常大，该方法又涉及训练样本和学习样本及检验样本，因此就需要利用栅格化的数据来进行分析。尽管栅格数据可以在极大的样本量和非线性关系的表述中占有相对优势，但其对数据类型的要求比较高，而且要求数据格式必须为栅格数据格式而非其他格式。但大多是地表线性和面状斑块可以进行数据图的栅格化，而那些不具有栅格转化基础的数据（如政策、技术等）则无法转化为栅格化的数据。也就是说，即使该类数据能用某些办法转化为栅格数据，但其精度相对正常情况来说也较低，而且结果也不可信，所以空间栅格化的分析方法在指标层中存在某些非空间数据时并不适用。在此基础上，自变量间的多重共线性也会影响分析结果的准确程度和可信程度。

就本书而言，样本量较少时，回归分析不足以准确说明样本间的相关关系，因而研究人员多采用由邓聚龙教授（1982）提出的灰色系统理论和灰色关联分析对样本数据进行分析。所谓灰色，即在研究人员对所研究内容过程并不熟知的情况下对所研究内容进行分析。虽然当样本不足时可以运用灰色模型对样本数据进行模拟分析，但样本不足的本质却无法通过灰色模型而改变。灰色关联分析在根据样本间的发展趋势的基础上，以样本间发展趋势的近似程度来反映两个变量的相关性。若两个变量间的变化趋势越相似，则两个变量的相关程度（关联程度）越高；反之，若两个变量的变化趋势差距越悬殊，则两个变量的关联程度越低。灰色关联分析法实质上是一种一元的线性回归分析方法，一元线性回归分析方法不仅可以反映自变量和因变量的直接的正相关关系，也可以反映二者的负相关关系。但就邓氏灰色关联分析而言，却无法反映负的相关关系，也无法建立自变量与因变量间相关关系的数学表达式，仅仅可以将输出指标进行排序，从而获得半定量化的排序结果。虽然在邓氏分析方法的基础上经过几次的模型改造，但该问题仍然存在。

在样本数量较少的情况下，上述方法都不能很好地满足研究分析的需要，作者在参阅众多文献后发现，大多数国内外学者在样本数量较少的情况下会选择PLS（partial least squares，偏最小二乘法）模型对样本值进行模拟，该方法融合了多元线性回归分析、典型相关分析和主成分分析的方法，较传统的回归分析方法而言，其最大的优点就是可以在多重共线性和在样本点个数少于变量个数的条件下，对样本数据进行回归分析并建立数学模型。PLS 模型由王惠文教授于 20 世纪 90 年代引入中国，并一直广泛地应用于回归建模分析领域，在自然科学、经济科学、社会科学、人文科学等多方面具有较好的应用成果。但就土地利用变化而言，该模型的应用较少，成果较为缺乏。在研究土地利用变化驱动力的分析过程中，驱动力一般选取经济社会发展的因素较多，而恰恰这些因素都基于人文因素，因此，这几类样本数据在进行多元回归分析的过程中会产生严重的多重共线性，且在不同时期的土地利用变化中会呈现出不同的特点，而分段分析会使样本数据大量减少，但 PLS 模型就非常适合处理该类数据，因此，本书将 PLS 模型运用于郑州沿黄旅游区用地变化的驱动力分析中。

2. 政策驱动力模型构建

在我国，土地利用变化受自然环境和经济社会两个方面共同影响，但就主要方面而言，土地利用变化更受经济社会发展的影响。在经济社会的发展过程中，国家和地区的政策可以对一个地区的土地利用起到导向作用，该导向作用会使某个地区的土地利用在短时间内发生大幅度和深层次的变化。但在以往的土地利用变化研究过程中，研究人员很少将政策因素考虑到土地利用变化的样本层中，其原因主要是政策指标在空间上无法进行表达，而且在数学模型中难以数据化。但是作者参阅大量的文献发现，某些政策类驱动力可以分为两种类型，即限定数量型驱动力和无数量型驱动力。限定数量型驱动力是指模型强制性政策在一般情况下不起作用，但某些特殊情况一旦发生，则强制发生。限定数量型驱动力一般规定某一限制值，当目标值达到某一限制值时，则触发政策强制执行，该种政策类型可将其分别虚拟为 0、1，即执行和未执行。限定数量型政策包括国家 18 亿亩的耕地红线、某地区绿化面积最低值等。无数量型驱动力一般是没有数量规定的，它仅仅用语言文字对政策进行描述，虽然该种类型的政策没有在数量上直接对土地利用变化造成影响，但通过影响其他相关因素间接地对土地利用方式造成影响，对该种因子只能进行定性的分析，可以简化为某种政策因子对土地的施加影响，以期描述其对土地利用的影响。

在模型建立过程中不考虑政策对土地利用变化的作用时，模型应建立为

$$y = f(x_1, x_2, \cdots, x_n) \tag{7-1}$$

该模型的函数形式依据所分析的驱动力的方法和过程的不同而不同，若利用多元线性回归分析和 PLS 模型分析方法，则建立的是线性关系，其函数形式为

$$y = a_x x_1 + a_2 x_2 + a_3 x_3 + \cdots + a_n x_n \tag{7-2}$$

若分析方法使用的是逻辑回归分析模型（Logistic），则建立的是概率型的非线性关系，其函数形式为

$$p = \frac{e^{a_1 x_1 + a_2 x_2 + \cdots + a_n x_n}}{1 + e^{a_1 x_1 + a_2 x_2 + \cdots + a_n x_n}} \tag{7-3}$$

对于利用其他非线性分析模型进行分析的，建立的驱动力模型的函数形式则为相应的非线性函数。

对于限定下限类政策，设为 $\overline{x}_0$。例如，对于耕地保护政策，其中最重要的变量就是耕地保有量，设为 A。假设该政策能够被严格执行，则当耕地面积少于 A 时，该政策才会发生作用，并会把耕地面积严格控制在大于等于 A 的水平，大于 A 的程度（设为 $\overline{\delta}$）要依据政策执行的强制性程度，此时可设 $\overline{x}_0 = 1$；当耕地面积大于等于 A 时，则该政策不会发生作用，此时可设 $\overline{x}_0 = 0$。则当加入限定下限类政策驱动力指标 x_0 时，驱动力模型为

$$y = \begin{cases} f(x_1, x_2, \cdots, x_n), & \overline{x}_0 = 0 \\ A + \overline{\delta}, & \overline{x}_0 = 1 \end{cases} \tag{7-4}$$

对于限定上限类政策，设为 $\overline{x}_0$。例如，对于城市发展限制类政策，其中比较重要的变量是限定建设用地供应量，设为 B。假设该政策能够被严格执行，则当建设用地量不足 B 时，该政策不会发生作用，此时设 $\overline{x}_0$=0，驱动力模型为没有考虑政策类驱动力时的函数形式；当建设用地量超过 B 时，则该政策会把建设用地严格控制在小于等于 B 的水平，小于 B 的程度（设为 $\overline{\delta}$）要基于政策执行的强制

性程度，此时设 $\overline{x}_0 = 1$。则当加入限定上限类政策驱动力指标 $\overline{x}_0$ 时，驱动力模型为

$$y=\begin{cases} f(x_1,x_2,\cdots,x_n), & \overline{x}_0=0 \\ B-\overline{\delta}, & \overline{x}_0=1 \end{cases} \tag{7-5}$$

对于政策驱动力的第二种类型，即无数量型驱动力，虽然该类驱动力没有明确的数值，无法定量化地加入数学模型，但是在模型建模过程中，可以加入政策类因子对模型施加影响。若设某类无数量政策驱动力因子为 a，当限定数量型政策驱动力不发生作用时，政府为了追求一些经济利益，会在耕地红线的基础上对耕地进行开发利用，此种开发利用不碰触耕地的最低下限值，即在不打破耕地红线的基础上对耕地做一系列开发。对于风景点游赏用地，此类情况则尤为明显。当某地区风景点游赏用地的开发和建成面积达到该地区的用地供应量的一个标准值时，该标准值会限制旅游风景点游赏用地的继续开发，如果风景点游赏用地没有达到该地区该类用地的供应量，则将由无数量型政策对其进行驱动。在无数量型驱动力的驱使下，该地区旅游用地面积会逐步达到标准限定。该类政策驱动力对土地利用结构变化的作用不是逐级递增的，而是使旅游用地或某类用地面积增加速度呈现出不同的快慢变化，无论风景点游赏用地变化速度快慢，其用地面积增加都是不争的事实。因此，该政策对土地利用变化具有促进作用。

在限定数量型政策驱动力不起作用时，加入无数量型政策驱动力 z 后，建设用地面积变化公式应为

$$y = z \times f(x_1, x_2, \cdots, x_n) \to B \tag{7-6}$$

式（7-6）中 z 的数值大小应该是建设用地供应量 B 和利用模型计算出的建设用地面积 f 之商，则加入无数量型驱动力后的驱动机制模型为

$$y = \frac{B}{f} \times f(x_1, x_2, \cdots, x_n) \tag{7-7}$$

本书在整个指标层选取的过程中，为了保障指标对目标值具有较好的模拟程度，运用系统科学理论的思想和偏相关分析法分析各个自变量与因变量之间的相关性及相关关系，在模拟过程中剔除相关性较弱的部分驱动力，保留相关性强的驱动力因子。

为了将不同类型的驱动力因子进行划分，本书选用聚类分析法对数据层进行类别划分，从而反映不同类型及数据特征的驱动力类别。

仅仅使用上述模型还不足以对驱动力进行完备的分析，在进行聚类分析之后，选择权重较大的驱动力加入模型中去，以增加模型的可信程度。运用层次分析法、灰色关联分析法、传统熵权法等分析方法，并在此基础上将相关系数加入熵权法之中。两种方法的融合可以得到反映相互影响关系的改进熵权法，进而利用小权重驱动力，选取权重较大的驱动力加入后续使用的模型之中。

在目标值驱动力模型研究中，相比传统多元线性回归分析模型、灰色关联分

析模型、逻辑回归分析模型、神经网络回归分析模型，为了使后续的研究具有可持续性、方便性、便捷性及结果可分析性等特点，将 PLS 模型运用到研究之中，这样既可以克服多重共线性的影响，又可以克服样本量不足导致的结果的不准确性。基于已经建立好的驱动力指标模型，通过 PLS 模型，建立影响郑州沿黄旅游区土地利用变化的驱动机制模型。

为了便于研究结果的表达，最后将政策类要素以定量化的方式加入驱动力模型当中，并将其分为 3 类，逐步探讨分析每一类政策驱动力模型，以建立完善的驱动机制模型，使整个研究模型更加完备，具有说服力。

7.1.2　土地利用变化的驱动力分析

郑州沿黄旅游区位于黄河南岸，属于郑州北部片区，是郑州重要的观光游览旅游区，也是河南知名的大型休闲度假旅游地。郑州作为河南省会城市和国家区域中心城市，其沿黄旅游区的存在无疑是都市区中一抹浓重的自然绿色景观带。也正是因为如此，随着旅游业的兴起和地方社会经济的发展，沿黄旅游区旅游化倾向的土地开发如火如荼，从而引起该区域土地利用结构变化。本书以 2000～2014 年 15 年为研究基点，以 ArcGIS 和 SPSS 为主要研究工具，结合所有的土地利用变化驱动力指标，建立土地利用变化驱动模型，进而对土地利用变化驱动力进行深入分析。

本书的研究数据来源于《河南统计年鉴》(2000～2014 年)、《郑州统计年鉴》(2000～2014 年)、郑州市国土资源统计部门及郑州市旅游局，土地资料数据来源于卫星遥感影像解译。

1. 土地利用变化驱动力指标体系

本书的指标体系共由 17 个指标层组成，分别为游客数量（n_{11}）、A 级景区数量（n_{12}）、旅游区投资金额（n_{21}）、郑州旅游总收入（n_{22}）、旅游业增加值占全市 GDP 的比重（n_{23}）、旅游区旅游总收入（n_{24}）、郑州旅游接待人次（n_{31}）、旅游区旅游接待人次（n_{32}）、黄河游览区景点接待人数（n_{33}）、黄河游览区景点旅游人数（n_{34}）、旅游餐饮酒店数量（n_{41}）、旅游购物场所数量（n_{42}）、旅游服务咨询中心数量（n_{43}）、旅游区直接从业人员（n_{44}）、旅游区内常住人口（n_{51}）、旅游区内现存村庄数量（n_{52}）、政策（n_{53}）。该系列指标体系涵盖了所有可以用来表达旅游区用地变化的驱动力指标，对驱动机制的研究较为适用。

对数据的处理应先运用偏相关分析法分析各驱动力和建设用地间的相关性，对那些权重值小、驱动力弱的因子进行剔除，进而建立一个完整强大的驱动力指标体系。利用 SPSS 16.0 进行偏相关分析，得到其各自与建设用地的偏相关系数(表 7-1)：几乎所有指标与建设用地面积的相关性都在 0.9 以上，少部分在 0.8 以上，仅仅村落数量与建设用地为负相关关系。将相关性较差的指标剔除，保留相关性好的指标进行下一步分析。

表 7-1　各驱动力和旅游区建设用地相关系数

驱动力	相关系数	驱动力	相关系数	驱动力	相关系数	驱动力	相关系数
n_{11}	0.840	n_{24}	0.950	n_{41}	0.977	n_{52}	−0.958
n_{12}	40.842	n_{31}	0.861	n_{42}	0.886	n_{53}	0.997
n_{21}	0.934	n_{32}	0.978	n_{43}	0.868		
n_{22}	0.807	n_{33}	0.973	n_{44}	0.884		
n_{23}	0.922	n_{34}	0.952	n_{51}	0.917		

在偏相关分析的基础上，对研究中相关性较强的驱动力指标进行聚类分析，将不同类别的指标进行划分归类，以便区分不同指标对目标值的影响及其自身的特征。聚类分析的基础为资金投入与经济、旅游区基础设施建设、接待游客数量及旅游人数 3 个指标层，在这 3 个指标层中分别对各驱动力指标进行划分。利用 SPSS 16.0 对各大类进行聚类分析，得出分类结果，谱系图见图 7-1～图 7-3（图中的 Num 表示聚类数目）。从上述不难看出，旅游区用地结构变化主要受经济指标及政策指标和当地其他用地面积影响。

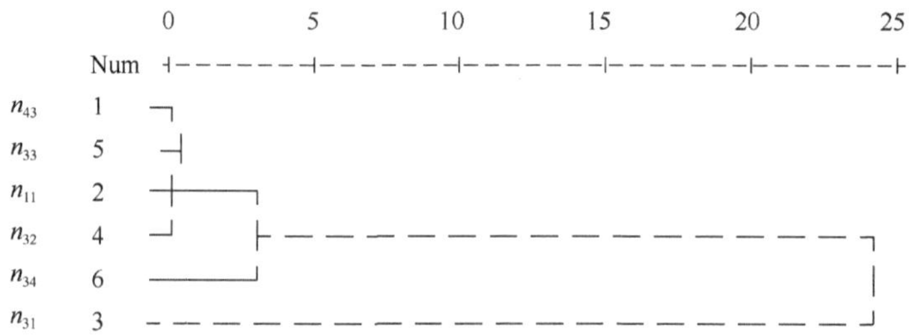

图 7-1　资金投入与经济聚类分析谱系图

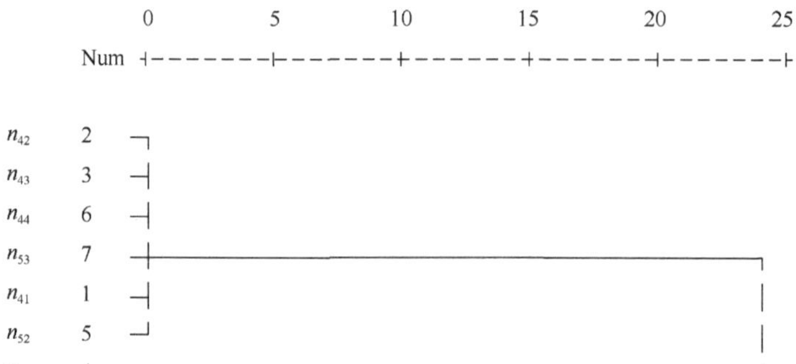

图 7-2　旅游区基础设施建设聚类分析谱系图

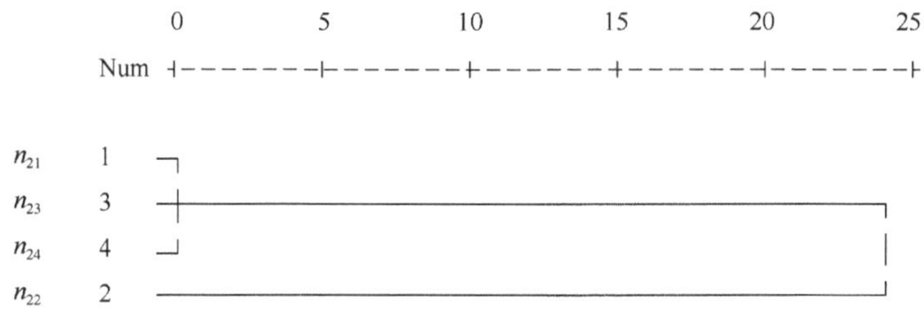

图 7-3　接待游客数量及旅游人数聚类分析谱系图

由聚类分析可将原来的三大类指标，即资金投入与经济、旅游区基础设施建设、接待游客数量及旅游人数，继续做如下细分。①资金投入与经济类：第一类包括 n_{43}、n_{33}、n_{32}，可归结为旅游人员服务及旅游人员；第二类包括 n_{11}、n_{34}、n_{31}，可归结为游览人数。②旅游区基础设施建设类：第一类包括 n_{42}、n_{43}、n_{41}、n_{44}、n_{52}，第二类仅包括 n_{53} 和 n_{51}，可归结为政策类。③接待游客数量及旅游人数类：第一类包括 n_{21}、n_{24}，可归结为旅游区投入与支出指标；第二类包括 n_{22} 和 n_{23}，可归结为旅游总收入及比重。在细分的基础上对各个小类别的指标层内各驱动力指标进行权重分析，进而获得各指标层中权重的排序结果，见表 7-2。将小权重指标剔除，获得各指标层中权重最大者，建立回归分析模型。

表 7-2　各驱动力指标在其所在类中所占权重

驱动力			权重
资金投入与经济	第一类	n_{43}	0.980
		n_{33}	0.019
		n_{32}	0.001
	第二类	n_{11}	0.980
		n_{34}	0.013
		n_{31}	0.007
旅游区基础设施建设	第一类	n_{42}	0.980
		n_{43}	0.020
		n_{41}	0.000
		n_{44}	0.000
		n_{52}	0.000
	第二类	n_{53}	0.950
		n_{51}	0.050
接待游客数量及旅游人数	第一类	n_{21}	0.990
		n_{24}	0.010
	第二类	n_{22}	0.980
		n_{23}	0.120

通过上述一系列分析，可以得到旅游区用地结构变化的主要驱动力因子为n_{43}（旅游服务咨询中心数量）、n_{11}（游客数量）、n_{42}（旅游购物场所数量）、n_{53}（政策）、n_{21}（旅游区投资金额）、n_{22}（郑州旅游总收入）共计 6 个驱动力指标，并依据其基本内容将其划分为经济因素（旅游区投资金额、郑州旅游总收入）、人口因素（游客数量）、政策因素（政策）、旅游资源与服务因素（旅游购物场所数量、旅游服务咨询中心数量）四大类型。

由相关性分析（表 7-3）可以看出，政策、旅游区投资金额、旅游购物场所数量、游客数量等对旅游区的土地利用结构变化具有明显影响，且影响较大。

表 7-3　因子相关分析结果

项目	旅游服务咨询中心数量	游客数量	旅游购物场所数量	政策	旅游区投资金额	郑州旅游总收入
相关系数	0.010	0.013	0.011	0.524	0.024	0.001
R^2	0.754	0.705	0.785	0.988	0.873	0.651

注：R^2表示统计参数拟合效果的优越性，范围为[0,1]，值越大，表明模型越能够准确地评估模型的性能。

2. 土地利用变化驱动机制模型

本书基于分析筛选出的驱动力指标体系，以 2000～2014 年的数据，运用 PLS 模型进行拟合。所用数据见表 7-4。

表 7-4　郑州沿黄旅游区数据（2000～2014 年）

年份	风景点用地/hm^2	游客数量/万人	旅游区投资金额/亿元	郑州旅游总收入/亿元	旅游购物场所数量/个	旅游服务咨询中心数量/个	政策
2000	570	21.00	0.50	94.67	4.00	2.00	0
2001	570	27.00	0.80	110.76	8.00	2.00	0
2002	571	29.00	1.00	131.80	11.00	3.00	0
2003	571	21.00	0.40	93.578	11.00	3.00	0
2004	572	36.43	1.20	148.93	15.00	4.00	0
2005	573	48.09	2.00	179.46	17.00	6.00	0
2006	578	35.00	5.00	250.36	23.00	9.00	0
2007	595	40.00	7.00	318.45	27.00	15.00	0
2008	604	45.00	9.00	376.97	35.00	21.00	0
2009	622	53.44	15.00	398.56	39.00	26.00	1
2010	622	54.10	16.30	415.43	42.00	30.00	1
2011	624	54.90	17.80	530.69	56.00	37.00	1
2012	625	55.22	23.60	650.32	59.00	43.00	1
2013	628	55.18	24.80	780.14	63.00	52.00	1
2014	629	56.21	26.00	892.57	67.00	58.00	1

针对上述数据，运用 SPSS 19.0 进行 T 检验，其检验结果 Sig（双侧）为 0，说明样本数据无异常值，显著性较好。

将上述数据进行主成分分析后得出如下结论：排名前 6 位的主成分分别为游客数量（X_1）、旅游区投资金额（X_2）、郑州旅游总收入（X_3）、旅游购物场所数量（X_4）、旅游服务咨询中心数量（X_5）、政策（X_6），主成分的方差解释率达 94%。说明指标选取有能力对目标值进行解释，获得模型方程为

$$y=-1.099X_1+1.527X_2-0.227X_3-0.248X_4+4.374X_5-6.894X_6+625.1 \quad (7\text{-}8)$$

在 6 个指标中，游客数量、旅游区投资金额、旅游服务咨询中心数量、政策与目标值呈正相关，其余 2 个驱动力指标与目标值呈负相关，见表 7-5。其中，政策对样本目标值贡献度最大，旅游购物场所数量为负相关指标贡献度最大值。R^2 达到 0.97，说明模型拟合效果较好。

表 7-5　因子系数

自变量	因子系数
X_1	1.099
X_2	1.527
X_3	−0.227
X_4	−0.248
X_5	4.374
X_6	6.894

3. 驱动结果分析

根据以上分析可知，影响旅游区用地变化的因素较多，就分类类型来看有经济因素（旅游区投资金额、郑州旅游总收入）、人口因素（游客数量）、政策因素（政策）、旅游资源与服务因素（旅游购物场所数量、旅游服务咨询中心数量），其中政策对整个旅游区旅游用地的影响最为深刻，资源与服务因素、人口因素、经济因素对旅游区域用地的变更也有一定的作用。

7.2　土地利用变化驱动力定性分析

7.2.1　驱动力因素分析

通过实地考察、问卷调查发现，郑州沿黄旅游区土地利用景观格局演变有着诸多原因，主要是自然地理环境、资源禀赋、经济发展与人口增加、城镇化进程、

政府政策等因素相互作用的结果。

1. 自然地理环境

自然地理环境决定了旅游区总体格局的基本框架。地形地貌对土地利用的影响较大，特殊的山川组合在一定程度上制约着土地利用类型的扩展和分异，影响着区域内各地块的布局。郑州沿黄旅游区濒临黄河，特殊的地形使旅游区用地沿郑州对称分布向两端扩展，形成一体两翼的格局。

2. 资源禀赋

独具特色的黄河文化、得天独厚的自然和人文资源、特殊的旅游吸引物是郑州沿黄旅游区旅游用地发展壮大的前提和基础。郑州沿黄地区历史文化悠久、生态保护良好，不仅是黄河生态修复或治理的重点区域，还是黄河文化、中原文化和河洛文化的富集地区。通过实地调查，区域内主要旅游资源点60余处，非物质旅游资源16 项，区域内A级景区12个。其中，以国家级文物为依托的风景名胜点2处，即巩义北宋皇陵风景名胜区和巩义石窟风景名胜区；省级风景名胜区3处，包括惠济黄河风景名胜区（国家4A级旅游区）、康百万庄园（国家4A级旅游区）和杜甫故里（国家3A级旅游区）。郑州沿黄旅游区位于黄河中游与下游的交界地带，作为黄河旅游带上的一个重要节点，特殊的地质地貌和文化遗存使其有较强的景观异质性，具有极高的观赏价值、科学价值和文化价值，吸引着越来越多的国内外游人，致使该区域人地关系作用强烈，人为干扰相对明显，土地利用变化加剧。

3. 经济发展与人口增加

在调查中发现，旅游经济快速发展，旅游市场的巨大拉力是引发郑州沿黄旅游区土地利用变化的重要因素之一。从问卷调查看，关于“您感觉近年来当地旅游业发展速度如何”问题的回答，92.70%的被调查者选择“较快”，4.80%的被调查者选择“一般”，仅有2.50%的被调查者选择“较慢”。关于“您认为是什么原因促使耕地、林地等土地用于旅游开发建设”问题的回答，88.90%的被调查者选择“经济利益驱动”，4.40%的被调查者选择“生态效益驱动”，6.70%的被调查者选择“不知道”。关于“近年来外地游客的数量增减情况”问题的回答，52.30%的被调查者选择“快速增多”，38.80%的被调查者选择“逐渐减少”，仅有8.9%的被调查者选择“不知道”。调查结果分别见图7-4～图7-6。

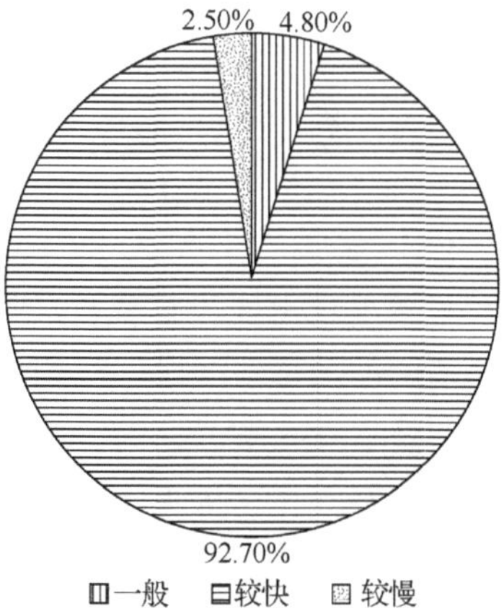

图 7-4　当地旅游业发展速度的调查结果

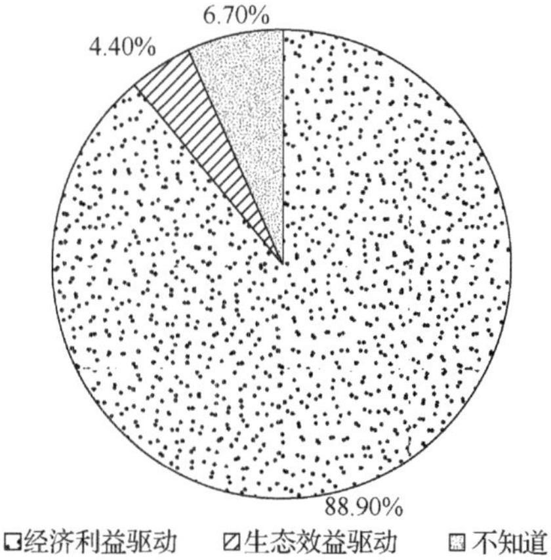

图 7-5　耕地、林地等土地用于旅游开发原因的调查结果

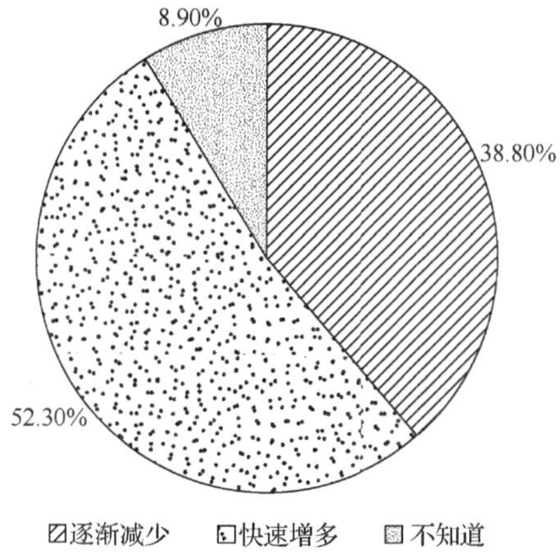

图 7-6　近年来外地游客数量增减情况的调查结果

因此，旅游经济的快速发展对郑州沿黄旅游区土地利用变化的影响是全方位的，也是该区域土地利用变化的最重要动力因素。20 世纪末旅游区经过一段发展积累后，21 世纪初旅游业呈现快速增长态势。旅游经济的跳跃式发展带来该区域土地利用数量和空间的急剧扩张，原因如下：一是政府为提高旅游接待能力加大了固定投资，改善了旅游设施，使更多的非旅游用地转化为旅游用地；二是旅游用地的土地竞租能力相对较大，使更多的社会居民点用地和农用地转化为旅游用地；三是游客人数连年剧增，引发管理服务人员剧增，人口增长集聚对土地承载力的需求要求土地扩张外推。

4. 城镇化进程

城镇化是指人口向城镇集中的过程。这个过程表现为两个方面：一是城镇数量增多，二是城市人口规模不断增加。1996～2015 年是郑州城镇化进程发展最快的阶段，人口迅速增加，城区不断加大，城市的发展呈现环状外扩、“摊大饼”式的空间扩张，建设用地总体规模急剧增长，主要是占用农用地、水域及未利用地等。研究区位于郑汴洛产业带的中心位置、省会郑州的北部边缘区，郑州的城镇化进程对其影响巨大，导致研究区土地利用及空间格局变化明显。随着郑州城镇化的不断推进，郑州沿黄旅游区在空间上由过去与主城区有 30km 距离的郊区变成现在城市的北部边缘。研究区在城市发展的压力之下，正面临或经历着剧烈的用地转变、空间演化和现代转型。因此，快速城镇化进程也是导致该区域土地利用变化的主要因素之一。

作者在实地访谈中发现，郑州沿黄旅游区内的城镇化进程不是一般意义上的城市边缘区融入城镇化的过程，而是在旅游引导下发生以下变化：一是附近乡镇村民的职业结构、生产方式、生活方式、思想观念发生转变，逐步实现人的城镇化；二是随着商业服务、居住、道路、绿化等旅游服务配套设施的完善，土地利用格局发生变化，逐步实现地的城镇化。整体上是旅游引导城镇化的过程，而城镇化的过程致使区域土地利用发生较大变化。

5. 政府政策

政府政策决定着社会经济发展方向，政府政策因素对土地利用的影响也至关重要，它通过政策引导、地权制度、价格制定、经营机制等直接影响土地利用及其结构形式。

（1）宏观层面分析

1）改革开放以来，国家高度重视旅游业的发展。“十一五”期间，我国提出建设旅游强国的战略目标；2008 年，制订国民休闲计划，实施新休假制度；2009 年，颁布《国务院关于加快发展旅游业的意见》（国发〔2009〕41 号），把旅游业作为新兴产业和新的经济增长点加以培育；2014 年，印发《国务院关于促进旅游业改革发展的若干意见》（国发〔2014〕31 号），促进旅游业健康可持续发展；2015 年，出台《国土资源部 住房和城乡建设部 国家旅游局关于支持旅游业发展用地政策的意见》（国土资规〔2015〕10 号），旅游用地政策实现重大突破。旅游业的快速发展加速了旅游用地的开发和扩张。

2）当今我国正在构建“五位一体”（经济建设、政治建设、文化建设、社会建设、生态建设）社会布局和打造“两型”（环境友好型、资源节约型）社会，这要求旅游区土地利用进一步加快升级，走向转型重构。

3）该区域已纳入国家旅游战略的视野，文化和旅游部已明确将面向世界重点打造丝绸之路、长江三峡和大黄河之旅三大国际旅游品牌。郑州沿黄旅游区位于大黄河黄金之旅的中心位置，同时区域范围内的巩义被联合国教科文组织认定为丝绸之路的东端起点，具有得天独厚的地缘优势和丰富的文化资源优势。随着“要把旅游业培育成国民经济的战略性支柱产业”的时代到来，该旅游区的大开发必将再次迎来高潮，从而引发旅游区土地利用格局的变化。

（2）中观层面分析

2008 年，河南提出“旅游立省”战略（2012～2020 年），把旅游业发展作为经济发展的新引擎。2012 年 11 月，国务院正式批复《中原经济区规划（2012～2020 年）》。2011 年 12 月，河南省政府发布的《中原经济区建设纲要（试行）》提出，“依托山体、河流、干渠等生态空间，构建四区两带区域生态网络，建设黄河中下游、淮河中上游生态安全保障区”，要“全面实施沿黄滩地生态修复工程”“构建沿黄生态涵养带”“构建横跨东西的黄河滩区生态涵养带”“重点建设沿黄风情文化产业带”“积极发展黄河文化生态游”。《郑州市“十二五”规划纲要》指出：沿黄文化旅游生态产业带要重点加快沿黄生态文化旅游综合开发，加快黄河城市湿地生态公园建设，将河洛汇流处至官渡古战场沿黄河带建设成为集文化旅游、湿地保护、生态农业、休闲度假于一体的沿黄文化旅游生态产业带。中原经济区建设和郑州都市区建设都把郑州沿黄地区的发展主题定位为生态旅游功能区，这也为该地区旅游用地的发展提供了动力。

（3）微观层面分析

郑州沿黄旅游区长期以来的保护与发展得到了当地政府的高度重视和大力支持。黄河中下游流域是中国黄土分布最多的地区，郑州沿黄区域自然也难逃大环境之苦，每逢春季中国北方最多风的季节，区域内遍布黄沙，黄烟四起，自然环境极其恶劣。1985 年，在当地政府的重视下成立了郑州黄河游览区。1995 年，在郑州地方政府的大力支持下，对黄河游览区进行重新设计和规划，形成了黄河风景名胜区。2004 年，郑州修订了《生态功能区划和生态环境保护规划》，重点提出了沿黄地区的水源和生态保护，恢复生态成为更为重要的命题。2009 年，郑州编制《郑州沿黄文化旅游生态产业带战略规划》。郑州沿黄旅游区一直在跟随历史的演变、黄河的演变进行自身的发展诉求，在周边大环境的演变下进行自身的提升，成为一个真正综合性的旅游产业区。旅游产业的发展促使该区域旅游区用地面积扩张，使该旅游区走向转型升级与重构。

从实地调查和访谈看，当地政府非常重视该旅游区的建设。从问卷调查看，关于“当地政府对旅游地开发的态度如何”问题的回答，72.60%的被调查者选择“非常重视”，18.40%的被调查者选择“重视”，仅有 9.00%的被调查者选择“一般”，调查结果见图 7-7。从代表访谈看，他们认为该旅游区的旅游业经历了 3 个阶段：

一是自发经营阶段，市场需求拉动投资旅游开发；二是鼓励经营阶段，政府每年拿出一定的扶持资金扶持旅游企业发展，在批地用地上优先考虑等；三是逐渐规范、加强管理、优化升级阶段。

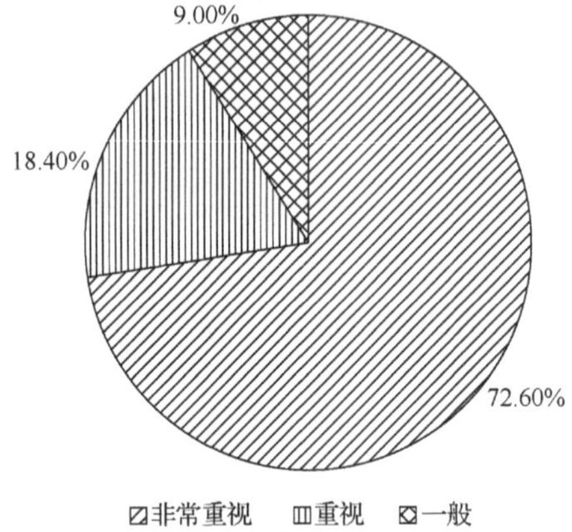

图 7-7　政府对旅游地开发的态度的调查结果

7.2.2　土地利用格局变化分期

从多次实地调研和访谈看，郑州沿黄旅游区用地空间格局演化伴随该旅游地生命周期的发展大致以 2000 年和 2008 年为界历经 3 个时期，即缓慢发展期（2000 年以前）、快速变动期（2000～2008 年）、转型升级期（2008～2014 年）。

1. 缓慢发展期

2000 年以前，郑州沿黄旅游区经济社会发展缓慢，尤其是旅游业发展缓慢，旅游区仅凭黄河品牌吸引一小部分外来旅游者，旅游资源向市场资源转化率较低，旅游区土地利用变化程度较小，相互转化度较低。这一时期，引起区域景观格局变化的主动力是独特的黄河旅游资源。

2. 快速变动期

2000～2008 年，这一时期我国旅游业快速发展，旅游经济迅速升温，黄河游市场号召力开始彰显，外来游客渐趋增加，经济社会快速发展，旅游产业逐渐集聚，建设用地空间扩张，核心区周边快速旅游化，继而引发旅游引导城镇化，在政府主导下启动了区域居民点和企事业单位外迁、退耕还林政策，建成区呈现“极化增长”，土地利用空间格局变动强烈。这一时期，驱使区域土地格局变化的主动力是旅游经济发展、旅游市场拉动。

3. 转型升级期

2008～2014 年，随着生态文明的提出和实施，面对我国旅游业由观光旅游向休闲旅游的转型，郑州沿黄旅游区土地利用空间迎来再一次的发展和调整。旅游区遵循“大生态，小开发；大自然，巧人工；大纵深，多节点”的开发理念，区域土地利用更加注重生态空间的功能打造、生产空间的集约利用及生活空间的适度开发。郑州沿黄旅游产业带及滨河公园的获批为旅游产业的发展开辟了新的空间，旅游区外围经历新一轮整合和拆建。在地方政府的主导下，旅游区以旅游产业统领新型城镇化发展，打造现代休闲度假型旅游区、低碳生态示范旅游区和旅游集聚综合体，刺激土地转换活跃，更加注重塑造生态空间的山清水秀、舒适的休闲空间旅游风貌，加速产业融合，创新发展模式，旅游引导城镇化进程加快，使旅游区土地利用走向转型和重构。这一时期旅游区走上了一条“生态配套加速建设，合村并镇集聚发展”的旅游引导新型城镇化道路，地方经济政策和旅游功能的更新落地表现为用地结构的不断演替。这一时期，驱使土地格局变化的主动力是国家政策调控。

7.2.3 土地利用变化驱动机理

郑州沿黄旅游区依托黄河文化，凭借郑州沿黄区自然景观和历史文化旅游资源，通过对郑州市沿黄滨河旅游带核心区的开发，带动巩义、荥阳、中牟等周边景区的发展，推动旅游生产力要素（食、住、行、游、购、娱）在该地的集聚，产业要素集聚诱致级差地租，进而引发土地利用格局的变化。随着该区域旅游产业的发展和郑州城镇化的快速推进，以旅游引导城镇化为主线，旅游区土地利用格局在内力（自然力）与外力（人文力）的双重作用下经历复杂的动态变化过程。内力突出表现为优秀的旅游资源禀赋，这既是郑州沿黄旅游区发展的物质基础，也是旅游产业扩展壮大的初始诱因和内生动力，与沿黄地区特殊的地理环境、地貌水文特征结合共同奠定了旅游区土地空间格局变化的基调。旅游区特有的滨水特色、黄土耕地地貌及大量的荒滩等，一定程度上为其转换成风景点用地及城镇等建设用地提供了天然资源。外力体现为旅游业迅速发展、区域人口增加、城镇化进程加快、国家及地方政策的引导等社会性因素，外力的干扰引导着旅游区土地格局变化的方向。可以说，新形势下的人地关系成为沿黄旅游区用地结构改变的动力源泉。随着旅游业的快速发展，当地政府持续加大旅游业的投入和新兴旅游项目的建设，先后将一些耕地、林地、水域用地等转为风景点游赏用地。为了进一步提升接待能力，旅游区加强配套设施建设，整合内部乡村资源与空间，加大原有乡村聚落迁移的力度，迫使原来的土地利用方式发生改变。随着旅游业发展的转型和生态文明的建设实施，旅游区用地格局进一步变化。一些村镇依托原有设施发展农家乐、黄河民宿、生态农业、休闲度假、文化体验等配套旅游产品，使得旅游区用地结构发生改变。同时政府通过“整村迁移”“合村并城”“新型农村旅游社区”等发展模式，使原有的居民点被改造，城镇建设用地和村庄用地沿城市核心区及交通干线逐渐集聚，出现旅游引导新型城镇化模式，使得区域土地功能相互转化。随着沿黄区生态修复工程和“退耕还林”项目的实施，部分耕地、未利用地转移为林地。此外，在旅游收益与非旅游收益的级差诱惑下，旅游区原有居民开始从事旅游相关谋生方式，加上外地居民的不断涌入，加剧了旅游区住宅、商业服务、公共管理等建设用地的不断增多。

综上所述，特殊的自然环境框定了旅游区发展的基本走向，旅游业的迅猛发展导致区域城镇化加速，在国家政策调控下，郑州沿黄旅游区用地剧烈变化，呈现出旅游引导新型城镇化的过程与特征（图 7-8）。

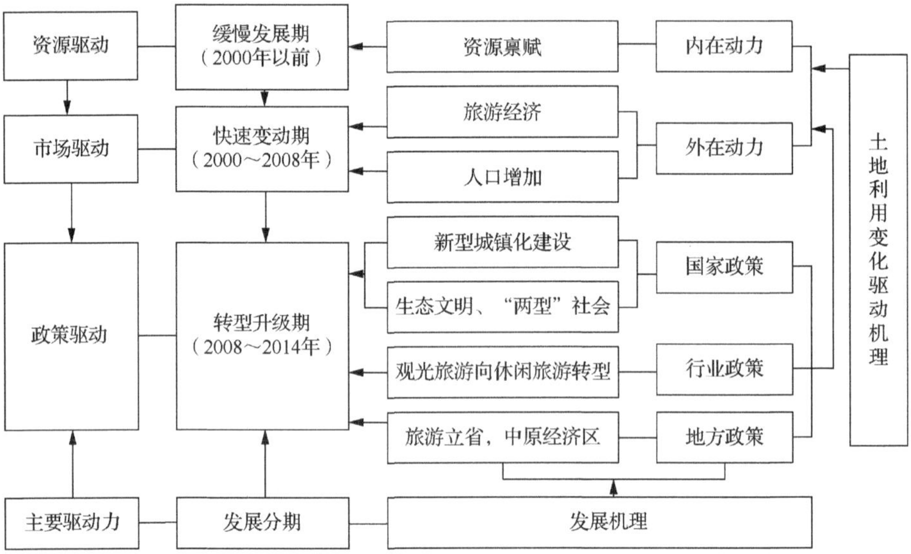

图 7-8　郑州沿黄旅游区土地利用变化机理模型

第 8 章　郑州沿黄旅游区用地变化生态环境效应评价

土地利用/覆被变化作为全球环境变化的重要组成部分和主要原因之一（陈百明等，2003；Turner et al.，2007；李秀彬，1996；McMahon et al.，2005；Liu and Jared，2005；Feddema et al.，2005），近年来备受学界关注。土地利用/覆被变化不仅会引发地表景观的变化，还会影响景观物质循环与能量流动（彭建等，2004；Owens，1992；Jansen and Gregorio，2002），对区域的生态效益与经济效益产生深刻影响。土地利用变化能够影响一个区域的生态承载力和生态系统服务功能，从而引起区域内及周围乃至全球气候、水文、土壤状况的改变，使生态系统对人类的生产、生活条件和环境状况产生影响（王拾犇，2013；Foley et al.，2005；Lapola et al.，2010）。土地利用变化研究作为热点问题（王秀兰和包玉海，1999；Lambin and Patrick，2011；Rindfuss et al.，2004），近年来其研究内容从全球气候变化效应扩展到不同空间尺度的土地变化过程及其驱动机制、生态环境效应等（蔡运龙，2001；Veldkamp and Lambin，2001；Verburg et al.，2011），研究区域主要集中在人地关系矛盾尖锐、生态环境脆弱、人口与城镇化快速发展的地区（罗娅等，2014；江红南等，2009；Tucker et al.，1985；Schilling et al.，2008）。土地利用变化所引发的生态效应问题也被广泛讨论与关注（侯鹏等，2009；彭征等，2009；涂小松和濮励杰，2008）。土地利用变化过程对区域生态环境影响存在正负两个方面的效应：正面效应是通过调整土地利用类型，治理、改善生态环境，使生态环境更适宜人类生存；负面效应是人口增长、城镇化进程、社会经济快速发展等原因，导致人类对土地资源过度或不合理的开发，使生态环境恶化，产生大气污染、土地退化、水土流失、生物多样性减少等生态问题。其中，正面效应更多的是对负面效应的治理、恢复，负面效应相对更加突出（贾科利，2007；李鹏山，2010）。

随着旅游业的快速发展，大量外来人口涌入旅游区，过高的人口密度和人类活动强度对生态环境的胁迫导致旅游区环境质量下降。同时，人类加大了对土地资源开发的力度，引起土地利用景观格局发生变化，生态环境呈现明显的波动性和脆弱性。有关旅游区土地利用变化对生态环境影响的综合评价和分析尚不多见，运用多种方法，从多角度开展旅游区生态效应动态、综合分析的案例研究更是缺乏（万利，2009）。因此，对旅游区土地利用变化的生态环境效应进行评价，对该区合理地利用土地资源、恢复生态环境建设具有重要意义，更能为该区制定生态理念下的土地利用规划提供科学依据。本书以郑州沿黄旅游区为例，基于多因素综合评价方法，对相应的指标进行标准化处理、确定权重值、构建判断矩阵，分析研究区的生态状况与经济效益，对研究区进行评价分析，有助于认识旅游区土地利用变化带来的生态环境变化，可为旅游区土地利用生态效应评价提供模板和参考。

8.1 评价原理与评价指标

8.1.1 评价原理

1. 土地利用

土地利用是指土地质量特性和社会土地需求相协调所决定的土地功能过程（王万茂和王群，2011）。因此，土地利用包括两个方面的含义：一是指人类根据土地质量特性开发利用土地，以满足人类生产生活的需要；二是土地利用注重改善生态环境，以满足人类生存的需要（钟海燕，2011）。人类社会的发展离不开土地，土地是人类生存和发展的根基。因此，土地利用实质上是自然生态子系统和社会经济子系统以人口子系统为纽带和接口所生成的土地生态经济系统。土地利用变化是指由一种土地覆被类型转变为另一种土地植被类型，这些变化存在复杂性，可能会引起生态系统结构的变动，从而对生态系统产生影响。

2. 生态效应

生态效应是指人们在实际生产生活过程中，根据生态平衡规律，使生态系统对人类的生产、生活条件和环境状况产生的有益影响和有利效果，它具有人类发展的根本利益和长远利益（王拾犇，2013）。生态系统与生态过程的形成是维持人类赖以生存的自然环境条件与效用（欧阳志云等，1999）。

生态系统的平衡及良性、高效循环是生态效应产生的基础。在实际的土地利用过程中，无论是在物质及能量输出输入的数量上，还是在结构功能上，都要确保生态系统的各个组成部分始终相互适应、相互协调。生态效应在一定程度上涉及和影响整体的长远经济效益。因此，要获得最佳的生态效应，就必须在追求经济效益的同时注重生态环境的保护，正确认识和对待两者之间相互制约、互为因果的关系，使两者保持相对平衡，以争取最大的经济效益和良好的生态效应（刘琦等，2007）。

8.1.2 评价指标

1. 指标的选取原则

评价某一旅游区的土地利用变化生态环境效应涉及各个方面复杂的问题，包括土地利用类型、经济效益、社会状况和生态环境。评价指标体系的建立是评价工作的核心（欧阳慧和黄慧明，2001）。

1）整体性与全面性相结合的原则。对某一旅游区土地利用的评价，其评价对象涉及土地利用类型、经济效益、社会状况和生态环境。在选取评价指标时，不仅要从整体、全局考虑指标体系对土地利用的实用性，而且要反映旅游地区的经济社会发展、生态环境的现状和水平，同时要注意各个子系统与整个旅游区大系统之间的联系，以及指标体系的各个指标和整个体系的关系。

2）科学性和可获取性相结合的原则。基于研究区的实际情况，从整体出发，依据研究对象的特殊性，在选取评价指标时采用定量和定性相结合的方法，确保指标含义明确具体，避免指标之间的相互排斥和重复，力争全面、系统地对各指标进行评价和描述，达到科学、有效的评价效果，反映研究区的整体状况。

3）理论与实践相结合的原则。指标体系的构建要科学合理，具有可操作性和实用性。评价指标的选择基于旅游区的实际状况和客观因素，根据收集到的相关信息资料，选择有针对性的、关键的指标。在定量指标和定性指标相结合的基础上，要突出评价指标体系的说服力和实际操作效果。

2. 评价指标的选取

科学合理的评价指标是进行评价的前提和基础，评价结果的可信赖程度取决于所选取的评价指标的准确度。评价指标体系不是绝对的，也不是固定的。本书在选取评价指标时，基于研究区的实际状况，遵循整体性与全通性相结合、科学性和可获取性相结合、理论与实践相结合的原则，主要侧重于土地利用、经济效益、社会状况和生态环境 4 个方面，并构建了旅游区土地利用变化生态环境效应评价指标体系（表 8-1），包括 3 个层次，即目标层、准则层和指标层。

表 8-1　旅游区土地利用变化的生态环境效应评价指标体系

目标层	准则层	指标层
旅游区土地利用变化生态环境效应评价（A）	土地利用指标（B1）	耕地（C1）
		林地（C2）
		风景点游赏用地（C3）
		城镇建设用地（C4）
		村庄用地（C5）
		交通运输用地（C6）
		水域用地（C7）
	经济效益指标（B2）	旅游区投资金额（C8）
		郑州旅游总收入（C9）
		旅游区旅游总收入（C10）
		黄河游览区景点旅游收入（C11）
		旅游业增加值占全市 GDP 的比重（C12）

续表

目标层	准则层	指标层
旅游区土地利用变化生态环境效应评价（A）	社会状况指标（B3）	A 级景区数量（C13）
		旅游景点数量（C14）
		旅游服务咨询中心数量（C15）
		旅游餐饮酒店数量（C16）
		旅游购物场所数量（C17）
		郑州旅游接待人次（C18）
		旅游区旅游接待人次（C19）
		黄河游览区景点接待人数（C20）
	生态环境指标（B4）	SO_2（C21）
		NO_2（C22）
		PM_{10}（C23）
		Cu（C24）
		Zn（C25）
		As（C26）
		COD（C27）
		有机质（C28）
		空气优良达标率（C29）

8.2　评价方法、评价标准及指标数据的标准化

8.2.1　评价方法

综合评价是针对某一对象或地理区域的空间客体所进行的，收集多种与评价对象相关的因素，并对各种因素进行标注化和加权综合分析，从而得到土地利用评价的综合结果。综合评价的基本思想是将多个指标转化为一个能够反映综合状况的指标进行评价。在运用综合模型对旅游区土地利用状况进行综合评价的过程中，先对局部进行评价，在此基础上对整体做出评价，各影响因素的值越高，综合评价的结果越高。结合研究区的实际情况，本次评价采用综合评价法。该方法适用于对土地利用生态效应评价中的单因素评价及多因素综合评价，方法相对比较简单，且突出了土地利用、生态状况等评价的综合性、层次性、客观性和可比性，是最为常用的评价方法之一（武兰芳等，2004；魏民和姚永慧，1999；谢花林等，2005）。评价模型为

$$P=\sum_{j=1}^{i=1} R_{ij}W_{ij}(i=1,2,3,\cdots,n \quad n=25) \tag{8-1}$$

式中，P 为旅游区综合评价值；R_{ij} 为第 i 项指标在第 j 年的标准值；W_{ij} 为第 i 项指标在第 j 年的权重；n 为评价指标个数。

8.2.2　评价标准及指标数据的标准化

1. 评价标准

不同学者依据不同的实际状况，采用不同评价标准对研究区的土地利用进行评价，其结果存在差异，不具有可比性。但在一定的区域范围和一定的发展阶段，这种评价标准存在相对性。一般而言，土地利用的评价标准需要满足以下几个条件：①准确性，即所选取的评价指标能够准确地反映经济、社会及生态环境效应的优劣；②层次性，即所选取的评价指标能够充分地反映各个层次的经济社会及生态环境状况；③可操作性，即所选取的指标能够对经济社会及生态环境的各个方面的实际状况进行有效的评价。

旅游区土地利用变化生态环境效应评价综合值可分为极差、较差、一般和较好 4 个等级，见表 8-2。

表 8-2　旅游区土地利用变化生态环境效应综合评价标准

等级	区间	状态	指标特征
Ⅰ	[0 , 0.30]	极差	经济社会发展停滞，生态环境状况极差
Ⅱ	[0.30, 0.60]	较差	经济社会发展缓慢，生态环境受到较大破坏
Ⅲ	[0.60, 0.80]	一般	经济社会发展，生态环境受到一般破坏
Ⅳ	[0.80, 1]	较好	经济社会发展迅猛，生态环境受到较小破坏

2. 指标数据的标准化

由于各指标数据的量纲不同，无法直接加以综合，在运用多指标进行综合评价时，需要对各指标数据进行标准化处理，使其标准化之后的数值映射在[0,1]。计算公式为

$$R_{ij} = \frac{x_{ij}}{\max\limits_{1<i<m} x_{ij}} \quad (1 \leqslant i \leqslant m，1 \leqslant j \leqslant n) \tag{8-2}$$

式中，R_{ij} 为标准化数值；X_{ij} 为指标的原始数据；i 为选取的指标个数；j 为所取年份个数。

旅游区土地利用变化生态环境效应评价指标有 29 个，原始数据的指标矩阵为 $X = (X_{ij})m \times n$（$m = 29$，$n = 3$），标准化处理之后的指标数据见表 8-3。

表 8-3　标准化处理指标 R_{ij}

标准化	2004 年	2008 年	2014 年
C1	1	0.9216	0.9830
C2	0.6149	1	0.9547
C3	0.9113	0.9893	1
C4	0.8549	0.8342	1
C5	0.8316	0.9678	1
C6	0.5085	0.7784	1
C7	1	0.9557	0.7984
C8	0.0769	0.5769	1
C9	0.2011	0.4465	1
C10	0.4666	0.7776	1
C11	0.4018	0.7533	1
C12	0.5517	0.7816	1
C13	0.0833	0.4167	1
C14	0.3500	0.5833	1
C15	0.0690	0.4483	1
C16	0.5499	0.8540	1
C17	0.2537	0.5821	1
C18	0.2392	0.5398	1
C19	0.4202	0.8126	1
C20	0.8555	0.9507	1
C21	0.8636	1	0.8864
C22	0.9250	0.8750	1
C23	0.6338	0.5070	1
C24	1	0.5319	0.1064
C25	1	0.2105	0.2105
C26	0.6250	0.6250	1
C27	0.8421	0.7368	1
C28	0.6345	1	0.7856
C29	0.9320	1	0.5068

8.3　权重的确定

权重确定的方法多种多样，经常使用的主要是主成分分析法、Delphi 法、层次分析法等（郭秀锐等，2002）。层次分析法是一种将定性与定量相结合的决策分析法（郭金玉等，2008）。它可以将研究区的各项指标划分为不同层次，不仅能解决定性问题，还能解决相互之间的定量问题，确定各指标的相对重要性（舒卫萍和崔远来，2005；周安康等，2011）。在对旅游区土地利用及生态效应进行综合评价时，各指标所赋予的权重值大小将反映该指标对生态环境的相对重要程度，能够直接影响评价结果（许素芳和周寅康，2006）。在本书中，主要应用层次分析法确定指标权重。

8.3.1　构建层次结构模型

首先应从影响旅游区土地利用及生态环境效应综合值的众多相关因素中筛选出相对重要的评价标准，然后根据这些标准之间的相互联系构成多层次指标体系。本书建立的层次评价指标体系有 3 个层次：以旅游区土地利用变化生态效应评价为目标层，它是整个评价体系的最高层；土地利用指标、经济效益指标、社会状况指标和生态环境指标是准则层；指标层包括 29 个具体指标，是指标体系的最底层。

8.3.2　构建判断矩阵

两两判断矩阵见表 8-4。

表 8-4　两两判断矩阵

	B_1	B_2	B_3	…	B_n
B_1	b_{11}	b_{12}	b_{13}	…	b_{1n}
B_2	b_{21}	b_{22}	b_{23}	…	b_{2n}
B_3	b_{31}	b_{32}	b_{33}	…	b_{3n}
⋮	⋮	⋮	⋮	⋮	⋮
B_n	b_{n1}	b_{n2}	b_{n3}	…	b_{nn}

得到一个判断矩阵：

$$B=\begin{pmatrix} b_{11} & b_{12} & b_{13} & \cdots & b_{1n} \\ b_{21} & b_{22} & b_{23} & \cdots & b_{2n} \\ b_{31} & b_{32} & b_{33} & \cdots & b_{3n} \\ \vdots & \vdots & \vdots & & \vdots \\ b_{n1} & b_{n2} & b_{n3} & \cdots & b_{nn} \end{pmatrix}$$

式中，b_{ij} 为对因素 a_k 而言，b_i 对 b_j 相对重要性的数值，用 Thomas L. Saaty 提出的 1～9 标度值表示（表 8-5），即 b_{ij} 表示成 1、3、5、7、9 或者它们的倒数。标度 b_{ij} 的值取决于被调查的土地利用变化的专家、从事区域管理及环境监测的研究人员，以及旅游管理学、自然地理学和环境科学相关行业的从业人员等对各指标相对性的看法的统计值。

表 8-5　判断矩阵法标度及其含义

标度	含义
1	指标 B_i 和指标 B_j 同等重要
3	指标 B_i 比指标 B_j 比较重要，反之为 1/3
5	指标 B_i 比指标 B_j 相当重要，反之为 1/5
7	指标 B_i 比指标 B_j 非常重要，反之为 1/7
9	指标 B_i 比指标 B_j 极其重要，反之为 1/9
2，4，6，8	介于上述指标之间

8.3.3　专家填写判断矩阵

确定旅游区土地利用研究领域有 53 名较深资历的专家，研究领域包括土地科学、自然和人文地理学、环境科学、生态学、旅游管理学等；根据专家的经验和相关知识对各层次各评价指标按相对重要程度之比填写判断矩阵。

8.3.4　单目标指标权重的确定

单目标指标权重确定的实质是计算判断矩阵的最大特征根及与之相对应的特征向量（秦吉和张翼鹏，1999）。对于判断矩阵 $\boldsymbol{D}$，计算满足 $\boldsymbol{DW}=\lambda_{\max}\ \boldsymbol{D}$ 的特征根及特征向量，其中 $\lambda_{\max}$ 为 $\boldsymbol{D}$ 的最大特征根；$\boldsymbol{w}$ 为 W_i 对应的正规化特征向量；W 的分量 w_i 为对应因素排序的权重值。模型如下。

$$\boldsymbol{DW}=\lambda_{\max}\ \boldsymbol{D}=\begin{pmatrix} b_{11} & b_{12} & b_{13} & \cdots & b_{1n} \\ b_{21} & b_{22} & b_{23} & \cdots & b_{2n} \\ b_{31} & b_{32} & b_{33} & \cdots & b_{3n} \\ \vdots & \vdots & \vdots & & \vdots \\ b_{n1} & b_{n2} & b_{n3} & \cdots & b_{nn} \end{pmatrix}\times\begin{pmatrix} w_1 \\ w_2 \\ w_3 \\ \vdots \\ w_n \end{pmatrix}=\lambda_{\max}\times\begin{pmatrix} w_1 \\ w_2 \\ w_3 \\ \vdots \\ w_n \end{pmatrix}$$

$\boldsymbol{B}$ 是个逆矩阵，它的元素满足：当 $i=j$，$b_{ij}=1$，$u_{ij}=1/u_{ij}>0$。

最大特征根和其对应的特征向量的计算如下。

1）将判断矩阵每一列归一化：

$$b_{ij}=b_{ij}\Big/\sum_{k=1}^{n}b_{kj}\qquad(i,j=1,2,3,\ \cdots,\ n)$$

2）对归一化后的判断矩阵，再按行求和：

$$\overline{\boldsymbol{W}}=\sum_{j=1}^{n}b_{ij}\qquad(i=1,2,3,\ \cdots,\ n)$$

3）将向量 $\overline{\boldsymbol{W}}\left[\overline{W_1} \quad \overline{W_2} \quad \overline{W_2} \quad \cdots \quad \overline{W_2}\right]^T$ 归一化：

$$\overline{\boldsymbol{W}_i}=\overline{\boldsymbol{W}_j}\Big/\sum_{j=1}^{n}W_j \qquad (i=1, 2, 3, \cdots, n)$$

$\boldsymbol{w}=\left[\overline{W_1} \quad \overline{W_2} \quad \overline{W_2} \quad \cdots \quad \overline{W_2}\right]^T$ 为所求特征向量，$w_1, w_2, w_3, \cdots, w_n$ 为所求权重。

8.3.5　一致性检验

为了保证层次分析法结论的合理性，需要对判断矩阵进行检验（表 8-6）。层次单排序检验的计算公式为

$$\mathrm{CI}=\frac{\lambda_{\max}-n}{n-1}$$

式中，CI 为层序单排序一致性检验指标；$\lambda_{\max}$ 为最大特征值；n 为判断矩阵阶数。

若 CI=0，则表示判断矩阵满足完全一致性；若 CI ≠ 0，则认为判断矩阵有满意一致性；否则，应调整判断矩阵的标度值。

表 8-6　随机一致性指标

n	1	2	3	4	5	6	7	8	9
CI	0.00	0.00	0.58	0.90	1.12	1.24	1.32	1.41	1.45

8.3.6　总目标指标权重的确定

确定总目标指标权重就是根据各层次单排序结果计算最底层各个评价指标相对于总目标的综合权值。计算公式为

$$W=b_i \cdot c_{kji} \tag{8-3}$$

式中，W 为指标层某评价指标相对于总目标层的综合权重值；b_i 为准则层中元素 B_i 相对于目标层的单目标权重；c_{kij} 为指标层中元素 C_{kij} 相对于准则层的单目标权重。

最后，生成各个指标单目标和总目标权重值，见表 8-7～表 8-12。

表 8-7　目标层 A 判断矩阵及权重

	B1	B2	B3	B4	权重
B1	1	1	2	4	0.3505
B2	1	1	3	4	0.3879
B3	0.5	0.33	1	4	0.1879
B4	0.25	0.25	0.25	1	0.0737
	$\lambda_{\max}=16.4617$	CI = 4.1154	RI = 0.0385	CR = 0.0428 < 0.1	

表 8-8　土地利用指标（B1）矩阵及权重

	C1	C2	C3	C4	C5	C6	C7	权重	权重
C1	1	1	1	1	2	2	3	0.1823	0.0639
C2	1	1	2	2	2	4	4	0.2557	0.0896
C3	1	0.5	1	1	1	3	3	0.1585	0.0556
C4	1	0.5	1	1	1	2	2	0.1411	0.0495
C5	0.5	0.5	1	1	1	2	3	0.1355	0.0475
C6	0.5	0.25	0.33	0.5	0. 5	1	2	0.0734	0.0257
C7	0.33	0.25	0.33	0.5	0.33	0.5	1	0.0535	0.0188
$\lambda_{max}=49.9038$　CI = 7.1291　RI = 0.0215　CR = 0.0163 < 0.1									

表 8-9　经济效益指标（B2）矩阵及权重

	C8	C9	C10	C11	C12	权重	总权重
C8	1	1	3	3	3	0.3487	0.1353
C9	1	1	2	0.5	2	0.2072	0.0803
C10	0.33	0.5	1	1	3	0.1567	0.0608
C11	0.33	2	1	1	3	0.2068	0.0802
C12	0.33	0.5	0.33	0.33	1	0.0807	0.0313
$\lambda_{max}=26.8343$　CI = 5.3669　RI = 0.0917　CR = 0.0819 < 0.1							

表 8-10　社会状况指标（B3）矩阵及权重

	C13	C14	C15	C16	C17	C18	C19	C20	权重	总权重
C13	1	1	2	2	2	3	3	4	0.2173	0.0408
C14	1	1	2	2	3	4	4	5	0.2526	0.0475
C15	0.5	0.5	1	1	3	3	3	2	0.1483	0.0279
C16	0.5	0.5	1	1	0.5	0.5	2	2	0.0900	0.0169
C17	0.5	0.33	0.33	2	1	2	2	3	0.1107	0.0208
C18	0.33	0.25	0.33	2	0.5	1	1	2	0.0744	0.0140
C19	0.33	0.25	0.33	0.5	0.5	1	1	0.5	0.0526	0.0099
C20	0.25	0.2	0.5	0.5	0.33	0.5	2	1	0.0539	0.0101
$\lambda_{max}=67.7916$　CI = 8.4740　RI = 0.0677　CR = 0.0480 < 0.1										

表 8-11　生态环境指标（B4）矩阵及权重

	C21	C22	C23	C24	C25	C26	C27	C28	C29	权重	总权重
C21	1	1	2	2	3	3	3	4	5	0.2280	0.0168
C22	1	1	2	2	3	3	2	1	1	0.1562	0.0115
C23	0.5	0.5	1	1	3	3	4	3	3	0.1583	0.0117
C24	0.5	0.5	1	1	0.5	0.5	2	2	3	0.0941	0.0069

续表

	C21	C22	C23	C24	C25	C26	C27	C28	C29	权重	总权重
C25	0.33	0.33	0.33	2	1	1	3	3	3	0.1046	0.0077
C26	0.33	0.33	0.33	2	1	1	2	4	4	0.1065	0.0079
C27	0.33	0.5	0.25	0.5	0.33	0.5	1	2	1	0.0558	0.0041
C28	0.25	1	0.33	0.5	0.33	0.25	0.5	1	3	0.0540	0.0040
C29	0.2	1	0.33	0.33	0.33	0.25	1	0.33	1	0.0425	0.0031
$\lambda_{max} = 91.1950$			$CI = 10.1328$			$RI = 0.1416$		$CR = 0.0977 < 0.1$			

表 8-12　旅游区土地利用变化生态环境效应评价指标权重

目标层	准则层	指标	权重	总权重
旅游区土地利用变化生态环境效应评价 A	土地利用指标 B1（0.3505）	C1	0.1823	0.0639
		C2	0.2557	0.0896
		C3	0.1585	0.0556
		C4	0.1411	0.0495
		C5	0.1355	0.0475
		C6	0.0734	0.0257
		C7	0.0535	0.0188
	经济效益指标 B2（0.3879）	C8	0.3487	0.1353
		C9	0.2072	0.0804
		C10	0.1567	0.0608
		C11	0.2068	0.0802
		C12	0.0807	0.0313
	社会状况指标 B3（0.1879）	C13	0.2173	0.0408
		C14	0.2526	0.0475
		C15	0.1483	0.0279
		C16	0.0900	0.0169
		C17	0.1107	0.0208
		C18	0.0744	0.0140
		C19	0.0526	0.0099
		C20	0.0539	0.0101
	生态环境指标 B4（0.0737）	C21	0.2280	0.0168
		C22	0.1562	0.0115
		C23	0.1583	0.0117
		C24	0.0941	0.0069
		C25	0.1046	0.0077
		C26	0.1065	0.0079
		C27	0.0558	0.0041
		C28	0.0540	0.0040
		C29	0.0425	0.0031

8.4　综合评价结果分析

旅游区土地利用变化生态环境效应评价综合值及等级见表 8-13。

表 8-13　旅游区土地利用变化生态环境效应评价综合值及等级

年份	土地利用	经济效益	社会状况	生态环境	总权重	效益等级
2000	0.2833	0.1044	0.0527	0.0610	0.5014	较差
2008	0.3287	0.2461	0.1089	0.0531	0.7368	一般
2014	0.3416	0.3879	0.1879	0.0571	0.9745	较好

8.4.1　宏观分析

从宏观上看，土地利用及生态效益整体比较乐观。从整体来看，2000 年、2008 年、2014 年的土地利用及生态环境状况比较乐观，呈现逐年上升的趋势，且幅度明显，见图 8-1。

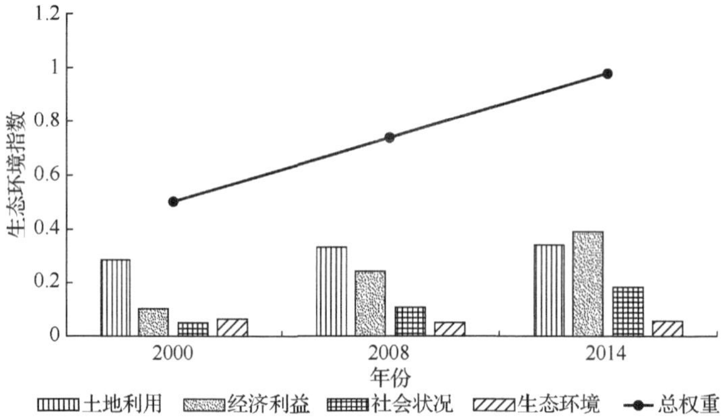

图 8-1　旅游区土地利用变化生态环境效应评价趋势

从图 8-1 中可以看出，生态环境指数相对比较平缓，虽有变化，但波动幅度不是很明显，有一个先降低再升高的过程，总体呈略微下降的趋势。土地利用指数的曲线呈上升趋势，2000～2008 年的上升幅度略大于 2008～2014 年的上升幅度。这说明伴随旅游开发和旅游活动的增强及社会经济的发展，区域土地利用程度不断加强，耕地、水域面积逐年减少，城镇建设用地和风景点游赏用地相对增加，随之带来资源和环境压力增大，环境自净能力减弱，生态环境质量下降，尽管后期进行了治理，控制了下滑的速度，但生态效益提升并不明显，未来区内生态质量有待提高。

社会状况指数曲线呈现不断上升的趋势，且 2008～2014 年的上升幅度略大于 2000～2008 年；经济效益指数曲线呈现上升的趋势，且上升的幅度与综合指数的幅度基本一致，但整条变化曲线位于综合指数曲线之下，这说明经济的稳定增长有赖于土地利用、经济效益、社会状况和生态环境 4 个方面的协调。土地的利用状况和社会发展之间有着密切的联系，社会的发展离不开土地，而经济发展和生态环境之间则存在着相互制约、相辅相成的关系。

在 2000 年、2008 年、2014 年，除生态环境准则层的指标权重出现过下降变动外，其他各个准则层的指标均有不同程度的增长；2000 年和 2008 年，土地利用指标层的权重最高；2014 年，经济效益指标的权重飙升至首位，在区域土地利用生态环境效应评价中占据重要地位。根据表 8-13，3 个研究时段内的评价状况分别为较差状态、一般状态和较好状态，且经济效益指标层的权重逐渐攀升，并在 2014 年占据首位，这也反映了经济效益对区域生态环境效益有着举足轻重的作用。随着社会的发展和科技的进步，经济结构日渐完善，生产模式逐渐优化，经济效益正加速提升，经济的迅速发展也带动了旅游方式的优化及生态环境保护的增强，从而促使区域综合发展状况逐渐提升。

8.4.2　微观分析

从微观上看，不同层别的发展状况存在差异。

土地利用指数曲线比较平缓，整条曲线在 0.3 左右浮动，2000～2008 年略微上升，2008～2014 年继续维持平稳的发展状态，2014 年之后没有明显的上升迹象，很可能继续维持这一状态。

生态环境指数变化走势和土地利用基本一致，几乎没有浮动，呈现比较稳定的变化趋势，其权重值低于所有层次，这说明土地利用效果、社会发展状况、经济增长效益都影响和制约着生态环境的整体效益。

社会状况指数曲线的上升幅度比较明显，2000～2014 年的变动状况在 0～0.2 之间浮动，且 2008～2014 年的上升幅度稍微明显于 2000～2008 年的上升幅度，而且存在继续上升的发展趋势。

经济效益指数曲线上升趋势最为明显，呈现一条直线式的增长趋势，且 2000～2008 年的上升幅度与 2008～2014 年的上升幅度基本一致，整条曲线的大致走势和综合值曲线的走势相似，具有继续延续的态势。

土地利用指标层和经济效益指标层在研究时段占据了绝大部分的比重，社会状况指数和生态环境虽然占据的比重较小，但对整个区域的持续协调发展有着重要的作用。土地利用结构在一定程度上反映了经济的发展状况，说明区域综合发展等级很大程度上受制于经济发展水平，而社会状况反映区域经济发展水平，生态环境能够揭示区域经济发展水平，同时也制约着经济的发展质量，因此社会、经济、环境三者是相互制约、相互推动的。

8.5　土地利用变化生态环境效应时空分异

本书中使用的数据有多个来源，各种数据的类型、格式、尺度都不完全相同，为了能使多源数据融合到土地利用变化生态环境效应的时空分异研究中，需要对不同数据进行尺度转换，对评价指标数据进行处理，将指标数据的空间图层进行叠加分析。最后生成的图层需要转换成 GRID 文件格式，栅格大小为 30m×30m。

本书在 ArcGIS 10.1 环境下，通过 Raster Calculator（栅格计算器），运用加权综合评价模型进行图像空间运算，生成郑州沿黄旅游区土地利用生态环境效应发展状况综合指数分布图。在此基础上，运用 ArcGIS 10.1 中的 Reclassify 命令，生成沿黄旅游区土地利用变化生态环境效应评价等级分布图，得到沿黄旅游区土地利用生态环境效应评价的不同等级占总面积的百分比，见表 8-14 和图 8-2。

表 8-14　研究区土地利用变化生态环境效应评价等级百分比　单位：%

状态	2000 年	2008 年	2014 年
较好	28.22	32.06	36.14
一般	30.13	29.84	27.12
较差	26.41	28.80	30.26
极差	15.24	9.30	6.48

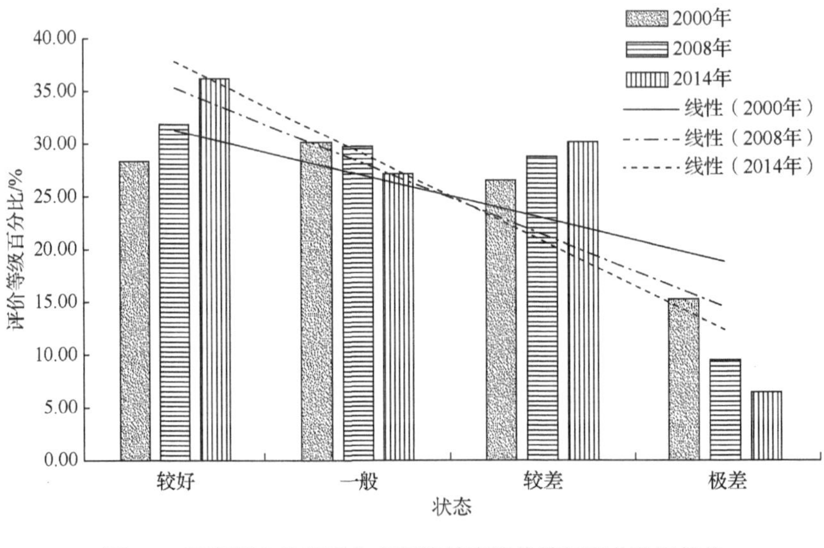

图 8-2　研究区土地利用生态环境效应评价等级百分比及趋势

8.5.1　等级结构分析

从等级结构上看，研究区土地利用生态环境效应评价等级结构表现出一定的规律性，即呈现两极变化明显、中间过渡类型发展缓慢的特点。两极变化明显是指 2000～2014 年研究区较好和极差等级的面积所占比例变化特别剧烈，其中较好等级面积所占比例由 2000 年的 28.22%增加到 2014 年的 36.14%，净增加 7.92%；而极差等级面积所占比例由 2000 年的 15.24%减少到 2014 年的 6.48%，净减少 8.76%。极差等级面积所占比例的减小幅度甚至大于较好等级面积所占比例的增加幅度。这说明研究区经过 15 年的旅游开发，生态环境较好区域的面积正在快速增加，过去生态环境极差的区域面积正在快速缩减，逐步向趋优化等级结构转化，研究区的生态环境发展水平整体上表现为逐步优化的发展态势。中间过渡类型发展缓慢是指 2000～2014 年研究区一般和较差等级的面积所占比例变化比较缓慢，其中一般等级面积所占比例由 2000 年的 30.13%减少到 2014 年的 27.12%，净减少 3.01%，而较差等级面积所占比例由 2000 年的 26.41%增加到 2014 年的 30.26%，净增加 3.85%。较差等级面积所占比例和一般等级面积所占比例的增减幅度基本一致，较差等级面积所占比例的增加幅度略大于一般等级面积所占比例的减小幅度。另外，从一般和较差两种等级类型之和来看，2000 年为 56.54%，2014 年为 57.38%，数据显示变动不大，不仅没有减少，还略显增加，净增加 0.74%。这反映尽管研究区近年来生态环境趋优化趋势明显，但是一般和较差等级类型区域面积并无太大变化，仍然占据一多半面积，而且有增加趋势，尤其是较差等级面积所占比例正呈增加趋势。上述研究表明，研究区生态环境发展状况得到一定的改善，但生态环境效益的增长还不够明显，生态环境质量提高的空间还很大。因此，未来研究区的生态环境治理面临的压力还比较大，还有很多工作要做。

8.5.2　空间分布分析

从空间分布上看，研究区整体发展趋势较好，但空间分布不均衡，生态环境发展状况差异性明显。

1）从所处的方位来看，研究区生态环境发展状况南北差异、东西差异都比较明显。研究区南部接近郑州市区，人为活动干扰明显，城镇建设用地增加较快，局部生态环境较差；北部地区接近黄河，水域、滩涂、林地覆盖度较高，受人为影响较小，因而局部生态环境较好。研究区东西两翼地理区位差异很大，东区是平原区，交通可达性较强，便于旅游资源开发，同时受快速城镇化影响，人为干扰较大，土地类型转移变化较快，继而生态环境受到影响；西部地区属于邙山山区，多数地区还是林区，仅有少数区域作为旅游开发，土地格局的变化相对缓慢，因而生态环境保护相对东区而言较好一些。

2）从生态环境等级分布来看，极差状态主要分布在研究区东南、中南和西南地区，这部分区域靠近城市核心区及主要城镇、旅游点，人类活动较频繁，环境承载力较低，易受到污染。较差状态主要分布在研究区中部和东部地区，较差状态在中部地区主要沿极差区外围分布，集中于城市边缘、城镇边缘、景区景点附近，在东部地区主要沿风景点外围分布。这是因为受到外来人口、旅游客流的大量涌入及商业服务配套项目建设等的影响，而对区域局部生态环境带来负面的效应。较好状态主要沿黄河南岸呈带状分布，同时在研究区各个区域也有分布，主要分布在研究区北部地区的防护林、水域和滩涂所在地。一般状态主要分布在研究区的东北和西南等地区，这些地区土地利用类型表现为耕地，旅游利用程度相对较低，受其影响较小。

从总体上看，2000 年、2008 年和 2014 年 3 个时期的生态环境状况大体表现为由北向南逐步变差，中部地区的发展状况最差，东西两侧发展状况趋向好转。上述研究表明，旅游驱动下的地域开发，可能会对区域局部生态环境带来负面的影响，而在整体上会推动区域生态格局与功能的优化。

8.5.3 时间动态分析

从时间动态上看，研究区生态环境发展状况呈渐进性趋优化态势。2000～2014 年，研究区的极差和一般状态的面积是逐步减少的，且极差的减少幅度大于一般的减少幅度；而研究区较好和较差状态的面积是逐步增加的，且较好的增加幅度大于较差的增加幅度。另外，正效应的较好和一般状态面积之和由 2000 年的 58.35%增加到 2014 年的 63.26%，负效应的较差和极差状态面积之和由 2000 年的 41.65%减少到 2014 年的 36.74%。这些都说明研究区生态环境状况正在向好的方向迈进。从 2000 年、2008 年和 2014 年研究区土地利用生态环境效应评价等级分布图上可以看出，研究区在 2014 年的旅游发展状态表现最好，大部分区域面积表现较好和一般，极差状态表现为最少，占比为 6.48%；2000～2008 年这一阶段，一般状态和极差状态向较好状态转变，不过此时期一般状态和较差状态所占比例相当，分别为 29.84%和 28.80%。这一时期的研究区土地利用属于开发阶段，加上管理部门的疏于管理、外来游客的大量涌入、基础设施的快速建设等，区域环境受到一定影响。2008～2014 年，旅游区的一般和较差状态比较平稳，较好状态占比进一步扩大，达 36.14%，而极差状态的占比最小，为 6.48%，这些增加的面积主要是由极差状态的面积转变而来的，经该区域旅游活动干扰后，带来土地利用变化并对生态环境有一定副作用，当地政府加强了管理，通过政策调控使旅游区用地状况及区域环境进一步得到改善。

总体而言，研究区的较好、一般状态所占区域比例较大，区域内整体发展趋势表现出较好状态。该区域发展实践表明，旅游业集聚快速发展可能在短时间内会对区域土地利用及生态环境带来负效应，但从长远看会对区域土地利用优化、区域生态环境改善有一定的积极影响。

第 9 章 沿黄旅游区土地利用可持续发展存在的问题

9.1 土地利用发展不可持续性显著

从 2000 年、2008 年和 2014 年三期土地利用数据看，随着旅游经济的快速发展，郑州沿黄旅游区土地利用结构变化明显，综合利用程度大大加强，建设用地逐年增加，耕地、未利用地和水域用地减少。从未来几十年预测发展数据看，研究区建设用地进一步快速增加，而林地、水域用地、其他用地趋向减少。研究区既是一条经济发展带，更是一条生态脆弱带，随着旅游开发及建设用地的扩张，林地、水域用地将继续减少，该区土地质量将进一步下降，生态环境将变得更加脆弱，未来发展不可持续。

9.2 土地空间生产不集约

参考研究区不同时段土地利用遥感影像解译数据，根据上述研究并结合现场调查发现，区域内风景点游赏用地、旅游商业服务用地、旅游配套用地等增加较快，沿黄旅游区土地开发存在粗放扩张和土地浪费的现象。一是旅游区内诸多景区处在半开发、半经营状态，许多土地处于荒芜状态，几乎很少有游客到此游玩，如中牟县的国家农业公园、薰衣草庄园等，里面有很多闲置土地。二是“项庄舞剑，意在沛公”，用地中拿“旅游”当借口和护身符，实际在买地炒地，旅游地产开发过热，区域内“圈而不用”“围而不建”现象较多。三是以一味侵占农林地和居民居住空间而换取旅游经济的发展，呈现旅游用地递增、耕地面积缩减和宅基地流转为特征的土地非农化倾向。四是根据实地调查，旅游区内实际的风景点游赏用地要多于统计数据，如许多生态农庄在数据统计被计入农用地中，许多坑塘也被计入水域用地中。五是旅游区内城镇化水平较低，城镇用地混乱，村庄分布较为分散，空间建设无序，难以实现集聚效益，村镇建设土地利用开发模式应当采取更为紧凑和精明增长的用地扩张方式，以集约有限的土地资源。总之，粗放式旅游经济增长模式造成旅游用地浪费突出，空间生产不集约，有“土地换发展”的迹象。

9.3 土地利用生态环境质量有待提高

研究区邻近郑州市区，人类干扰已经对其原生态环境产生了重大影响，不合理的耕地过量开发、建设用地的大量建设严重干扰了黄河湿地生态系统的健康与平衡，造成当前研究区脆弱的生态系统。

通过实地调研，研究区大气状况整体达标，SO_2 年平均浓度在 0.038～0.044 mg/m^3，NO_2 年平均浓度在 0.035～0.040mg/m^3，符合国家二级标准；但 PM_{10} 年平均值达 0.142 mg/m^3，$PM_{2.5}$ 年平均值达 0.086 mg/m^3，均属超标状态。地表水环境质量一般。共选择 8 项评价因子对河流水质进行监测，分别为溶解氧、高锰酸盐指数、生化需氧量、氨氮、挥发酚、总磷、氟化物、阴离子表面活性剂。贾鲁河 107 断面为劣 V 类水质，8 项评价因子中全部超标。汜水河口了断面为劣 V 类水质，8 项评价因子中氟化物超标。伊洛河七里铺断面为 V 类水质，8 项评价因子中有 1 项出现超标现象，为总磷。还有个别地方存在一定程度的水体污染。例如，荥阳广武镇附近的河段水色浑浊，散发出臭味，水样 pH 测定表明，其 pH 为酸性。水质变黑发臭是水中氨氮含量超标，导致水体富营养化。据调查，这种状况主要是由未经处理的生活污水直接排入河道和水体造成的。地下水在开采量较大、开采井位置相对集中的南部及东部地区形成开采降落漏斗。由于多年的人为活动破坏，区域内的滨河湿地、坑塘面积萎缩，水生生物的种群结构发生了明显的变化，原优势种群濒临消失，生物多样性逐渐减少。区域内水土流失现象存在，尤其是西部和中部黄土丘陵沟壑区，坡度陡峭，植被较少，水土流失比较严重。随着耕地面积的减少，在农业深度开发上加大力度，农药、化肥等过量摄入使土地质量下降。调查问卷显示，大多数被调查者认为沿黄旅游区的环境总体状况一般。其中，约有 68%的被调查者认为旅游区生态环境一般，约有 52%的被调查者认为空气质量一般，约有 61%的被调查者对区内的公厕不太满意；谈到旅游区最突出的环境问题，约有 70%的被调查者选择糟糕的垃圾处理情况，有 24%左右的被调查者选择水污染，有 45%的被调查者选择城郊湿地遭不同程度的蚕食。

第 10 章　沿黄旅游区用地可持续发展对策

在一定程度上，研究土地变化的目的在于土地可持续利用。为了实现可持续发展的目标，尤其在制定区域可持续发展战略规划时，探讨土地变化的可持续性十分必要（赵小汎等，2007）。通过协调区域土地利用类型的结构、比例、空间分布与当地自然特征和经济发展之间的关系，使土地资源充分发挥其生产与生态功能，以达到社会、经济和生态的最佳综合效益（龙花楼等，2014）。

10.1　进行土地分区，促进土地格局优化

土地利用分区是按照地域分异规律和土地利用条件、土地利用现状、土地开发利用方向与途径的相似性和差异性对土地进行区域划分，又称土地利用区划。它是合理开发利用和保护土地资源、因地制宜调整土地利用结构和确定土地利用方向的重要科学依据。

郑州沿黄旅游区的总体定位是：以生态涵养、生态安全为先导战略，强化其作为国家粮食安全基地的战略地位，打造服务郑州都市区的生态功能区和惠及滨河公园下游区域的生态保障区；调整生态发展模式，探索生态产业化发展，建立国内生态经济的示范样板，打造国家级生态经济示范区；建成以生态、旅游、文化创意、休闲度假、养生旅游、现代农业、现代畜牧业、经济生态林业等产业为依托，融合多种产业发展的新型生态文化旅游产业集聚区和国家级旅游目的地。

结合上述发展总体目标定位，根据调研，郑州沿黄旅游区在土地利用方式、土地质量、土地利用条件等方面差异明显，空间分异沿黄河自北向南呈规律性分布。为提高区域土地生产力和改善土地生态系统，进一步保护和改善区域生态环境，促进耕地保护和城镇建设协调发展，增进土地利用效率，克服土地利用的负外部效应，应遵循“三个一致性”（土地开发利用的自然和社会经济条件的相对一致性、土地利用现状特征的相对一致性、土地利用存在的主要问题和远景开发利用方向与途径的相对一致性）原则。依据沿黄旅游区土地利用特点、产业布局和主体功能分区，在区域范围内划分土地利用功能区，在空间划分滩涂湿地保护区、沿黄防护林用地区、生态农业用地区、旅游景区公园用地区、建设发展用地区 5 种主要类型的土地利用功能区。

10.1.1　滩涂湿地保护区

滩涂湿地保护区是以保护黄河滩涂及湿地生态系统为主题的自然保护区，是融湿地保护、科学研究、教学科普、生态旅游及多种开发模式为一体的生态公益性保护区域，主要分布于沿黄大堤以北。该区域的主要任务是保护和恢复滨黄河地区的生态环境，以保持沼泽湿地生态系统尽量不受人为干扰，能够自然生长，并维持其作为珍稀水鸟的栖息地和繁殖地，以保持保护区的生物多样性，提升沿黄旅游区作为郑州北部生态屏障的功能。

10.1.2　沿黄防护林用地区

沿黄防护林用地区是指为了涵养水源、发展林业、防止灾害及改善生态环境而划定的土地利用功能区。该区域的土地主要供沿黄防护林建设和环境保护林建设使用，同时兼顾林业生产。该地类主要分布于沿黄大堤两侧。在沿黄防护林用地区内，禁止所有生产性采伐，禁止毁林、开垦及采矿等非林业活动，严禁各类建设占用永久保护的森林资源和自然保护区林木，仅允许抚育和更新性采伐。鼓励生态林用地区在保证达到保持水土、防风固沙、涵养水源、防止水源污染的前提下，在重要地段，适当增加绿化宽度，乔、灌、花、草相结合，提高常绿树种比例，高标准绿化美化。积极保护该区的生态环境，防止沿黄区水土流失。

10.1.3　生态农业用地区

生态农业用地区是指直接或间接为农业生产所利用的土地，包括区域内的耕地、园地、养捕水面、农田水利设施用地及田间道路和其他一切农业生产性建筑物占用的土地等。根据各个地区的产业基础，建立以特色农业、新型农业、高新农业、旅游农业等为主题的生态农业用地区。该地类主要分布于旅游区内中西部、中部、东部地区，包括荥阳市、惠济区、金水区及中牟县部分地区。该区域的主要任务是加快传统农业向现代农业转变，促进农业生态系统良性循环，保障区域粮食安全。

10.1.4　旅游景区公园用地区

旅游景区公园用地区主要是指用于开展观光、游览、休闲及度假等各种旅游活动所占用的空间场所，如用于景点、景区、公园、游乐场、度假区等占用的土地。该区域的土地利用主要用于发展旅游业，土地功能主要是旅游活动。该地类在沿黄旅游区分布广泛，主要集中于西部巩义市、荥阳市、郑州中心区的北部及中牟县的雁鸣湖附近区域。该区域按功能可分为 4 个片区：历史文化产业发展体验片区，主要包括巩义片区和荥阳的汜水镇区域；生态农业与乡村旅游发展示范片区，主要包括荥阳片区；黄河生态休闲产业发展片区，主要包括惠济、金水片区；生态旅游度假产业发展片区，主要为中牟片区。该区域的主要任务是依托郑州地区经济社会发展优势和黄河旅游资源条件，整合旅游资源形成合力，创新郑州沿黄旅游的开发模式，改善周边环境质量及基础设施条件，构建国内一流的黄河文化生态旅游带和中原黄河风情聚集区，打造具有较强影响力的核心旅游吸引物。

10.1.5　建设发展用地区

建设发展用地区是指按照当地区域发展规划，服务于旅游业发展配套，促进新型城镇化建设而划定用来建造建筑物、构筑物的土地，是利用土地的承载能力或建筑空间，为各项建设提供服务的土地。它包含城乡住宅、旅游服务设施和公共设施用地，工矿用地，能源、交通、水利、通信等基础设施用地等。该地类空间分布具有“大集中、小分散”的特点，大量呈片状集中于郑州北部的金水、惠济二区和中牟县，另一些呈点状零散分布于研究区内。该区域的主要任务是以城乡统筹、旅游配套、节约集约、生态宜居、和谐发展为基本目标，加强旅游业基础配套设施建设，引导人口集聚与适度迁移，促进生态脆弱地区人口向镇中心及区域中心镇集聚，降低生态脆弱地区人口密度，适度控制城镇数量，提升城镇质量。实施合村并城、新型农村社区及拆迁合并等用地模式，引导村庄居民点的整合、集聚。建立区域协调发展、互促共进的城镇化，即发挥中心城市的辐射带动作用，发挥小城镇的承载承接作用，发挥新型农村社区的战略基点作用，构建“城市建设区—重点镇—新型农村社区”三级配套的现代化城镇体系。构建空间布局合理、功能分工有序、资源配置优化、公共服务设施均等、环境优美舒适的城乡统筹发展新格局。

根据对现状城镇区位、资源禀赋、现有产业基础及其在区域经济发展中的作用和优势的分析，综合考虑各城镇的特色、主要服务功能、范围和强度，将其城镇职能分为生态旅游型、历史文化旅游型、观光农业型、休闲度假型、综合服务型等五大特色职能进行布局。生态旅游型地区是指通过尽量减少对生态环境的不利影响，确保旅游资源的可持续利用，以吸收自然和文化知识为目的，将生态环境保护与公众教育相结合，共同促进地方经济社会发展有机结合的旅游活动的地区，主要包括康店镇、河洛镇、高村镇、惠济区城市建设拓展区及狼城岗镇。历史文化旅游型地区是指通过保护或者恢复历史遗迹，使游人感知、了解、体验历史及其所包含的文化精髓的地区，主要包括康店镇、河洛镇及汜水镇。观光农业型地区是指以生产农作物、园艺作物、花卉、茶、果等为主营项目，让游人参与生产、管理及收获等活动，并可欣赏、购买、品尝园内生产的品种的地区，主要包括汜水镇、王村镇、高村镇、广武镇及狼城岗镇。休闲度假型地区是指为游客提供舒适的休闲、放松和娱乐项目的休闲旅游的地区，主要包括王村镇、惠济区城市建设拓展区及万滩镇。综合服务型地区是指为游客提供休闲、娱乐、商务、办公、餐饮、住宿及购物等多种服务功能的地区，主要包括广武镇、惠济区城市建设拓展区及雁鸣湖镇。

10.2 编制国土规划，协调统筹各项相关规划

做好土地利用规划是实现土地开发利用的基本前提，是政府进行土地管控的重要依据，更是实现区域“经济—生态—社会”可持续发展的基本途径。沿黄地区是生态脆弱区，也是旅游开发热点区，还是新型城镇化建设区。沿黄旅游区的土地利用类型复杂多样，区域内有耕地、林地、风景点游赏用地、城镇建设用地、村庄用地、交通运输用地、水域用地等多类土地分布，第一、第二、第三产业用地同在，城市用地与农村用地并存，农业用地与生态用地并存，工业用地与水域用地并存，土地利用格局混杂，土地利用矛盾重重，管理难度较大。研究区位于黄河中下游分界点，属于黄土高原向黄淮平原的过渡地带，自然环境复杂，肩负着保障黄河下游生态经济安全的使命，同时区内涉及大面积成片基本农田，是国家重要粮食产区的重要组成部分，必须严格保护耕地和生态环境，切实保障国家粮食生产安全。因此，编制好郑州沿黄旅游区土地利用规划，是优化土地利用结构，实现沿黄旅游区土地生态利用，促进该区土地利用可持续发展的关键所在。

可根据沿黄旅游区社会经济发展总的定位和目标，结合当地自然、经济、社会、科学技术等条件，编制沿黄旅游区国土规划。坚持因地制宜、巧妙人工的建设原则。合理安排各类土地用途，合理布置产业布局、生态建设、基础设施建设，以及风景名胜区、旅游区、生态农业区等园区建设，通过统一规划、分期实施，逐步把郑州沿黄旅游区建设成融旅游观光、生态农业、生态住区和生态城于一体，各项建设有序发展，沿岸景色优美的滨水风光带。通过编制规划，确定人口、城镇的合理布局，确定产业布局、空间功能及土地分区，明确区域主要资源的开发规模、布局和步骤，确定交通、通信、能源、水源等重大基础设施的安排，确定生态环境的整治目标与对策。从生态理念、绿色发展、低碳经济的高度，按照人口资源环境相均衡、经济社会生态效益相统一的原则，控制开发强度，调整空间结构，促进生产空间集约高效、生活空间宜居适度、生态空间山清水秀。

另外，要严格实施规划。在现实操作中，要严格执行土地利用规划，避免土地利用过程中的短期行为和外部不经济现象。强化土地利用总体规划自上而下的控制，各区人民政府应按照下级规划服从上级规划、专项规划服从总体规划的原则，组织区、乡两级土地规划修编，落实规划各项目标和任务。

同时要协调统筹各项相关规划。地区、部门、行业在编制城市、交通、水利、旅游、生态保护等规划时，要和本级土地利用规划相衔接，既要符合保护耕地、保护环境和节约集约用地的要求，又要符合土地利用规划确定的用地规模和总体布局，凡与规划不符的要及时调整修改。

10.3 创新发展理念，优化土地利用模式

伴随黄河旅游热的兴起，在旅游产业经济利益和沿黄生态约束的双轮驱动下，对沿黄旅游区进行生态导向型的土地开发利用，既是新时期旅游产业转型升级的迫切需要，更是促进沿黄区永续发展的客观要求。通过阅读大量文献、实地调研、现场勘查、案例归纳等，作者提出“沿黄旅游区生态导向型土地开发”的概念。

10.3.1 沿黄旅游区 EOLD 模式的概念

旅游区 EOLD（ecology oriented land development）模式即生态导向型土地开发模式。该模式是一种以生态为中心的土地利用方式，即以生态涵养、生态安全为先导，旨在有限的旅游区土地利用空间上，最大限度地将土地集约利用起来，赋予其复合型旅游功能。该模式注重景观设计与环境的融合，开发出的旅游项目不能对生态保持造成负担，最终形成具有多元旅游功能的生态格局。

10.3.2 沿黄旅游区 EOLD 模式的内涵

1. 突出生态系统构建

沿黄旅游区以风沙治理、植树造林、黄河水土保持等生态片区建设为重点，以强化黄河湿地保护、沿黄生态修复为手段，以将黄河滨河公园建设成青山、绿水、田园、湿地等多种形态的生态系统为目标，以生态源、生态斑块、生态廊道修复为主要内容，注重滩涂湿地、风景区、生态农业区等生态景观绿地和沿黄防护绿地、公园、街头绿地等公共绿地的设计。

2. 注重土地集约利用

实现沿黄旅游区土地利用可持续发展的关键是土地利用方式的选择与土地资源的高效利用。采用 EOLD 模式时应注意以下问题：一是力避粗放式旅游经济增长模式造成的旅游用地浪费、空间生产不集约、“土地换发展”倾向；二是放弃以侵占农林地和居民居住空间而换取旅游经济的发展，呈现旅游用地递增、耕地面积缩减和宅基地流转为特征的土地非农化倾向；三是放弃以用地中拿旅游当借口和护身符，实际在买地炒地的倾向。EOLD 模式重点在于优化旅游区用地结构和充分发挥旅游区用地的潜力。一方面，对旅游区内已经利用起来的土地进行整理，提高效率，盘活存量；另一方面，通过技术手段进行生态恢复和环境治理，使旅游区内已经退化、污染、废弃的土地得以再次利用。另外，赋予同一块土地多种

功能，注重复合开发，如集生态农业园、生态保育、农业开发、旅游观光、食品加工等功能于一体。

3. 强化整体功能开发

在功能布局上，强化整体功能开发，注重协调各个区域功能的差异性与互补性，注重旅游区在空间上形成连续性，突出规模效应和群体组合优势，不仅满足游客的食、住、行、游、购、娱六要素，还满足游客商、养、学、闲、情、奇等要素，使有限的旅游区用地资源得到充分利用。

10.3.3 沿黄旅游区 EOLD 模式的特点

沿黄旅游区 EOLD 模式具有以下特点。

1）旅游开发服从于生态和文化保护的需要，旅游业为恢复生态和改善居民生活提供支持。

2）按照“大生态、小开发；大自然、巧人工；大纵深、多节点”的低冲击、低密度开发理念，统筹优化旅游产业空间布局。

3）将土地集约利用植入旅游用地的利用模式中，更加强调对土地资源利用的优化配置。

10.3.4 沿黄旅游区 EOLD 土地利用模式

1. 休闲农业型土地利用模式

休闲农业型土地利用模式是指以耕地为主，兼顾农林牧副渔全面发展的休闲农业土地利用模式，主要适用于中部、东部农业经济区。休闲农业是贯穿农村第一、第二、第三产业，融合生产、生活和生态功能，紧密连接农业、农产品加工业、服务业的新型农业产业形态和新型消费业态。该模式更多注重参与体验，以休闲度假和参与体验为核心，拓展多元功能，发展功能齐全、环境友好、文化浓郁的休闲农庄。

2. 生态保育型土地利用模式

生态保育型土地利用模式适用于研究区沿黄防护林带以北，西部巩义市、中部郑州北部的生态环境安全控制区。该区限制土地生态敏感地带土地利用的活动类型和强度，控制水源区及其周边的土地开发，保护滩涂湿地，维持区域生态系统的正常运转。该模式采用蛛网系统与群落廊道型配置相结合，通过构建以大环境森林自然景观为基质，以风景区和自然保护区等绿色斑块为重点，以平原农田林网绿化为依托，以主要河流、公路沿线绿色通道为脉络，以山体为屏障，“绿山养水，水中有绿，山水相映，绿水相通”的景观生态安全格局，形成各级绿化子系统有机联系，增进人与自然的和谐发展；尝试以旅游养生态，从而实现真正的生态经济双重发展。

3. 盘活存量、严控增量的土地利用模式

盘活存量、严控增量的土地利用模式适用于风景点游赏用地、村庄用地等。对区域内“围而不用”的旅游用地、“空心村”、高尔夫球场、温泉疗养地、大型旅游度假区等进行深入调查，努力通过多种途径盘活存量用地，提高土地利用效率与综合产出水平。另外，要严控增量，严格对旅游用地供应和利用的监督管理。

4. 适当增加增量、严格控制流量的土地利用模式

加强对中部城市密集区的居住用地规划与建设管理，集约利用土地，除满足当地居民的居住需求外，应考虑选择交通便利、环境优美的用地，开发建设以外来旅游者为主要服务对象的中、高档酒店、商场及娱乐场所等旅游配套设施，满足未来旅游业的发展。另外，面对土地等资源要素紧缺的制约，将村庄整治与土地资源保护和整理相结合，拆迁合并规模很小且没有发展前景的自然村，在具有区位优势、产业优势的区域集中建设农民聚居社区；对城镇建设用地进行合理布局，明确用地功能，以城市干道、河网为骨架，主动调整现有空置居住用地，优化对土地资源的利用。

10.4　加大管理力度，保护生态环境

10.4.1　科学编制生态环境保护发展规划

科学编制沿黄地区生态环境保护发展规划，加强生态保护建设和环境保护产业发展。以修复沿黄区域生态环境为根本，以构建南水北调中线工程生态廊道为屏障，以保护动植物与水体资源为重任；融合自然资源与文化资源，建成特色鲜明、主题突出的黄土地质地貌公园和沿黄湿地公园。

10.4.2　加强生态环境动态监测与督查

在沿黄旅游区内根据不同生态系统类型选择不同位置布设标准场地，建立生态观测点，进行生态环境监测；同时设置径流场，进行降水、径流及泥沙观测等，通过对沿黄旅游区生态状况进行综合监测，及时掌握生态状况监测数据，分析生态状况及变化趋势，为当地社会经济可持续发展提供参考依据。另外，要对环境保护进行宣传，经常对区域内的生态状况进行督查，通过多种途径宣传保护黄河生态安全、森林防火、野生动植物防护等，对乱砍滥伐、采石采砂、乱捉乱捕、

违规建筑等破坏生态环境的现象进行及时阻止及治理。

10.4.3　实施黄河湿地生态修复工程

以沿黄滩地、湿地、林地、农田等为载体，以生态保护和生态产业为核心，构建滨黄河的生态涵养修复带；以生态修复和生态绿化为主要功能，建立区域东西向重要的生态旅游景观长廊：实现生态保育、生态涵养，真正成为郑州北部的生态屏障，并为人们提供近水空间、开敞空间、绿色农产品，构建城市临黄河的滨水景观区域。

10.4.4　构建市场化生态补偿机制

生态补偿（eco-compensation）是以保护和可持续利用生态系统服务为目的，以经济手段为主调节相关者利益关系的制度安排。沿黄旅游区应积极探索通过市场机制实现补偿生态效益的有效途径。例如，加快建立环境财政，把环境财政作为公共财政的重要组成部分，加大对生态补偿和生态环境保护的支持力度。又如，从当地的景区、宾馆、旅游地产等旅游部门的门票或收入中提取一定比例的费用，用于该区域的生态效益补偿。再如，可以成立诸如“善待母亲河”“关爱母亲、善行旅游”等环保基金委员会，通过向社会募集资金用于沿黄旅游区的生态环境保护。

10.5　发展生态旅游，缓解土地利用矛盾

生态旅游（ecotourism）由世界自然保护联盟（International Union for Conservation of Nature，IUCN）特别顾问谢贝洛斯•拉斯喀瑞于 1983 年首次提出。发展生态旅游有利于维持旅游资源利用的可持续性，有利于保护旅游目的地的生物多样性，有利于给旅游地生态环境的保护提供资金，有利于增加旅游地居民的经济获益，有利于增强旅游地社区居民的生态保护意识。

郑州沿黄区是河南省重要的生态保护区，历史文化悠久、生态保护相对良好，不仅是黄河生态修复或治理的重点区域，还是自然生态资源、黄河文化、中原文化和河洛文化的富集地区，共认定主要旅游资源点 60 处，非物质旅游资源 16 项；旅游资源开发条件较好、市场前景看好，超过一半的旅游资源属于开发条件或市场前景较好的优势资源。总体来说，沿黄地区独特的生态环境、良好的旅游资源组合、合理的空间分布为开展生态旅游提供了得天独厚的条件。

10.5.1　进行准确的功能定位

以郑州沿黄旅游区丰富的生态旅游资源为依托，全面整合区域资源形成合力，以生态观光、文化体验、休闲度假为核心功能，完善配套旅游服务设施和公共服

务设施，创新郑州沿黄旅游的开发模式，实行绿色低碳旅游开发，设计绿色旅游产品，开展绿色旅游经营，建设绿色旅游产业，建成全国生态旅游示范区和国际一流黄河文化旅游目的地。

10.5.2　构建合理的总体布局

郑州沿黄旅游区旅游空间布局可概括为“一带一轴一核三片区”。一带，指沿黄河以滨河画廊为主要元素组成的滨河风光带。一轴，指由特色城镇穿插而成主要承担交通功能的休闲游憩轴。一核，指以黄河风景名胜区为核心、展现炎黄文化和黄河风情的黄河文化体验核。三片区，指以河洛文化旅游区为核心、虎牢关古军事主题园为次核心的历史文化旅游区，位于郑州沿黄区西部；以南水北调穿黄旅游区和古荥文化产业园为核心的都市休闲旅游区，位于郑州沿黄区中部；以雁鸣湖国际旅游度假区和黄河湿地为核心的生态度假旅游区，位于郑州沿黄区东部。

10.5.3　探索多样化的旅游用地供应模式

一是探索其他用地与旅游用地的复合利用。充分利用旅游用地良好的兼容性，使同一片土地资源同时具有土地生产和旅游的双重功能甚至多重功能，起到对土地生产力综合立体开发与利用的功效。二是积极利用“四荒地”（荒山、荒沟、荒丘、荒滩）开展旅游项目。三是对于以发展生态旅游为主的县区，积极尝试“征转分离”的土地利用模式。只要旅游用地不变更农用地属性及用途，就允许农用地以转包、出租、股份制等方式参与旅游项目开发。旅游建设用地也可以出租、作价或入股，通过合作、联营等方式参与开发经营。

10.6　建立相关机制，推行差别化土地供应政策

一是试行农村宅基地有偿退出机制。面对旅游区内村庄建设松散无序、侵蚀生态资源的局面，为保护沿黄旅游区生态环境，必须将村庄整治与土地资源保护和整理相结合，拆迁合并规模很小且没有发展前景的自然村。对在禁建区或限建区的村庄及农村宅基地要进行拆除。试行农村宅基地有偿退出机制，有利于保护农民既得利益，增强土地制度改革的社会接受度，保障农村宅基地顺利退出生态旅游区。二是分类指导，推行差别化土地供应政策。对于研究区中部地区金水、惠济二区，依托黄河风景区，在景区南部集中布置旅游公共服务设施，将生态休闲和综合服务充分结合，服务于整个片区乃至郑州都市区，因此，对该区域要有针对性地适当扩大建设用地供给。对于巩义的康店镇、河洛镇及荥阳的高村镇等，定位于生态保育旅游区，则要退建还林，限制开发，引导居民点迁移或集中居住，进行严格的土地用途管制，实施建设用地锁定机制。

参考文献

巴华蕊，2012．农村土地流转为旅游用地的法律问题研究[D]．西安：西安外国语大学．

白晓飞，陈焕伟，2004．不同土地利用结构生态系统服务功能价值的变化研究：以内蒙古自治区伊金霍洛旗为例[J]．中国生态农业学报（1）：180-182．

保继刚，1987a．旅游者行为研究[J]．社会科学家（6）：19-22．

保继刚，1987b．颐和园旅游环境容量研究[J]．中国环境科学，7（2）：32-38．

保继刚，苏晓波，2004．历史城镇的商业旅游化研究[J]．地理学报，59（3）：427-436．

鲍丽萍，王景岗，2009．中国大陆城市建设用地扩展动因浅析[J]．中国土地科学，23（8）：68-72．

毕宝德，1997．我国农业投资的现状、问题与对策[J]．农业经济问题（1）：54-57．

毕宝德，2000．城镇建设中的生态环境保护问题刍议[J]．建设与管理（12）：54-55．

蔡运龙，2001．土地利用/土地覆被变化研究：寻求新的综合途径[J]．地理研究，20（6）：645-652．

陈百明，1996．加拿大耕地质量监测概述[J]．自然资源（2）：77-80．

陈百明，刘新卫，杨红，2003．LUCC 研究的最新进展评述[J]．地理科学进展，22（1）：22-29．

陈传康，1996．城市旅游开发规划研究进展评述[J]．地球科学进展，11（5）：508-512．

陈春，冯长春，2010．中国建设用地增长驱动力研究[J]．中国人口·资源与环境，20（10）：72-78．

陈利顶，傅伯杰，王军，等，1999．榆林脆弱生态区经济发展特点与可持续发展战略[J]．土壤侵蚀与水土保持学报，5（6）：86-91．

陈龙乾，郭达志，胡召玲，等，2004．城市扩展空间分异的多时相 TM 遥感研究[J]．煤炭学报，29（3）：308-312．

陈梅英，郑荣宝，王朝晖，2009．土地资源优化配置研究进展与展望[J]．热带地理，29（5）：466-471．

陈培汉，2006．榆林市域旅游空间结构研究[D]．西安：西安建筑科技大学．

陈佑启，唐华俊，1998．我国农户土地利用行为可持续性的影响因素分析[J]．中国软科学（9）：93-96．

成英文，张辉，2013．旅游用地存在的问题及对策[N]．中国旅游报，2013-06-05（11）．

崔凤军，许峰，向佳梅，1999．区域旅游可持续发展评价指标体系的初步研究[J]．旅游学刊（4）：42-45．

戴尔阜，蔡运龙，傅泽强，2002．土地可持续利用的系统特征与评价[J]．北京大学学报（自然科学版），38（2）：231-238．

戴尔阜，吴绍洪，2004．土地持续利用研究进展[J]．地理科学进展，23（1）：79-88．

戴锦，2004．生态经济学的几个基本理论问题[J]．科学经济社会，22（4）：26-28．

党维华，郝杨，杨苗苗，2010．太白山生态旅游区开发现状与旅游可持续发展探讨[J]．西北林学院学报，25（5）：220-223．

邓聚龙，1982．灰色控制系统[J]．华中工学院学报，10（3）：9-18．

董锁成，李雪，石广义，等，2010．宁蒙陕甘沿黄生态经济带建设构想[J]．地理研究，29（2）：204-213．

窦玥，戴尔阜，吴绍洪，2012．区域土地利用变化对生态系统脆弱性影响评估：以广州市花都区为例[J]．地理研究，31（2）：311-322．

杜彩云，谭留洋，彭卫民，2009．旅游开发地的农民土地问题研究：以湖南省张家界为例[J]．经济研究导刊（1）：55-56．

杜际增，王根绪，李元寿，2015．基于马尔科夫链模型的长江源区土地覆盖格局变化特征[J]．生态学杂志，34（1）：195-203．

段景艳，2013．旅游用地集约利用评价研究：以郑州市为例[D]．开封：河南大学．

樊哲文，黄灵光，钱海燕，等，2009．鄱阳湖流域土地利用变化的土壤侵蚀效应[J]．资源科学，31（10）：1787-1792．

范力，焦世泰，韦复生，2013．左右江红色旅游区红色旅游产品开发模式研究[J]．中国软科学（11）：170-177．

方创琳，祁巍锋，宋吉涛，2008．中国城市群紧凑度的综合测度分析[J]．地理学报，63（10）：1011-1021．

冯静，2013．鄂尔多斯市沿黄河旅游风光带旅游协作发展研究[D]．呼和浩特：内蒙古师范大学．

冯文勇，韩瑛，2012．山西沿黄县市旅游资源的分布与结构[J]．河北联合大学学报（社会科学版），12（5）：47-48．

傅海霞，2011．低碳经济相关概念综述[J]．商业时代（13）：8-9．

高银富，党维勤，任怀泽，2013. 公路建设水土保持存在的问题及对策：以山西柳林沿黄旅游公路建设为例[J]. 山西水土保持科技（3）：44-45.

耿彦斌，吕志远，2010. 地理信息系统技术在交通仿真中的应用[J]. 中国科技信息（4）：252-253.

谷莹莹，董锁成，李泽红，等，2015. 宁蒙沿黄地带经济增长与环境污染关系研究：基于环境库兹涅茨曲线的实证分析[J]. 河南科学，33（5）：819-826.

关伟，王雪，2009. 大连市土地利用变化的人文因素[J]. 地理研究，28（4）：990-1000.

郭金玉，张忠彬，孙庆云，2008. 层次分析法在安全科学研究中的应用[J]. 中国安全生产科学技术（2）：69-73.

郭秀锐，杨居荣，毛显强，2002. 城市生态系统健康评价初探[J]. 中国环境科学（6）：46-50.

郭琰，2003. 郑州沿黄河旅游资源的评价[J]. 中州大学学报（4）：13-15.

何春阳，周海丽，于章涛，等，2002. 区域土地利用覆盖变化信息处理分析[J]. 资源科学（2）：64-70.

何小芊，2007. 旅游地土地资源可持续利用探讨[J]. 国土与自然资源研究（2）：38-39.

侯鹏，蒋卫国，陈自力，等，2009. 降水对洞庭湖湿地水文补给效应[J]. 地理研究，28（2）：371-378.

胡瑞法，冷燕，2006. 中国主要粮食作物的投入与产出研究[J]. 农业技术经济（3）：2-8.

华宣蕾，2012. 向着建设美丽中国前进[J]. 中国研究生（12）：56-57.

黄会平，王永兵，冯小明，2010. 基于 RS 和 GIS 的河谷型城市土地利用变化及生态环境效应研究[J]. 水土保持通报，30（6）：229-232，237，248.

黄理平，1990. 生态经济学研究概述[J]. 理论前沿（8）：4-6.

黄羊山，王建萍，1995. 生态旅游与生态旅游区[J]. 地理与地理信息科学（3）：56-60.

贾科利，2007. 基于遥感、GIS 的陕北农牧交错带土地利用与生态环境效应研究[D]. 杨凌示范区：西北农林科技大学.

江红南，塔西甫拉提·特依拜，丁建丽，2009. 新疆库车县灌区土地盐渍化时空演变影响因子分析[J]. 干旱区研究，26（4）：514-518.

蒋依依，王仰麟，彭建，等，2006. 基于旅游生态足迹模型的旅游区可持续发展度量：以云南省丽江纳西族自治县为例[J]. 地理研究（6）：1134-1142.

黎孔清，2013. 低碳经济导向的区域土地利用评价与结构优化研究[D]. 武汉：华中农业大学.

李边疆，2007. 土地利用与生态环境关系研究[D]. 南京：南京农业大学.

李栋科，丁圣彦，赵清贺，等，2014. 基于特征尺度的黄河中下游典型农区景观异质性分析[J]. 河南大学学报（自然科学版），44（5）：550-556.

李富程，王青，李国蓉，等，2009. 马尔柯夫过程预测官司河流域土地利用/覆被格局变化[J]. 水土保持研究，16（5）：31-34.

李江，2010. C 市土地招商现状、问题及对策研究[D]. 长沙：湖南师范大学.

李婕，2008. 旅游用地可持续开发利用之策略初探[J]. 理论导报（12）：38-39.

李美蓉，2015. 上河村鹧鸪戏调查研究[D]. 西安：陕西师范大学.

李明峰，郭青海，2019. 基于土地利用变化的东山岛滨海旅游区生态系统服务价值研究[J]. 南京师范大学学报（自然科学版），36（4）：81-87.

李鹏山，2010. 基于 GIS 的海口市滨海旅游区土地利用的生态环境效应研究[D]. 海口：海南师范大学.

李黔湘，王华斌，2008. 基于马尔柯夫模型的涨渡湖流域土地利用变化预测[J]. 资源科学，30（10）：1541-1546.

李青，李禾，2008. 云南旅游用地可持续性问题研究[J]. 新乡学院学报（社会科学版），22（4）：69-71.

李闻，2010. 基于 CLUE-S 模型的土地利用模拟研究[D]. 南京：南京师范大学.

李秀彬，1996. 全球环境变化研究的核心领域：土地利用/土地覆被变化的国际研究动向[J]. 地理学报，63（6）：553-558.

李亚男，2014. 浅谈旅游发展和生态环境保护[J]. 长春教育学院学报（16）：75-76.

李艳娜，2007. 郑汴洛沿黄旅游资源带的成因与可持续利用研究[D]. 武汉：华中师范大学.

李正，王军，白中科，等，2012. 贵州省土地利用及其生态系统服务价值与灰色预测[J]. 地理科学进展，31（5）：577-583.

李植斌，2000. 城市土地可持续利用评价研究[J]. 浙江师范大学学报（自然科学版），23（1）：68-73.

梁栋栋，陆林，2005. 古村落型旅游地土地利用的初步研究：世界文化遗产黟县西递案例分析[J]. 经济地理，25（4）：562-564.
梁栋栋，陆林，2006. 山岳型宗教旅游地的土地利用分析：九华山风景名胜区实证研究资源开发与市场，22（2）：160-163.
梁栋栋，陆林，章锦河，等，2004. 九华山空间拓展开发研究：九华山花台景区开发实证研究[J]. 安徽师范大学学报（自然科学版），27（2）：212-215.
梁留科，2006. 土地生态利用理论研究与案例分析[D]. 开封：河南大学.
林立军，2013. 基于模糊聚类的旅游资源评价与开发：以宁夏沿黄城市带为例[J]. 河西学院学报，29（4）：77-82，21.
林英彦，1994. '94 海峡两岸土地学术研讨会论文集：都市中之农村问题探讨 日本之经验[C]. 北京：中国土地学办公室：155-176.
刘纪远，1996. 中国资源环境遥感宏观调查与动态研究[M]. 北京：中国科学技术出版社.
刘纪远，刘明亮，庄大方，等，2002. 中国近期土地利用变化的空间格局分析[J]. 中国科学：地球科学，32（12）：1031-1040.
刘纪远，张增祥，庄大方，2003. 二十世纪九十年代中国土地利用变化时空特征及其成因分析[J]. 中国科学院院刊，18（1）：35-37.
刘杰，严金明，邱卉，2013. 生态旅游用地分类体系研究[J]. 中国土地科学，27（9）：71-77.
刘俊，董平，2009. 1996 年以来苏锡常地区土地利用结构时空演变研究[J]. 地域研究与开发，28（2）：79-84.
刘俊，袁红，2010. 1998—2009 年重庆市磁器口古镇旅游用地空间结构演变[J]. 地理科学进展，29（6）：657-662.
刘力，邱继勤，2012. 旅游用地可持续利用评价研究：以重庆市武隆县仙女山景区为例[J]. 安徽农业科学，40（3）：1577-1578，1588.
刘孟浩，席建超，2019. 基于多智能体的旅游乡村聚落用地格局演变模拟：以野三坡旅游区苟各庄村为例[J]. 旅游学刊，34（11）：107-115.
刘琦，任志远，李晶，2007. 区域土地利用变化图谱分析及其生态效应评价：以太原市城区及近郊区为例[J]. 中国农业科学，40（10）：2259-2266.
刘少和，梁明珠，2015. 环大珠三角城市群游憩带旅游产业集聚发展路径模式：以广东山海旅游产业园区建设为例[J]. 经济地理，35（6）：190-197.
刘盛和，吴传钧，沈洪泉，2000. 基于 GIS 的北京城市土地利用扩展模式[J]. 地理学报，55（4）：407-416.
刘书楷，1996. 从生态经济观论资源的二重涵义与特性功能[J]. 生态经济（1）：1-6.
刘书楷，1999. 各国可持续农业发展道路与资源利用模式比较[J]. 生态农业研究，7（1）：23-27.
刘晓静，梁留科，2013. 国内科普旅游研究进展及启示[J]. 河南大学学报（社会科学版），53（3）：49-55.
刘旭，2014. 北京市土地利用变化及其生态环境响应研究[D]. 北京：首都师范大学.
刘彦随，1999. 土地利用优化配置中系列模型的应用：以乐清市为例[J]. 地理科学进展，18（1）：26-31.
刘彦随，陈百明，2002. 中国可持续发展问题与土地利用/覆被变化研究[J]. 地理研究，21（3）：324-330.
龙花楼，2015. 论土地利用转型与土地资源管理[J]. 地理研究，34（9）：1607-1618.
龙花楼，刘永强，李婷婷，等，2014. 生态文明建设视角下土地利用规划与环境保护规划的空间衔接研究[J]. 经济地理，34（5）：1-8.
龙先琼，2007. "发展"视域下文化多样性的价值分析[J]. 思想战线，33（5）：119-120.
卢远，华璀，王娟，2006. 东北农牧交错带典型区土地利用变化及其生态效应[J]. 中国人口·资源与环境，16（2）：58-62.
鲁春阳，齐磊刚，桑超杰，等，2007. 土地利用变化的数学模型解析[J]. 资源开发与市场，23（1）：25-27.
陆丹丹，钟永德，杨永德，2015. 漓江上游土地利用与覆盖变化及其驱动力研究[J]. 生态经济，31（9）：128-131，146.
陆汝成，黄贤金，李衡，2009. 基于信息熵的建设用地演化和人文驱动分析：以黑龙江省为例[J]. 经济地理，29（5）：827-831.
路云霞，吴长年，黄载，等，2007. 旅游度假区可持续发展所面临的问题及对策探讨：以苏州太湖国家旅游度假区为例[J]．环境保护（24）：70-72.
吕春艳，王静，何挺，等，2006．土地资源优化配置模型研究现状及发展趋势[J]．水土保持通报，26（2）：21-26.
吕可文，苗长虹，安乾，2012．河南省建设用地扩张及其驱动力分析[J]．地理与地理信息科学，28（4）：69-74.
吕一河，陈利顶，傅伯杰，2007．景观格局与生态过程的耦合途径分析[J]．地理科学进展（3）：1-10.
罗平，陈同庆，何素芳，等，2002．云东海旅游区土地覆盖变化可行性研究[J]．佛山科学技术学院学报（自然科学版），20（1）：38-43.
罗娅，杨胜天，刘晓燕，等，2014．黄河河口镇—潼关区间 1998—2010 年土地利用变化特征[J]．地理学报，69（1）：42-53.
马建华，朱玉涛，2008．嵩山景区旅游活动对土壤组成性质和重金属污染的影响[J]．生态学报，28（3）：955-965.
马丽，金凤君，2011．中国城市化发展的紧凑度评价分析[J]．地理科学进展，30（8）：1014-1020.
马少春，2013．环洱海地区乡村聚落系统的演变与优化研究[D]．开封：河南大学.
马玉峰，贾宝全，王文明，2007．农牧交错区土地利用变化研究：以内蒙古伊金霍洛旗为例[J]．干旱区研究，24（2）：159-167.
马媛，黄羽中，郑巍，2012．玛曲县土地利用变化分析与预测[J]．干旱区研究，29（4）：735-741.
毛笑文，2005．黄河上游沿岸带旅游空间结构优化研究[D]．兰州：西北师范大学.
蒙晓，任志远，张羽中，2012．咸阳市土地利用变化及生态风险[J]．干旱区研究，29（1）：137-142.
孟丹，刘海鸿，赵静，2015．山西沿黄旅游资源深层次开发浅探[J]．旅游纵览（下半月）（8）：118，121.
孟飞，刘敏，侯立军，等，2006．浦东新区土地利用的时空变化分析[J]．华东师范大学学报（自然科学版）（4）：56-63.
欧名豪，2001．论土地利用规划控制的内容与特性[J]．南京农业大学学报（社会科学版），1（1）：59-64.
欧名豪，李武艳，刘向南，等，2002．城市化内涵探讨[J]．南京农业大学学报（社会科学版），2（4）：13-22.
欧阳慧，黄慧明，2001．赣州市农村地区土地利用可持续性评价[J]．中山大学研究生学报（自然科学版），22（1）：22-25.
欧阳志云，王效科，苗鸿，1999．中国陆地生态系统服务功能及其生态经济价值的初步研究[J]．生态学报，19（5）：607-613.
庞海峰，王欣，2002．现代旅游业的发展战略[J]．生态经济（6）：28-29.
彭建，王仰麟，张源，等，2004．滇西北生态脆弱区土地利用变化及其生态效应：以云南省永胜县为例[J]．地理学报，59（4）：629-638.
彭征，廖和平，郭月婷，等，2009．山地城市土地覆盖变化对地表温度的影响[J]．地理研究，28（3）：673-684.
祁黄雄，吴月照，乌恩，等，2001．风景区土地持续利用的生态途径：以三峡黄牛岩风景区为例[J]．水土保持研究，8（2）：90-95.
乔欣，2004．城市用地评定中的生态优先原则导入[D]．重庆：重庆大学.
秦吉，张翼鹏，1999．现代统计信息分析技术在安全工程方面的应用：层次分析法原理[J]．工业安全与防尘（5）：44-48.
邱炳文，陈崇成，2008．基于多目标决策和 CA 模型的土地利用变化预测模型及其应用[J]．地理学报，63（2）：165-174.
邱继勤，刘力，邱道持，2012．旅游景区用地分类体系探讨[J]．国土与自然资源研究（6）：26-28.
邱雪超，2010．山岳型旅游景区创新性产品开发研究：以贵州梵净山为例[D]．成都：西南财经大学.
全华，2004．生态旅游研究方法综述[J]．生态学报，24（6）：1267-1278.
饶品样，李树民，2008．产权边界、层次差异与旅游用地资源配置效率[J]．旅游学刊，23（11）：42-47.
邵景安，李阳兵，魏朝富，等，2007．区域土地利用变化驱动力研究前景展望[J]．地球科学进展，22（8）：798-809.
邵燕芬，2011．以社会调查提升大学社科类专业的创新能力[J]．黑河学刊（2）：134-135.
施仁杰，1992．马尔科夫链基础及其应用[M]．西安：西安电子科技大学出版社.
石培基，潘竟虎，刘春芳，等，2012．农村土地利用理论与实践[M]．兰州：甘肃人民出版社.
石培基，颉斌斌，邴广路，2008．基于地理空间认知规律的旅游形象设计：以黄河沿岸甘肃段为例[J]．地域研究与开发，27（6）：66-70.

史培军，陈晋，潘耀忠，2000．深圳市土地利用变化机制分析[J]．地理学报，55（5）：151-160．
舒卫萍，崔远来，2005．层次分析法在灌区综合评价中的应用[J]．中国农村水利水电（6）：109-111．
宋佳楠，梅建屏，金晓斌，等，2010．基于协调系数修正的区域生态系统服务价值测算研究[J]．地理与地理信息科学，26（1）：86-89．
苏刚，黄晶珂，2012．黄河沿岸市区融合型旅游区特色规划研究[J]．小城镇建设（4）：98-104．
苏琨，2009．老河口市旅游休闲活动对土地利用的影响分析[D]．武汉：华中师范大学．
苏林伟，张晓敏，2016．基于节能减排对河北省海洋资源管理的研究[J]．河北企业（1）：33-35．
孙瑞红，2013．基于碳排放清单的九寨沟自然保护区碳足迹及碳管理研究[D]．上海：上海师范大学．
孙宇杰，张宇辰，李鹏，2011．低碳背景下区域土地合理利用评价研究[J]．地域研究与开发，30（5）：93-96，117．
唐月亮，段建南，魏晓，等，2021．中国旅游用地研究进展与启示[J]．经济地理，41（5）：213-222．
陶倩，2012．宁夏沿黄经济区旅游资源空间分布研究[J]．中国证券期货（10）：184．
田道勇，1996．浅谈旅游可持续发展[J]．人文地理（2）：16-19．
涂小松，濮励杰，2008．苏锡常地区土地利用变化时空分异及其生态环境响应[J]．地理研究，27（5）：583-594．
万利，2009．城乡交错带土地利用变化的生态环境影响研究[D]．北京：中国农业科学院．
王保利，李永宏，2007．基于旅游生态足迹模型的西安市旅游可持续发展评估[J]．生态学报，（11）：4777-4784．
王大悟，1999．对生态旅游的若干重要认识[J]．桂林旅游高等专科学校学报，10（2）：5-14．
王丹桂，胡克，马鹏飞，等，2015．双台河口自然保护区 30a 间土地利用/覆被变化及其驱动力分析[J]．海洋学研究，33（1）：51-61．
王德利，2013．北京市空间紧凑度测度及提升对策[J]．城市问题（11）：25-30．
王海鸿，常艳妮，杜茎深，等，2008．建设用地扩张驱动力分析：以甘肃省为例[J]．干旱区资源与环境，22（3）：75-80．
王剑，徐美，2011．基于马尔柯夫模型的漾濞江流域土地利用变化预测[J]．水土保持研究，18（5）：91-95．
王京，卢善龙，吴炳方，等，2010．近 40 年来白洋淀湿地土地覆被变化分析[J]．地球信息科学学报，12（2）：292-300．
王静，2014．基于 DEAP-2．1 软件的姑婆山国家森林公园旅游用地效率评价研究[J]．经济研究导刊，（19）：232-234．
王开泳，张鹏岩，丁旭生，2014．黄河流域旅游经济的时空分异与 R/S 分析[J]．地理科学，34（3）：295-301．
王丽萍，周寅康，薛俊菲，2005．江苏省城市用地扩张及驱动机制研究[J]．中国土地科学，19（6）：26-29．
王良健，2001．旅游可持续发展评价指标体系及评价方法研究[J]．旅游学刊（1）：67-70．
王璐，杨洁，胡月明，等，2009．广州市土地利用生态服务价值测算研究[J]．水土保持通报，29（4）：229-234．
王敏，2013．宁夏沿黄带旅游产业集群发展研究[J]．西南民族大学学报（人文社会科学版），34（8）：136-139．
王启红，2004．可持续发展观在地理教学中的地位[J]．太原城市职业技术学院学报，（54）：107-108．
王少华，2017．郑州沿黄旅游区土地利用空间格局演变[J]．地域研究与开发，36（6）：115-118．
王少华，2019．洛阳白云山旅游区乡村聚落格局演变与机理研究[J]．地域研究与开发，38（2）：117-123．
王少华，梁留科，2015．旅游产业集聚背景下遗产区土地格局演变及机理：以龙门石窟为例[J]．经济地理，35（12）：216-224．
王拾犇，2013．基于 GIS 的汤原县土地利用/覆被变化及生态效应评价[D]．哈尔滨：东北农业大学．
王水献，董新光，寇文，2007．马尔柯夫过程预测焉耆盆地土地利用/覆被格局变化[J]．干旱区资源与环境，21（10）：28-33．
王万茂，2013．中国土地管理制度：现状、问题及改革[J]．南京农业大学学报（ 社会科学版），13（4）：76-82．
王万茂，但承龙，2003．海门市土地利用结构优化研究[J]．国土与自然资源研究（1）：44-46．
王万茂，王群，2011．土地利用规划中不确定性的识别和处理研究[J]．中国人口资源与环境，21（10）：84-90．
王晓燕，王晨，2007．北京颐和园旅游环境容量分析[J]．河北师范大学学报（自然科学版），31（3）：403-408．
王晓宇，2014．生态文明建设背景下辽宁省海岛旅游可持续发展研究[J]．环渤海经济瞭望（4）：10-13．
王协斌，2007．环境友好型旅游区理论初探[J]．林业调查规划（3）：117-120．
王秀兰，包玉海，1999．土地利用动态变化研究方法探讨[J]．地理科学进展，18（1）：81-87．

韦亚平，赵民，汪劲柏，2008．紧凑城市发展与土地利用绩效的测度：“屠能-阿隆索”模型的扩展与应用[J]．城市规划学刊（3）：32-40.

魏民，姚永慧，1999．鲁中南地区矿业环境评价[J]．地球科学：中国地质大学学报（5）：549-552.

魏云，江海童，周宇航，2014．GIS 技术在地质公园旅游业发展的应用：以四川兴文世界地质公园为例[J]．城市地理（4）：161-161.

吴次芳，陆张维，杨志荣，等，2009．中国城市化与建设用地增长动态关系的计量研究[J]．中国土地科学，23（2）：18-23.

吴丽敏，黄震方，曹芳东，等，2015．旅游城镇化背景下古镇用地格局演变及其驱动机制：以周庄为例[J]．地理研究，34（3）：587-598.

吴琼，2013．海岛及其周围海域监视监测指标体系研究[D]．青岛：中国海洋大学.

吴晓旭，邹学勇，2009．基于遥感与 GIS 的乌审旗土地利用变化研究[J]．地理科学进展，28（2）：199-206.

武兰芳，欧阳竹，唐登银，2004．区域农业生态系统健康定量评价[J]．生态学报（12）：2740-2748.

席建超，王新歌，孔钦钦，等，2014．旅游地乡村聚落演变与土地利用模式：野三坡旅游区三个旅游村落案例研究[J]．地理学报，69（4）：531-540.

席建超，赵美风，葛全胜，2011．旅游地乡村聚落用地格局演变的微尺度分析：河北野三坡旅游区苟各庄村的案例实证[J]．地理学报，66（12）：1707-1717.

肖华斌，袁奇峰，宋凤，2013．城市风景区土地利用冲突演变过程及形成机制研究：以西樵山风景名胜区为例[J]．中国园林（10）：117-120.

谢高地，甄霖，鲁春霞，等，2008．一个基于专家知识的生态系统服务价值化方法[J]．自然资源学报（5）：911-919.

谢花林，李波，王传胜，等，2005．西部地区农业生态系统健康评价[J]．生态学报，25（11）：3028-3036.

谢经平，廖瑾，2002．水资源可持续利用及其管理制度的创新[J]．生态经济（12）：40-42，46.

谢经荣，林培，1996．论土地持续利用[J]．中国人口·资源与环境（4）：13-18.

谢燕娜，朱连奇，王少华，等，2015．国外山地旅游区土地利用变化的研究进展[J]．中国人口·资源与环境（5）：100-105.

谢燕娜，朱连奇，杨迅周，等，2013．河南省旅游产业集聚区发展模式创新研究[J]．经济地理，33（11）：175-181.

荥阳市志编纂委员会，1996．荥阳市志[M]．北京：新华出版社.

熊鹰，王克林，黄道友，2004．GIS 支持下的湖南省生态环境质量综合评价[J]．水土保持学报 （5）：174-178.

熊鹰，王克林，蓝万炼，等，2004．洞庭湖区湿地恢复的生态补偿效应评估[J]．地理学报，59 （5）：772-780.

徐菲菲，2003．滨海生态旅游地可持续发展模式研究：以江苏连云港为例[J]．经济地理（4）：547-550.

徐慧，林文鹏，林涛，2009．长江三角洲地区旅游用地开发利用存在的问题及对策研究[J]．生态经济（10）：72-75.

徐岚，赵羿，1993．利用马尔柯夫过程预测东陵区土地利用格局的变化[J]．应用生态学报，4（3）：272-277.

徐士珺，2009．郑州市城市土地利用结构优化研究[J]．全国商情：经济理论研究（16）：136-139.

许倍慎，2012．江汉平原土地利用景观格局演变及生态安全评价[D]．武汉：华中师范大学.

许素芳，周寅康，2006．开发区土地利用的可持续性评价及实践研究：以芜湖经济技术开发区为例[J]．长江流域资源与环境（4）：453-457.

许涛，张秋菊，赵连荣，2004．我国旅游可持续发展研究概述[J]．干旱区资源与环境，18（6）：123-127.

颜丙金，2012．干旱绿洲区土地集约利用与生态环境的耦合关系研究：以甘州区为例[D]．兰州：西北师范大学.

阳柏苏，何平，赵同谦，2006．张家界国家森林公园土地利用格局变化[J]．生态学报，26（6）：2027-2034.

杨桂华，李鹏，2005．旅游生态足迹：测度旅游可持续发展的新方法[J]．生态学报（6）：1475-1480.

杨海峰，王丹林，2012．口述史与地方志编修：齐红深访谈录[J]．中国地方志（6）：40-45.

杨静，2012．张家界国家森林公园旅游供给系统结构优化研究[D]．湘潭：湘潭大学.

杨俊，那楠，席建超，等，2015．滨海旅游小镇旅游用地空间格局演变微尺度分析：以大连金石滩旅游度假区为例[J]．资源科学，37（3）：465-474.

杨俊，席建超，解鹏，等，2013．基于 CA 模型的旅游小镇增长的时空模拟与应用：以河北三坡镇为例[J]．地理研究，32（5）：915-923.

杨林，林燕，杨昆，等，2007．GIS 技术在人力资源开发与管理中的应用研究：以云南省为例[J]．经济问题探索

（4）：70-74.
杨晓晖，张克斌，慈龙骏，2005. 半干旱农牧交错区近 20 年来景观格局时空变化分析：以内蒙古伊金霍洛旗为例[J]. 北京林业大学学报，27（5）：81-86.
杨张婕，2011. 我国多媒体网络环境下英语教学实证研究现状的思考：基于《外语界》（2000—2009）的统计与分析[J]. 海外英语（11）：364-365.
杨主泉，2014. 旅游发展典型区域土地利用变化对生态系统服务价值的影响：以桂林阳朔县为例[J]. 中南林业科技大学学报（3）：130-136.
殷少美，周寅康，濮励杰，等，2006. 马尔科夫链在预测土地利用结构中的应用：以湖南娄底万宝镇为例[J]. 经济地理，26（S1）：120-123.
于开芹，2009. 泰安市区土地利用变化及生态效应研究[D]. 泰安：山东农业大学.
余强毅，吴文斌，唐华俊，等，2011. 复杂系统理论与 Agent 模型在土地变化科学中的研究进展[J]. 地理学报，66（11）：1518-1530.
俞博文，2016. 绿色营销与可持续发展探析[J]. 当代经济（4）：62-64.
玉苏普江·艾麦提，阿里木江·卡斯木，2013. 乌鲁木齐市绿地景观格局动态变化及驱动力分析[J]. 中南林业科技大学学报，33（9）：93-97，102.
张春华，黄延林，方开凯，等，2016. 周村水库主库区热分层初期氮素降低的驱动因子分析[J]. 环境科学，37（11）：4187-4193.
张頔，张文国，2006. 可持续发展中的哲学思考[J]. 陶瓷研究与职业教育，4（3）：19-23.
张景华，封志明，姜鲁光，2011. 土地利用/土地覆被分类系统研究进展[J]. 资源科学，33（6）：1195-1203.
张娟，2008. 旅游用地分类的探讨[J]. 资源与产业，10（1）：63-68.
张鹏岩，2013. 基于引黄灌区土地变化的可持续性评价研究：以开封式黑、柳灌区四乡为例[D]. 开封：河南大学.
张秋菊，傅伯杰，陈利顶，2003. 关于景观格局演变研究的几个问题[J]. 地理科学（3）：264-270.
张荣，刘霞，张光灿，等，2010. 基于马尔柯夫模型的峨庄流域土地利用格局动态预测[J]. 水土保持研究，17（2）：239-242.
张铁梅，2007. 中部崛起形势下山西沿黄地区旅游扶贫研究[D]. 太原：山西大学.
张文华，廉丽姝，于淼，2018. 江苏沿海地区土地利用转型及其生态环境质量响应[J]. 青岛农业大学学报（自然科学版），32（5）：119-124.
张岩，2008. 乡村旅游可持续发展问题、目标与对策研究[C]//王运升，张清. 科学发展与社会责任（B 卷）：第五届沈阳科学学术年会文集. 中共沈阳市委员会、沈阳市人民政府：5.
张英凤，2007. 旅游资源开发对土地利用的影响研究：以湖南省衡阳市南岳区为例[D]. 长沙：湖南师范大学.
张增祥，杨存建，田光进，2003. 基于多源空间数据的中国生态环境综合评价与分析[J]. 遥感学报 （1）：58-65.
张正华，吴发启，王健，2005. 土地生态评价研究进展[J]. 西北林学院学报，20（4）：104-107，111.
赵红红，1983. 苏州旅游环境容量问题初探[J]. 城市规划（3）：46-53.
赵景柱，宋瑜，石龙宇，等，2011. 城市空间形态紧凑度模型构建方法研究[J]. 生态学报，31（21）：6338-6343.
赵士洞，王礼茂，1996. 可持续发展的概念和内涵[J]. 自然资源学报（3）：288-292.
赵小汎，陈文波，代力民，2007. Markov 和灰色模型在土地利用预测中的应用[J]. 水土保持研究，14（2）：19-21.
赵莹雪，董玉祥，2010. 基于土地利用变化的珠海旅游区生态服务价值研究[J]. 地理与地理信息科学，26（5）：93-97.
中华人民共和国国家质量监督检验检疫总局，2003. 旅游规划通则：GB/T 18971—2003[S]. 北京：中国标准出版社.
中华人民共和国国家质量监督检验检疫总局，2003. 旅游区（点）质量等级的划分与评定：GB/T 17775—2003[S]. 北京：中国标准出版社.
钟海燕，2011. 鄱阳湖区土地利用变化及其生态环境效应研究[D]. 南京：南京农业大学.
钟顺清，2007. 人居环境学研究论文集：城市边缘区土地利用变化的生态环境效应[C]. 长沙：湖南省社会科学界联合会学会工作处.
周安康，严宝文，魏晓妹，2011. 宝鸡峡灌区农业水资源安全评价研究[J]. 西北农林科技大学学报（自然科学版），

39（3）：203-210.
周兵，2014．生态农业：云南经济发展的一个新增长点[J]．云南社会主义学院学报（1）：61-63.
周炳中，杨浩，包浩生，等，2002．PSR模型及在土地可持续利用评价中的应用[J]．自然资源学报，17（5）：541-548.
周诚，1999．土地研究三题[J]．中国土地（11）：20.
周诚，2003．土地经济学原理[M]．北京：商务印书馆.
周定军，2020．基于国土空间用途分类的旅游用地分类探索[J]．旅游纵览（2）：67-68.
周华荣，海热提·涂尔逊，汤平，2001．乌鲁木齐景观生态功能区划及生态调控研究[J]．干旱区地理，24（4）：314-320.
周华荣，潘伯荣，2001．新疆生态环境现状综合评价研究[J]．干旱区地理（1）：23-29.
周丽，2012．旅游用地利用与生态环境协调发展分析：以广西桂林市为例[J]．国土资源科技管理，29（4）：33-39.
周年兴，黄震方，林振山，2008．武陵源世界自然遗产旅游地景观格局变化[J]．地理研究，27（4）：734-744.
朱德举，卢艳霞，刘丽，2002．土地开发整理与耕地质量管理[J]．农业工程学报，18（4）：167-171.
朱德举，俞文华，1996．城市扩展与农田保护政策[J]．中国土地科学，10（6）：36-37.
朱光明，2012．长春市土地利用结构变化及优化研究[D]．长春：东北师范大学.
朱会义，何书金，张明，2001．土地利用变化研究中的GIS空间分析方法及其应用[J]．地理科学进展，20（2）：104-110.
朱晓毅，2013．中国城市垃圾分类回收及资源化管理的现状及对策研究[M]．上海：复旦大学.
诸大建，2000．从可持续发展到循环型经济[J]．世界环境（3）：6-12.
住房和城乡建设部，2018．风景名胜区总体规划标准：GB/T 50298—2018[S]．北京：中国建筑工业出版社.
祝培甜，赵中秋，陈勇，等，2016．基于三角模型的土地生态安全动态评价：以西安市为例[J]．水土保持研究，23（1）：244-248.
庄莹莹，2018．乡村旅游区用地时空格局演变及影响因子分析：以河南省老君山旅游区三个旅游村落为例[D]．开封：河南大学.
左冰，2005．土地利用变化的旅游驱动力研究[J]．云南财贸大学学报，21（5）：106-110.
AAVIKSOO K, 1995. Simulating vegetation dynamics and land use in a mire landscape using a Markov model[J]. Landscape and urban planning, 31(1-3): 129-142.
ABBY L, 2006. Tourism in rural areas: Kedah, Malaysia[J]. Tourism management, 27(5): 878-889.
ALCANTARA A I, 2002. Geomorphology, natural hazards, vulnerability and prevention of natural disasters in developing countries[J]. Geomorphology, 47(2-4): 107-124.
ARABI M, GOVINDARAJU R S, HANTUSH M M,2007. A probabilistic approach for analysis of uncertainty in the evaluation of watershed management practices[J]. Journal of hydrology, 333(2-4): 459-471.
ASHRAF M D, YAMAGUCHI Y, 2009. Land use and land cover change in Greater Dhaka, Bangladesh: Using remote sensing to promote sustainable urbanization[J]. Applied geography, 29(3): 390-401.
ASSELEN S, VERBURG P, 2013. Land cover change or land-use intensification: simulating land system change with a global-scale land change model[J]. Global change biology, 19(12): 3648-3667.
ATIK M, ALTAN T, ARTAR M, 2010. Land use changes in relation to coastal tourism developments in Turkish Mediterranean[J]. Polish journal of environmental studies, 19(1): 21-33.
BAI J H, XIAO R, ZHANG K J, et al, 2012. Arsenic and heavy metal pollution in wetland soils from tidal freshwater and salt marshes before and after the flow-sediment regulation regime in the Yellow River Delta, China[J]. Journal of hydrology, s450-451(11): 244-253.
BALDWIN D J B, WEAVER K, SCHNEKENBURGER F, et al, 2004. Sensitivity of landscape pattern indices to input data characteristics on real landscapes: implications for their use in natural disturbance emulation[J].Landscape ecology, 19（3）: 255-271.
BOERNER R E J, DEMERS M, SIMPSON J W, et al,1996. Markov models of inertia and dynamism on two contiguous ohio landscapes[J]. Geographical analysis, 28(1): 56-66.
BOLUND P, HUNHAMMAR S, 1999.Ecosystem services in Urban Areas[J]. Ecological economics, 29（2）: 293-301.

BREMBERG U, LARHED M, MOBERG C, et al, 1999. Rapid microwave-induced palladium-catalyzed asymmetric allylic alkylation[J]. The journal of organic chemistry, 64(4): 1082-1083.

BRILHANTEA I R, MACEDO J A, NARDINT F M, et al, 2015. On planning sightseeing tours with trip builder[J]. Information processing & management, 51(2): 1-15.

BROST B, BEIER P, 2012. Use of land facets to design linkages for climate change[J]. Ecological applications, 22(1): 87-103.

BROWN I, POGGIO L, GIMONA A, et al, 2011. Climate change, drought risk and land capability for agriculture: implications for land use in Scotland[J]. Regional environmental change, 11(3): 503-518.

BUCKLEY R, 2012. Sustainable tourism: research and reality[J]. Annals of tourism research, 39(2): 528-546.

CABRAL P, ZAMYATIN A, 2009. Markov processes in modeling land use and land cover changes in Sintra-Cascais, Portugal[J]. Dyna, 76(158): 191-198.

CAMAGNI R, GIBELLI M C, RIGAMONTI P, 2002. Urban mobility and urban form: the social and environmental costs of different patterns of urban expansion[J]. Ecological economics, 40(2): 199-216.

CHEN A, LI J, RAMESH N I, 2008. Probabilistic approach in weighted markov branching processes[J]. Statistics & probability letters, 78(6): 771-779.

CHING W, NG M K, 2006 . Markov chains : models, algorithms and applications[M]// international series in operations research and management science. New York: Springer-Verlag New York, Inc.

CHRISTINE L, MICHAEL M,2005. Ecologically sustainable tourism management[J]. Environmental modelling and software, 20(11): 1431-1438.

COSTANZA R, DARGE R, GROOT R D, et al, 1997. The value of the world's ecosystem services and natural capital[J]. Pacific Science, 387(1997): 253-260.

CUI X F, GRAF H, 2009. Recent land cover changes on the Tibetan Plateau: a review[J]. Climate change, 94(1): 47-61.

DE ROO G, 2000. Environmental conflicts in compact cities: complexity, decision making, and policy approaches[J]. Environment and planning b planning and design, 27(2): 151-162.

DE ROO G, MILLER D, 2000. Compact cities and sustainable urban development: a critical assessment of polices and plans from an international perspective[M]. Aldershot: Ashgate Publishing.

DEWAN A M, YAMAGUCHI Y, 2009. Land use and land cover change in Greater Dhaka, Bangladesh: Using remote sensing to promote sustainable urbanization[J].Applied geography, 29(3): 390-401.

DOBSON J E, BRIGHT E A, FERGUSON R L, et al, 1995. NOAA coastal change analysis program(C-CAP): guidance for regional implementation.

DOUGLAS G P, 1998. Tourist districts in Paris: structure and functions[J]. Tourism management, 19(1): 49-65.

EUGENIA K, MING C, 2003. Impact of urbanization and land-use change on climate[J]. Nature, 423(6939): 528-531.

FACHE W, 1995. Transformations in the concept of holiday villages in North Europe[M]// ASHWORTH G J, DIETVORST A G J. Transformation: Implication for Policy and Planning.Wallingford: Cab Internation: 109-128.

FALCUCCI A, MAIORARO L, BOITANI L, 2007. Changes in land-use/land-cover patterns in Italy and their implications for biodiversity conservation[J]. Landscape ecology, 22(4): 617-631.

FARAMARZI M, ABBASPOUR K C, SCHULIN R, et al, 2009. Modelling blue and green water resources availability in Iran[J]. Hydrological processes, 23(3): 486-501.

FEDDEMA J J, OLESON K W, BONAN G B, et al, 2005. The importance of land-cover change in simulating future climates[J]. Science, 310(5754): 1674-1678.

FEUK L , CARSON A R , Scherer S W, 2006. Structural variation in the human genome[J]. Nature reviews genetics, 7(2): 85-97.

FOLEY J A, DEFRIES R, ASNER G P, et al., 2005. Global consequences of land use[J]. Science, 309(5734): 570-574.

FUKAMACHI K, OKU H, KUMAGAI Y, et al, 2000. Changes in landscape planning and land management in arashiyama national forest in Kyoto[J]. Landscape and urban planning, 52(2-3): 73-87.

GAVALASA D, KASAPAKIS V, KONSTANTOPOULOS C, et al, 2015. The eCOMPASS multimodal tourist tour planner[J]. Expert systems with applications, 42(21): 7303-7316.

GERI F, AMICI V, ROCCHINI D, 2010. Human activity impact on the heterogeneity of a mediterranean landscape[J]. Applied geography, 30(3): 370-379.

GOSSLING S, SCOTTD, HALL C M, et al, 2012. Consumer behaviour and demand response of tourists to climate change[J]. Annals of tourism research, 39(1): 36-58.

GREER T, WALL G, 1979. Recreational hinterlands: a theoretical and empirical analysis[J]. Publication series, department of geography, University of waterloo, (14): 227-246.

GUNN R, 1983. Recommendations for the protection of aboriginal art sites in the Grampians, Victoria. Occasional Report.

HANSEN M C, LOVELAND T R, 2012. A review of large area monitoring of land cover change using landsat data[J]. Remote sensing of environment, 122(1): 66-74.

HAUTZINGER S, 2002. Will the real commodity please stand up? Skiing and "touristic" real estate in Eagle Valley, Colorado[J]. research in economic anthropology, (21): 343-366.

HERBIN J, ASHWORTH GJ, DIETVORSTAGJ, 1995. Mass tourism and problems of tourism planning in French mountains[J]. Transformation: implication for policy and planning. wallingford: cab intenation, 1995: 93-105.

HEROLD M, GOLDSTEIN C N, CLARKE C K, 2003. The spatiotemporal form of urban growth: measurement, analysis and modeling [J]. Remote sensing of environment, 86(3): 286-302.

HOUGHTON R A, HOUSE J I, PONGRATZ J, et al, 2012. Carbon emissions from land use and land-cover change[J]. Biogeosciences, 9(12): 5125-5142.

HUA G W, CHENG T C E, WANG S Y, 2011. Managing carbon footprints in inventory management[J]. International journal of production economics, 132(2): 178-185.

JANSEN L J M, GREGORIO A D, 2002. Parametric land cover and land-use classifications as tools for environmental change detection[J]. Agriculture, ecosystems & environment, 91(1-3):89-100.

JEAN W, PHILIPPE G, 2000. Assessment of the contribution of land use pattern and intensity to landscape quality: use of a landscape indicator[J]. Ecological modelling, 130(1-3): 95-109.

KUVAN Y, 2005. The use of forests for the purpose of tourism: the case of belek tourism center in Turkey[J]. Journal of environmental management,75(3): 263-274.

KUVAN Y, 2010. Mass Tourism development and deforestation in Turkey[J]. Anatolia, 21(1): 155-168.

KYTZIA S, WALZ A, WEGMANN M, 2011. How can tourism use land more efficiently? A model-based approach to land-use efficiency for tourist destinations[J]. Tourism management, 32(3): 629-640.

LAMBIN E F, PATRICK M, 2011. Global land use change, economic globalization, and the looming land scarcity[J]. Proceedings of the national academy of sciences of the United States of America, 108(9): 3465-3472.

LAMBIN E F, TURNER B L, GEIST H J, et al, 2001. The causes of land-use and land-cover change: moving beyond the myths [J]. Global environmental change, 11(4): 261-269.

LAPOLA D M, SCHALDACH R, ALCAMO J, et al., 2010. Indirect land-use changes can overcome carbon savings from biofuels in Brazil[J]. PNAS, 107(8): 3388-3393.

LARS F, CARSON A R, SCHERER S W, 2006. Structural variation in the human genome[J]. Nature reviews genetics, 356(11): 85-97.

LASANTA T, LAGUNA M, VICENTE-SERRANO S M, 2007. Do tourism-based ski resorts contribute to the homogeneous development o f the Mediterranean mountains? A case study in the Central Spanish Pyrenees[J]. Tourism management, 28(5): 1326-1339.

LAW A, LACY T D, LIPMAN G, et al, 2016. Transitioning to a green economy: the case of tourism in Bali[J]. Journal of cleaner production, 111(B): 295-305.

LEE C, CHANG C P, 2008. Tourism development and economic growth: a closer look at panels[J]. Tourism management, 29(1): 180-192.

LIU J G, JARED D, 2005. China's environment in a globalizing world[J]. Nature, 435(7046): 1179-1186.

LIU Q, YANG Z F, CUI B , 2008. Spatial and temporal variability of annual precipitation during 1961–2006 in yellow river basin, China[J]. Journal of hydrology, 361（3-4）: 330-338.

LONG H L, HEILIG G K, LI X B, et al, 2007. Socio-economic development and land-use change: analysis of rural housing land transition in the transect of the yangtse river, China[J]. Land use policy, 24(1):141-153.

LOUDJANI P, et al, 1999. The LACOAST project: land cover changes survey of European coastal zones[C]//Proceedings of the 18th EARSeL Symposium on Operational Remote Sensing for Sustainable Development. Rotterdam: Balkema: 185-188.

MADAN S, RAWAT L, 2000. The impacts of tourism is on the environment of mussoorie, garhwal himalaya, India[J]. Environmentalist, 20(3): 249-255.

MARKWICK M C, 2000. Golf tourism development, stakeholders, differing discourses and alternative agendas: the case of Malta[J]. Tourism management, 21(5): 515-524.

MCMAHON G, BENJAMIN S P, CLARKE K, et al, 2005. Geography for a changing world-A science strategy for the geographic research of the US. Geological Survey, 2005-2015[J]. Sioux Falls, SD: U.S. Geological Survey Circular, 1281: 1-76.

MCMURRY K C, 1930. The use of land for recreation[J]. Annals of the association of American geographers, 20(1): 7-20.

MEER F V D, MOLENAAR M, NIEUWENHUIS G, et al, 1999. Operational remote sensing for sustainable development[J]. International journal of applied earth observation & geoinformation, 1(1): 3.

MIDDLETON V T C, HAWKINS R, 1998. Sustainable tourism: a marketing perspective[M]. Oxford: Butterworth-Heinemann.

MKITIE T, YLISIRNI A L, 2013. Conflicting discourses in tourism development[A]. Netherlands: Springer.

MULLER M R, MIDDLETON J A, 1994. A Markov model of land-use change dynamics in the Niagara Region, Ontario, Canada[J]. Landscape ecology, 9(2): 151-157.

OLESON J J, HOPE D, GRIES C, et al, 2006. Estimating soil properties in heterogeneous land-use patches: a bayesian approach[J]. Environmetrics, 17(5): 517-525.

OPIJNEN T V, CAMILLI A, 2013. Transposon insertion sequencing: a new tool for systems-level analysis of microorganisms[J]. Nature reviews microbiology, 11(7): 435-442.

OWENS S F, 1992. Land-use planning for energy efficiency[J]. Applied energy, 43(1-3): 81-114.

PARMENTER A W, HANSEN A, KENNEDY R E, et al, 2003. Land use and land cover change in the greater yellower ecosystem: 1975-1995[J]. Ecological,13(3): 687-703.

PETERSEN A, SEEAR K, MUNSIE M, 2014. Therapeutic journeys: the hopeful travails of stem cell tourists[J]. Sociology of health & illness, 36(5):670-685.

PIELKE R A, PITMAN A, NIYOGI D, et al, 2011. Land use/land cover changes and climate: modeling analysis and observational evidence[J]. Wires climate change, 2(6): 828-850.

PIELKE R, AVISSAR R, 1990. Influence of landscape structure on local and regional climate[J].Landscape ecology,4(2):133-155.

QUAN B, ROMKENS M J M, RUI L, et al, 2011. Effect of land use and land cover change on soil erosion and the spatio-temporal variation in Liupan Mountain Region, southern Ningxia, China[J]. Frontiers of environmental science and engineering in China, 5(4): 564-572.

RAO K S, PANT R, 2001. Land use dynamics and landscape change pattern in a typical micro watershed in the mid elevation zone of central Himalaya, India[J]. Agriculture ecosystem and environment, 88(2): 113-124.

RASMUSSEN P E, GOULDING K W T, BROWN J R, et al, 1998. Long-term agroecosystem experiments: assessing agricultural sustainability and global change[J]. Science, 282(5390): 893-896.

REID R S, KRUSKA R L, MUTHUI N, et al, 2000. Land-use and land-cover dynamics in response to change in climatic, biological and social political forces: the case of southwestern Ethiopia[J]. Landscape ecoligy, 15(4): 339-355.

RINDFUSS R R, WALSH S J, TURNER B L, et al, 2004. Developing a science of land change: challenges and methodological issues[J]. PNAS, 101(39):13976-13981.

ROBERT C, et al, 1998. The value of the world's ecosystem services and natural capital[J]. Nature, 387(1996): 253-260.

ROBERTO C, MARIA C G, PAOLO R, 2002. Urban mobility and urban form: the social and environmental costs of different patterns of urban expansion[J]. Ecological economics, 40(2): 199-216.

ROSSITER D G, 1996. A theoretical framework for land evaluation[J]. Geoderma, 72(3-4): 165-190.

SAREMBA J, GILL A,1991. Value conflicts in mountain ark settings[J]. Annals of tourism research1,18(3): 455-472.

SCHILLING K E, JHA M K, ZHANG Y, et al, 2008. Impact of land use and land cover change on the water balance of a large agricultural watershed: historical effects and future directions[J]. Water resources research, 44(7): 636-639.

SCHREIBER J B, NORA A, STGE F K, et al, 2006. Reporting structural equation modeling and confirmatory factor analysis results: a review[J]. The journal of educational research, 99(6): 323-337.

STEFAN G, RALF B, 2016. Carbon labels in tourism: persuasive communication?[J]. Journal of cleaner production, 111(B): 358-369.

SULLIVAN D A, STEVENS S A, 1982. Snowbirds: seasonal migrants to the sunbelt[J]. Research on aging, 4(2): 159-177.

SUN D, WALSH D, 1998. Review of studies on environmental impacts of recreation and tourism in Australia[J]. Journal of environmental management, 53(4): 323-338.

SWARBROOKE J, HORNER S, 1995. Case studies-business travel and tourism[J]. Business travel and tourism, 31(10): 235-237.

TAN W, ZHANG A M, 2010. Counter measures for eco-friendly land use model in mountainous area[J]. Agricultural science and technology, 11(5): 182-186.

TANJ A M, 2016. Sustainable-responsible tourism discourse–towards 'responsustable' tourism[J]. Journal of cleaner production, 111(B): 461-470.

TEODORO L, MARIA L, SERGIO M V S, 2007. Do tourism-based ski resorts contribute to the homogeneous development of the mediterranean mountains? A case study in the central Spanish pyrenees[J]. Tourism management, 28(5): 1326-1339.

TEUGELS J L, VANROELEN G, 2008. Probabilistic inversion formulas for the Laplace Transform: theory and methods[J]. South African statistical journal, 42（2）: 88-89.

TRENBERTH K E, 1992. Climate system modeling[M]. Cambridge: Cambridge university press.

TSAI C H, CHE C W, 2011. The establishment of a rapid natural disaster risk assessment model for the tourism industry[J]. Tourism management, 32(1):158-171.

TUCKER C, TOWNSHEND J, GOFF T, 1985. african land-cover classification using satellite data[J]. Science, 227(4685): 369-375.

TURNER B L, LAMBIN E F, REENBERG A, 2007. The emergence of land change science for global environmental change and sustainability[J]. PNAS, 104(52): 20666-20671.

TURNER M G, 2005. Landscape ecology in North America: past, present, and future[J].Ecology,86(8):1967-1974.

TURNER M G, COSTANZA R, SKLAR F H, 1989. Methods to evaluate the performance of spatial simulation models[J]. Ecological modelling, 48(1-2): 1-18 .

VELDKAMP A, LAMBIN E F, 2001. Predicting land-use change[J]. Agriculture, ecosystems & environment, 85(1-3): 1-6.

VERBURG P, 2006. Simulating feedbacks in land use and land cover change models[J]. Springer link, 21(8): 1171-1183.

VERBURG P H , NEUMANN K, NOL L, 2011. Challenges in using land use and land cover data for global change studies[J]. Global change biology, 17(2): 974-989.

WAKER R, 1987. Land use transition and deforestation in developing countries[J]. Geographical analysis, 19(1): 18-30.

WANG H J, YANG Z S, SAITO Y, et al, 2007. Stepwise decreases of the Huanghe (Yellow River) sediment load (1950-2005): impacts of climate change and human activities[J]. Global and planetary change, 57(3-4): 331-354.

WANG L, CHEN X W, 2008. Simulation of hydrological effects on vegetation restoration of degraded mountain ecosystem with SWAT model[J]. Journal of mountain science, 26(1): 71-75.

WANG S P, ZHANG Z Q, SUN G, et al, 2012. Assessing hydrological impacts of changes in land use and precipitation in Chaohe watershed using MIKE SHE model[J]. Journal of ecology and rural environment, 28(3): 320-325.

WEINSTOERFFER J, GIRARDIN P, 2000. Assessment of the contribution of land use pattern and intensity to landscape quality: use of a landscape indicator[J]. Ecological modelling, 130(1-3): 95-109.

WESLEY S R, DANEIEL R F, 1987. Tourism land use conflict in the United States[J]. Annals of tourism reserach, 14(4): 471-485.

WILLIAM J R, JAMES A E, ROBERT L B, et al, 2014. Status and ecological effects of the world's largest carnivores[J]. Science, 343(6167): 1241484.

XIAO J Y, SHEN Y J, GE J F, et al, 2006 . Evaluating urban expansion and land use change in Shijiazhuang, China, by using GIS and remote sensing[J]. Landscape and urban planning, 75(2): 69-80.

XU X, ZHANG Y, LI Y, et al, 2010. Study on land suitability evaluation in the Northern China crop-pasture band[J]. Agricultural science and technology, 11(6): 130-133,158.

YANG J, REICHERT P, ABBASPOUR K C, et al, 2008. Comparingun uncertainty analysis techniques for a SWAT application to the Chaohe Basin in China[J]. Journal of hydrology, 358(1-2) : 1-23.

YASSER M A, 2005. Remote sensing and GIS in modeling visual landcape change: a case study of the northwestern arid Coast of Egypt[J]. Landscape and urban planning, 73(4): 307-325.

YE J, 2010. Multicriteria fuzzy decision-making method using entropy weights-based correlation coefficients of interval-valued intuitionistic fuzzy sets[J]. Applied mathematical modelling, 34(12): 3864-3870.

YEH A G, LI X, 1999. Economic development and agriculture land loss in the Pearl River Delta, China[J]. Habitat international, 23(3): 373-390.

ZHANG H L, ZHANG J, CHENG S W, et al, 2012. Role of constraints in Chinese calligraphic landscape experience: an extension of a leisure constraints model[J]. Tourism management, 33(6): 1398-1407.

ZHU F, ZHAO Q H, DENG W G, et al, 2010. Relationships among glomalin related soil protein, soc and soil texture under different land use types[J]. Agricultural science and technology, 11(5): 82-86.

附　　录

附录 1　沿黄旅游区土地利用变化及生态环境效应研究案例区调研计划

1. 调查目的及目标

通过对郑州沿黄旅游区政府管理部门、旅游企事业单位、内部村镇及游客等的调查，进一步深入了解案例区的土地使用情况和空间变动规律，摸清引起区域内用地变化的驱动因素和机制，以及对当地生态环境产生的影响，为开展本研究获取一手资料和事实依据，为案例区土地生态利用和可持续发展提供参考。

2. 调研时间

2014 年 10 月 1 日～2015 年 8 月 1 日。

3. 调研部门

河南省文化和旅游厅发展规划处、郑州市旅游局行业管理处、郑州市惠济区文化旅游局、郑州市黄河生态旅游风景区管理委员会、郑州黄河国家湿地公园、丰乐农庄农业旅游观光园、黄河富景生态园、梅州雁山湖国际花园度假区、荥阳“温泉古镇”文化旅游产业园区、古荥镇人民政府、雁鸣湖镇人民政府、古荥村、花园口、朱固村、东潭村、万庄村。

4. 调研人员

王少华、肖靖、苗文明及 10 名学生。

5. 调研内容

（1）案例区基本情况

了解案例区内部的经济社会发展状况、经济结构（产业结构）、环境保护、社区结构、常住居民和户籍人口的变化、游客构成的变化等。

（2）案例区土地利用情况

对该区的土地利用情况进行了解；掌握不同时期土地利用面积的变化数据；实地考察案例区用地的情况；了解区域总体面积（耕地、林地、风景点游赏用地、城镇建设用地、村庄用地、水域用地、交通运输用地、其他用地等）；了解林地、水体、耕地、建设用地之间的转化、土地面积变化等。

（3）案例区旅游业发展情况

了解案例区旅游业的发展历程和阶段，旅游资源的数量和分布，近年来涌入的游客量及建设情况。

（4）案例区生态环境情况

实地考察案例区的生态环境，了解案例区生态环境的变化，了解当地政府部门对生态环境的治理情况。

附录2　沿黄旅游区土地利用变化及生态环境效应研究案例区调研提纲

1）郑州沿黄旅游区发展概况。

2）郑州沿黄旅游区不同时段的建设规划文本（复印件）。

3）郑州沿黄旅游区发展经验交流相关材料。

4）20世纪90年代至今，不同时段的郑州沿黄旅游区土地利用现状图、行政区划图、旅游导览图、带坐标的数据图等相关图件资料。

5)郑州沿黄旅游区包含哪些县区？有哪些乡镇？有哪些村落？各县区旅游发展的基本概况如何？

6)各乡镇有多少土地？有多少人口？主要产业是什么？其社会经济发展水平如何（收入、住房、就业）？

7）郑州沿黄旅游区成立后，内部村落如何整合？近20年来是如何变迁的？经历了哪几个重要阶段？

8）随着郑州沿黄旅游区内村落的整合，土著居民在产业结构、经济收入、建筑风格、生活方式、生态环境、民俗文化等方面有哪些变化？

9）2000年以后，郑州沿黄旅游区每年建设资金投入情况如何？

10）2000年以后，郑州沿黄旅游区工作人员增加情况如何？

11）2000年以后，郑州沿黄旅游区年接待游客人次及年收入情况（门票、三产等）如何？

12）2000年以后，郑州沿黄旅游区土地利用变化情况如何？

13）郑州沿黄旅游区所保存的历年来有关能反映经济效益（收入、游客量、用地产出比等）、生态效益（绿化率、大气质量、地表水质量、环境噪声标准、碳排放变化、环境承载力、环境容量等）、社会效益（社会美誉度、景区吸引力等）变化的相关数据。

14）20世纪90年代至今，郑州沿黄旅游区经历了哪几个重要发展阶段？有哪些特征？每个阶段的发展动力有哪些？

附录3　沿黄旅游区土地利用变化及生态环境效应研究案例区访谈提纲

1）郑州沿黄旅游区近几年的发展情况如何？

2）在沿黄旅游区开发过程中，您认为土地利用发生了哪些变化？

3）您认为当前沿黄旅游区面临的主要土地问题是什么？当地实施的土地整理项目效果如何？

4）沿黄旅游区土地利用的变化对当地生态环境有哪些影响？引发了哪些生态环境问题？

5）投资商为什么会积极选择在沿黄旅游区投资旅游业？

6）您对沿黄旅游区土地利用有什么建议与意见？

附录 4　关于郑州沿黄旅游区土地利用问题问卷调查表

为了解郑州沿黄旅游区的土地利用相关情况，我们进行这次调查，希望得到您的合作。下列问卷无对错之分，只求真实，不记姓名，不必有任何顾虑。

感谢您的积极参与！

性别：□男　□女

年龄：□18～25 岁　□26～35 岁　□36～45 岁　□46～55 岁
□56 岁及以上

受教育程度：□高中及以下 □大中专 □本科及以上

职业：□政府机关及企事业单位 □民营企业 □个体 □自由职业 □其他

一、被访者基本情况

1．您所从事的产业大类属于以下哪一类？

A．农业　B．工业　C．服务业

2．您家庭的年收入为多少？

A．3000～5000 元　B．5000～10 000 元
C．10 000～20 000 元　D．20 000～30 000 元
E．30 000 元以上

3．您家庭收入的主要来源为哪些方面？

A．工资收入
B．家庭经营收入
C．财产性收入（包括利息、股息、租金、红利、土地征用补偿款等收入）
D．转移性收入（包括家庭非常住人口寄带回的收入、亲友赠送收入、救济金、救灾款、退休金等收入）
E．□其他来源收入

4．您从事的主要职业是什么？

A．务农　B．外出打工
C．兼职（务农和打工）　D．做生意
E．其他（　　）（请注明）

5．如果在本地打工，您主要在以下哪些行业？

A．宾馆酒店　B．旅游景区
C．生态农业园　D．旅游购物场所
E．娱乐场所　F．其他（　　）（请注明）

6．您家庭的主要支出有哪些方面？

A．子女上学　B．修建房屋　C．医疗支出　D．子女婚嫁

7．您每月的消费主要集中在哪些方面？

A．日常生活支出　B．休闲娱乐

C．储蓄　D．其他

8．您对现在政府的旅游社区政策满意吗？

A．满意　B．不满意

二、当地近年来旅游发展情况

9．您感觉近年来当地旅游业发展速度如何？

A．较慢　B．一般　C．较快

10．当地政府对旅游地开发的态度如何？

A．不重视　B．一般　C．重视　D．非常重视

11．当地的旅游资源质量如何？

A．较差　B．一般　C．好　D．比较好

12．外来游客对旅游区整体环境的满意程度如何？

A．不满意　B．一般　C．满意　D．非常满意

13．近年来外地游客的数量增减情况如何？

A．快速减少　B．逐渐减少　C．逐渐增多　D．快速增多

14．当地的交通是否便利？

A．不便利　B．一般　C．便利

15．该旅游地周边餐饮、住宿条件如何？

A．好　B．较好　C．一般　D．较差

16．该景区的配套设施如何？

A．好　B．较好　C．一般　D．较差

17．您觉得该旅游区您所熟悉的景区景点中，还缺乏些什么？哪些做得还不够？

A．文化底蕴不够浓厚　B．缺乏著名的景观

C．休憩的地方过少　D．缺乏娱乐性

E．消费价格太贵　F．其他

18．该景区内工作人员的服务态度如何？

A．好　B．较好　C．一般　D．较差

三、区域土地利用现状

19．在该区域有没有改变耕地用途作为非农建设用地的行为？

A．有　　B．没有　　C．不知道

20．该区域的人均耕地面积有多少？

A．0.5 亩以下　　B．0.5～1 亩　　C．1～2 亩　　D．2 亩以上

21．该区域建设用地增长对村庄耕地造成大量侵夺吗？

A．造成　　B．未造成　　C．不知道

22．您认为近些年旅游用地发展速度如何？

A．较慢　　B．一般　　C．较快

23．您家附近有没有借发展旅游业进行征地拆迁的情况？

A．有　　B．没有　　C．不知道

24．附近区域有没有旅游用地“围而不建”的情况？

A．有　　B．没有　　C．不知道

25．您家附近有没有把耕地、林地、建设用地、水域用地等土地转移使用为开发旅游点的情况？

A．有　　B．没有　　C．不知道

26．您认为是什么原因促使耕地、林地等土地用于旅游开发建设？

A．经济利益驱动

B．生态效益驱动

C．不知道

27．该区域如果征地，会对被征地者进行合理的补偿吗？

A．会　　B．不会　　C．不知道

28．沿黄旅游区占用农村集体土地建设旅游项目时允许农民依法通过多种方式参与开发经营吗？

A．允许　　B．不允许　　C．不知道

29．沿黄旅游区当地企业通过什么方式取得农村集体经营性建设用地？

A．与当地政府协商　　B．与农村集体组织签订协议

C．与农村承包经营户签订协议

30．沿黄旅游区非农业建设经批准占用耕地时是否贯彻“占补平衡”的原则？

A．是　　B．不是　　C．不知道

31．沿黄旅游区闲置或荒芜耕地的情况多吗？

A．多　　B．不多　　C．不知道

32．沿黄旅游区土地承包经营权流转时有没有改变过去土地的农业用途？

A．有　　B．没有　　C．不知道

33．当地有实施退耕还林的计划吗？

A．有　　B．没有　　C．不知道

34．您觉得您所在的村庄对土地的利用合理吗？

A．合理。各种用地都有，农地比例合适

B．不合理。有很多用地没有开发，荒置，或者过度开发

C．部分农地被用来建旅游地产，农地越来越少，农民没有耕地可耕

四、当地生态环境状况

35．对于该区域，您的态度如何？

A．经济更重要，要先搞好经济发展再进行环境保护

B．保护环境更重要，任何经济发展都不能以牺牲环境为代价

C．两个方面都很重要，二者需要兼顾

D．视具体情况而定，以获得利益为前提

36．您所处的生态环境现状怎样？

A．好　B．较好　C．一般　D．较差

37．您所处的生态环境变化趋势怎样？

A．日趋好转　B．相对稳定　C．渐趋恶化

38．您认为当地人们的生态环保意识怎样？

A．很高　B．一般　C．低　D．很低

39．您认为周边近年来的绿地增减情况如何？

A．逐渐减少　B．基本不变　C．逐渐增多

40．您认为周边近年来的水域增减情况如何？

A．逐渐减少　B．基本不变　C．逐渐增多

后　记

时值仲春，凉意袭袭，夜入深更，难以入眠。本书付梓之际，掩卷遐思，往日之事，历历在目，萦怀心间。从选题到资料搜集，从调研写作到几经修改，思考时雄心万丈，下笔时寸步难行，时而兴奋，时而困顿，时而山穷水尽，时而柳暗花明，删删写写，不忍卒读。正是历经多次调研思考和艰难反复的写作，我在修炼中悟道，在轻狂中沉淀，在融化中重铸。路漫漫其修远兮，吾将上下而求索。五年来，我走遍郑州段沿黄区的山山水水、村村镇镇，翻遍相关沿黄区用地变化的书籍和报刊，孜孜不倦地追求，不仅使本书得以顺利完成，更是对自身的一次超越。我将坚守学者初心，不断从实践中提炼科学问题，默默耕耘，砥砺前行。在此，我最想说的两个字就是“感谢”，感谢河南大学环境规划学院多年的培养，感谢郑州旅游职业学院同事们的帮助，感谢梁留科老师的启迪，感谢学生们的陪伴，感谢相关局委的支持，感谢家人给予我的动力和支持！

沿黄旅游区是我国的生态脆弱区，旅游发展对当地土地利用变化及其生态环境有深刻影响，但长期受到学界的忽视，当前研究仍停留在旅游区用地评价、生态响应的表层，对土地利用变化的机理机制、变化过程、模式及相互关系的动态模拟研究相对缺乏，尤其缺乏在新发展理念指导下的土地利用可持续发展研究，在理论层面和技术层面缺乏指导。本书以郑州段为研究区域，坚持问题导向，全方位多角度地研究了沿黄区土地利用变化和时空分异特征，探索性地找到一些发展规律和应对举措，希望对该类研究有所贡献和帮助。然而，由于沿黄旅游区是个复杂的开放系统，涉及多种影响因素，加之时间仓促、资料不足，书中难免存在一些不足之处。例如，在撰写本书的过程中，由于部分数据获取困难，所选取的研究时段和主要指标数据等受到影响，如果选取更长时间段的数据、设置更多的指标进行分析，也许结论会更科学、更精准，会有更多更好的发现。

经济新常态下，大众旅游时代已经来临，旅游用地作为旅游供给侧的基础平台，其改革和发展关乎我国未来旅游事业的成败，对其研究意义重大。沿黄旅游区作为生态涵养、传承文明和旅游开发的重要载体，面临着生态保护和旅游开发的矛盾，面临着旅游发展转型的困境，如何处理好沿黄旅游区土地利用与生态保护的关系，急需合理的空间表达和发展模式。典型的郑州沿黄旅游区土地格局的演变为旅游产业发展背景下如何科学高效地利用土地及合理布局产业、促进城镇化建设提供了较好的借鉴。近些年来，郑州沿黄旅游区土地利用格局变化表明，旅游经济的发展带来旅游产业和区域人口的集聚，从而引发区域用地空间结构的变化及生态环境响应。如何合理实施土地流转，保护老百姓的切身利益，将旅游区建设成为“生产空间集约高效、生活空间宜居适度、生态空间山清水秀”的新型休闲度假地；怎样实现沿黄旅游区土地利用经济-社会-生态效益最大化，促使其协调可持续发展；何以在社会转型背景下，综合考虑旅游用地的个性、需求及其空间格局演变特征和机理，科学制定沿黄旅游区土地利用的规划和政策：是今后仍然需要深入研究的问题。因数据和资料收集的局限，研究结论的可靠性会受到一定影响和误差，今后研究还需进一步案例佐证，从而更加精准地揭示沿黄旅游区土地利用格局的演变特征、影响因子、作用机理及生态效应，为推进沿黄旅游区土地利用可持续发展贡献具有地理学科特点、富有时代特色的创新性成果。

王少华

2021 年 7 月